光文社古典新訳文庫

テアイテトス

プラトン

渡辺邦夫訳

光文社

Title : ΘΕΑΙΤΗΤΟΣ
B. C. 4c.
Author : ΠΛΑΤΩΝ

凡例

一.　底本にはオックスフォード古典叢書の、E.A.Duke, W.F.Hicken, W.S.M.Nicoll, D.B.Robinson and J.C.G.Strachan 校訂新版（*Platonis Opera, I*, Oxford Classical Texts, 1995）を使用し、適宜 John Burnet 校訂旧版（*Platonis Opera, I*, Oxford Classical Texts, 1900）をも併用した。底本と異なる読みをした箇所等は、注に示した。

二.　訳文下欄の数字とA、B、C、D、Eは、ステファノス版プラトン全集（一五七八年、第一巻）のページ数と段落記号を示す。

三.　ギリシャ語のカタカナ表記は、原則として人名と地名では長音記号を省き、普通名詞は原音を尊重する。ただし厳密な統一ははからず、慣用に従っている。

四.　目次と目次の項目は訳者による。また、本文中の漢数字による章分けは、近代の章分けを便宜的に踏襲した。

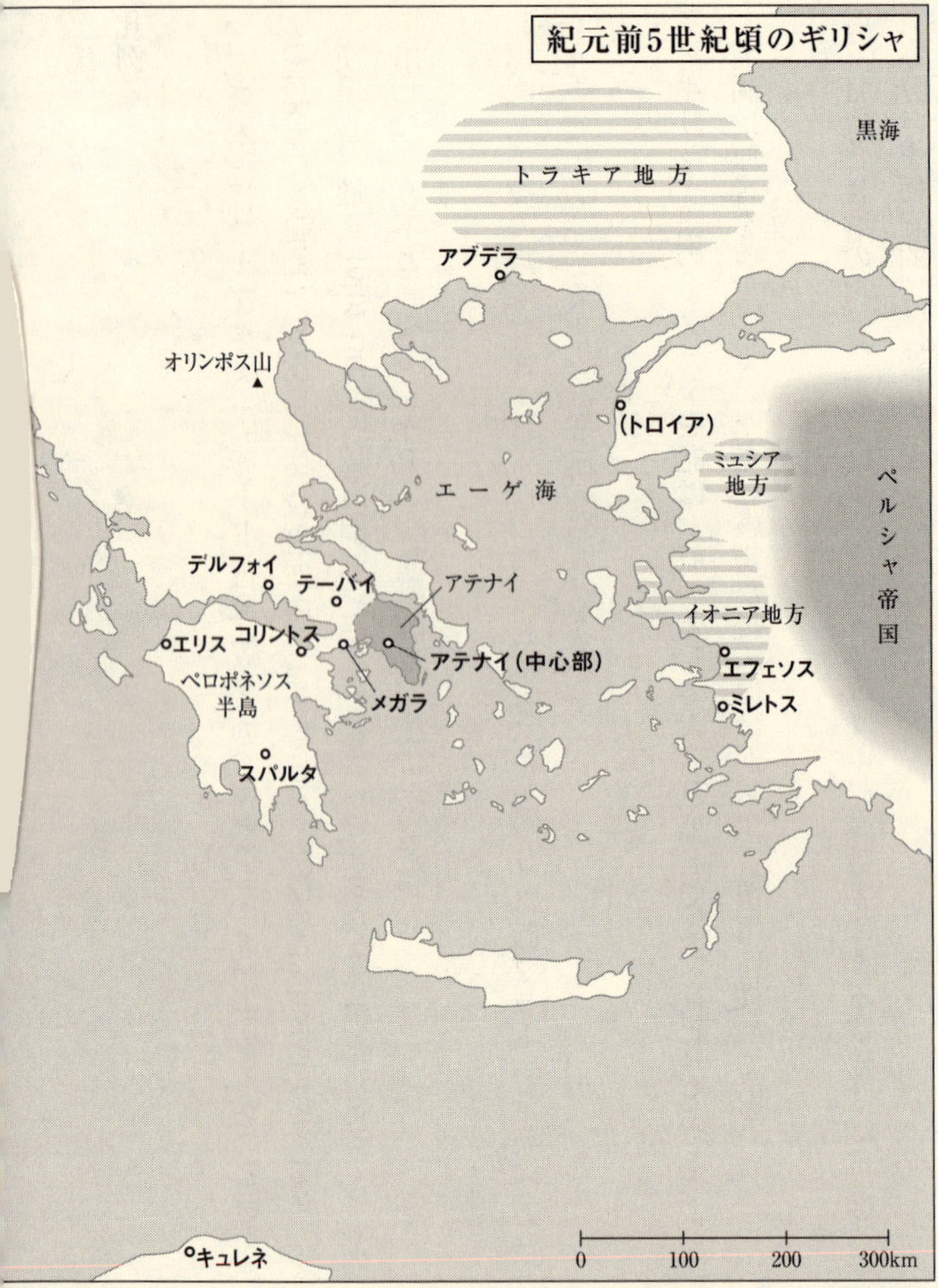
紀元前5世紀頃のギリシャ
黒海
トラキア地方
アブデラ
オリンポス山
(トロイア)
ミュシア
地方
エーゲ海
ペルシャ帝国
デルフォイ
テーバイ
アテナイ
イオニア地方
エリス
コリントス
アテナイ(中心部)
エフェソス
ペロポネソス
半島
メガラ
ミレトス
スパルタ
キュレネ
0
100
200
300km

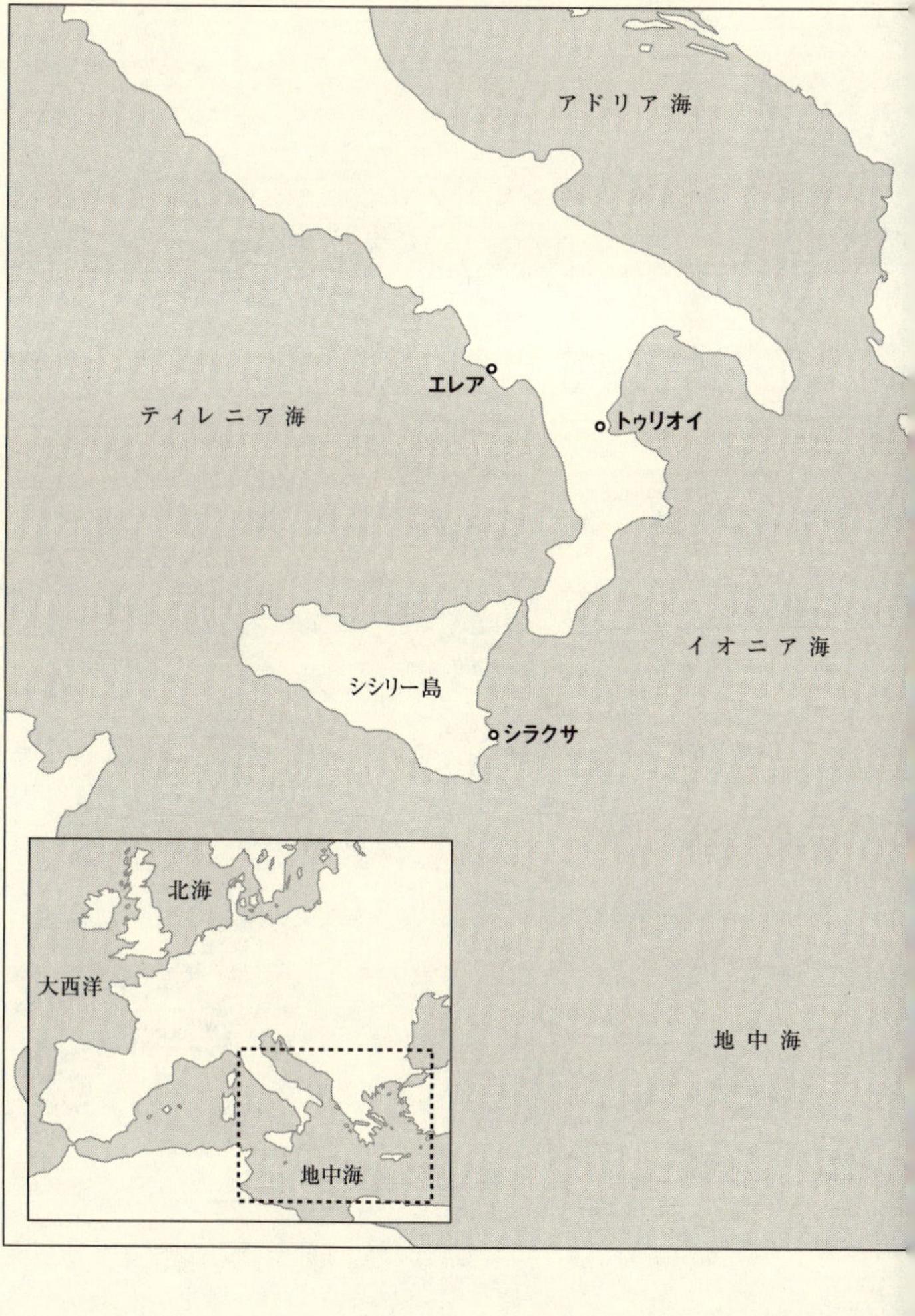

アドリア海
エレア
ティレニア海
トゥリオイ
イオニア海
シシリー島
シラクサ
地中海
北海
大西洋
地中海

『テアイテトス』＊目次

訳者まえがき　12
外枠の対話　24
内部の対話　32
導入部　33
一　ソクラテスとテオドロスの初めの対話　33
二　ソクラテスとテアイテトスがかわす、初めの哲学的対話　38
（1）「知識とは何か？」という問いの導入　38
（2）テアイテトスの数学の業績　50
（3）助産師ソクラテス　55
第一部　知識の第一定義「知識とは知覚である」の提示、展開、批判　68
一　「知識とは知覚である」という定義をもとに、プロタゴラスの「相対主義」と、ヘラクレイトスの「万物流動説」を、これと一緒に組み合わせて、一つの哲学的立場をつくる　68
（1）第一定義とプロタゴラスの相対主義　68

（2）万物流動説の導入　73
二　第一定義の批判的検討　115
（1）具体的な検討材料と推測に基づくプロタゴラス説の批判　115
（2）批判に対するプロタゴラスからの抗議と回答——人々のあらわれを変化させる特殊な知恵としてのソフィストの知恵　136
（3）プロタゴラス自身の言葉に基づくプロタゴラス説の批判（「相対主義の自己論駁」）　152
（4）プロタゴラスたちが「有益さ」にかんする絶対的権威であると認めて、プロタゴラス説の修正をおこなう。しかし、すぐに脱線議論になる　162
（5）修正プロタゴラス説の論駁　184
（6）万物流動説の論駁　192
（7）第一定義の最終論駁　210
第二部　知識の第二定義「知識とは真の考えである」の提示と批判　226
一　第二定義と、「虚偽は不可能である」とする難問　226

（1）第二定義の提案、および知と不知の二分法に基づいて「虚偽は不可能である」とする議論 226
（2）人は「ありもしないもの」に心でかかわれないがゆえに、虚偽は不可能であるとする議論 234
（3）「思い違い」として虚偽を考えるが、これにも無理があること 238
（4）記憶と知覚の照合による虚偽の説明を試みるが、うまくいかないこと 248
（5）「知識の所有」と「知識の把握」の区別に基づく虚偽の説明を試みるが、挫折する 276
二 第二定義の論駁 291
第三部 知識の第三定義「知識とは真の考えに説明規定が加わったものである」の提示と批判 296
一 第三定義と、「ソクラテスの夢」 296
（1）新定義と「ソクラテスの夢」の内容紹介 296
（2）「ソクラテスの夢」の批判的検討 302

二　第三定義の批判的検討　323
（1）「声に出して発話された言葉」という意味の「ロゴス」に基づく論駁　323
（2）「本質を要素の組で表す記述」という意味の「ロゴス（説明規定）」に基づく論駁　325
（3）「対象を、この世に唯一あるものとして確定する記述」という意味の「説明規定」に基づく論駁　332
結論　知識は、知覚でも、真の考えでも、真の考えに説明規定が加わったものでもないこと　342

解説　渡辺邦夫　350
年譜　480
訳者あとがき　486

訳者まえがき

プラトン作品は初期、中期、後期の三つに時代区分されます。本書『テアイテトス』は、この三時期それぞれの文体の特徴からいうと、「中期」に属する作品です。その中期の最後の作品であり、内容的には後期の諸作品とのつながりも非常に強いと、専門の研究者は一致して考えています。プラトンは八〇歳で亡くなるまで執筆しつづけ、教育研究活動をおこないましたが、『テアイテトス』はかれの六〇歳くらいの作品だろうと言われています。登場人物のテアイテトスは、幾何学・数学の天才と言える実在の人物です。本作品は戦場で病気にかかり、亡くなった弟のような親友を悼んで、プラトンが、かれとソクラテスが対話する形式の作品として創作したものです。『テアイテトス』は内容的に、プラトン自身の哲学的活動の絶頂期に書かれた、最高傑作のひとつであるとみなされます。作品のテーマは「知識」です。ギリシャ語原語は「エピステーメー」という言葉で、「学問」ないし「学問的知識」あるいは「(学問的）理解」が訳語としてふさわしい場合もあります。本書では「知識とは何か？」を主題として、七〇歳間近の老哲学者ソクラテスが老幾何学者のテオドロスと、また一〇代半ばのすぐれた素質の若者テアイテトスと対話をしてゆきます。歴史的に言えば本書は、専門の哲学者にとって魅力の多い「知識の哲学」、あるいは「認識論」（これにあたる英単語は「エピステーメー」を語源とする「エピステモロジー」です）の古典です。これらの呼び名は難しそうにも聞こえますが、本書は一部の議論を除いて、読者がソクラテスの問いに自分で答えながら「哲学の世界」に入り、自分でも「問題」に取り組めるように工夫されています。

本書でソクラテスの対話の相手を務めるテアイテトスは、幾何学・数学の早期教育であっという間に当時の最高水準の学問を修め、すでに以後の本格的な無理数論の基礎となる、大きな発見もおこなっている若者です。しかし、その一方で哲学の問題を考える練習をしたことはなく、一〇代という年齢のため、人生経験も豊かではありません。かれは、学問にかかわる抽象的で根本的な問題を考える思考力に恵まれていますが、哲学の議論にかんしては、この作品の問答において一から出発しながら、そのやり方自体を覚えていかなければならない若者です。

著者プラトンは、かつて自分が書いた初期の比較的短い作品群のなかで、「勇気とは何か?」(『ラケス』)、「節度(健全な思慮)とは何か?」(『カルミデス』)、「敬虔《けいけん》とは何か?」(『エウテュプロン』)、「美とは何か?」(『大ヒッピアス』)、「愛」(友愛)とは何か?」(『リュシス』)、「徳とは何か?」(『メノン』)というように、もろもろの徳や徳に関係する価値を主題にして、ソクラテスを一方の対話者とし、かれが対話の相手に質問しながら議論するという趣向の対話篇を書きました。そのなかで、ソクラテスは相手に、たとえば「敬虔とは、神々に愛でられることだ」といった、徳の「定義」を試みるように促します。そして相手が出した答えの定義に、徹底的な検討を加えます。この検討結果は毎回、否定的結論でした。対話自体の目的も、「知っているつもり」だったもっとも大事な徳やほかの価値について、自分がほんとうは無知である以上、考えの修正と、真の知識のための探究が必要だと気づかせることにありました。

つぎにプラトンは、『パイドン』と『饗宴』に始まる中期作品群で、そのような否定的結論の作品と、いったん訣別《けつべつ》しました。いわば一八〇度書き方を変えて、「プラトン主義」の源とみなされる数多くの積極的な(そして時に大胆な)主張を提出しました。

しかし、その中期の最後の作品である本書『テアイテトス』は、もういちど初期の対話のスタイルに一時的に戻った作品です。ただしここでの主題は、初期対話篇で扱われた、人の生き方にじかにかかわる主題とは異質な、「知識」です。そして、議論のなかでも、知識を説明するために、「知覚」や「記憶」、あるいは「推理」や「推論」、「判断」や「考え」、「真理」と「虚偽」、それからまた「学問的説明」や「理由づけ」といった、人間の認識と理論活動の諸要因が、さまざまな角度から問題にされます。

自分の哲学の内容にかかわるようななんらかの理由からプラトンは、知識と学問の意味について、また知識の本質的な要素となるものについて、才能に恵まれているが初心者である若者に、一から手ほどきを与える作品を書こうと考えたのでしょう。その「なんらかの理由」とは何かが問題です。これは、プラトン解釈上の大問題として激しい論争が継続している問題でもあります。しかしここでは、『テアイテトス』を読み始める上でとくに必要な準備だけをしておきましょう。その準備として、知識の問いがプラトン哲学全体にとってもっていた、特別な意味（しかもそのような意味を、現代のわれわれが考えることは、めったにありません）をはっきりさせます。

プラトンにとっても、またプラトンの学園に所属し、学問的にすぐれた当時の多くの人々にとっても、われわれが深く知識にかかわっていることと、われわれが人間として生まれ、人間としての一生をまっとうするということは、互いに切り離されえない、密接に相関する重要問題でした。サルやイヌの「知識」を問題にすることも、もちろんできるでしょうが、しかし人間の知識こそ、ふつうわれわれが「知識の問題」に接するときに、第一に考えるものでしょう。

「知識とは何か?」というこの作品の問いを初めて導入する箇所でソクラテスは、まず知識というより、徳のひとつである知恵にかんする入門的問題から入って、それを経由して、テアイテトスに「知識の問い」を理解させようとします。つまり、『学ぶ』とは、人が学ぶ事柄をめぐって、より知恵のある者になることではないか?」――「知恵のある者は、知恵〔をもつこと〕によって知恵のある者である」――「そしてそれは、知識と違わないのだろう?」という三回の発言(一四五D~E)を通じてソクラテスはテアイテトスに、「知識とは何か?」を自分が問題にしている根本的な理由を示しているのです。テアイテトスは数学をテオドロスから学んでいますが、ソクラテスが今かれに要求するのは、そのように自分が事実いろいろ学んで進歩しているということを超えて、自分自身にかんする問いをもつべきだということです。つまり、そのように内面的に進歩し、知識を身につけ知恵のある者になるということは、自分が人間として存在していることと関係してどのような意味をもつことか、そろそろ考えなければならないということなのです。そして、相手のテアイテトスもこのようなソクラテスの期待に応えるように、じつは自分も、ソクラテスが周囲の若者とかわしている会話に悩ましいほどの興味を感じているが、一人で考えるだけでは問いに答えられず、しかも問いから離れることもできないと告白します（一四八D～E）。

人間以外の動物であれば、生まれつきそなわった「資質」や「本能」の偉大な力に頼って生きてゆくことが、基本でしょう。人間は、そうではありません。獲物や敵を教えてくれる犬の嗅覚も、狭い空間を正確な軌道で飛ぶためのコウモリの聴覚も、豹《ひょう》の敏捷《びんしょう》さと走力も、ミツバチのきわめて厳格な分業の能力も、生まれつきの力としてはわれわれにそなわっていないのです。おもに生まれた後で後天的に学ぶ知識が、知恵という形でわれわれ人間を導いてくれるから、それで「一人前の人間」にもなれるし、また、場合により学習がとくに成果を上げるときには、ほかの人々に比べて秀でた者にもなれます。生まれついてもっている才能や資質だけでそうなれるわけでなく、かなり長期の練習や学習や修業を経なければ、立派な大人にはなれないわけです。それゆえ、各時代に、各国や各文化でそれぞれの流儀でおこなわれる「しつけ」と「教育」は非常に重要であり、その教育の仕方次第で各人は存分に伸びたり、逆に、本人の可能性は大きいのに伸びなかったり、歪《ゆが》んでしまったりします。したがって、どのような教育と学習が必須であり、かつ正しく、どのような「学習」はあまり意味がなく、どのような「学習」はかえって進歩の邪魔になるのか、たえず考えて、必要に応じて学習の方法と内容を改善してゆくことが、人間の宿命の重要な一部です。

人間ならではの、学習による運命全体の大変化という事態は、どこかでだれかが学習のあり方を決めてくれているから、その点で安心できるという問題では、なさそうなのです。むしろ逆でしょう。各人が自分で学習によって進歩を実感しながら、その一方で進歩の意味をも深く考えるようにして学習自体を調整できるかどうかで、個人の運命も、個人がつくりあげる組織や共同体の運命も変わってきます。テアイテトスがソクラテス的な問いに心の底から興味をもったことは、かれが、自分（たち）のそうした運命に対する完全に自由な考えをもてるにいたる、発達と成長の新段階を迎えているということの印です。われわれと同様テアイテトスも、幼少期にはいわば夢見るようにただ生きてきたのですが、いつかよく生きる方向への覚醒した努力を始めなければなりません。それは、哲学の難問に自ら向かい、その問いを苦しみながら考えてゆくことなしには成功しないということが、プラトンのメッセージです。

じつは、これ以前の初期哲学も中期哲学も、適切に考えているか否かに応じて発展を加速することもできるし、発展を鈍らせ、あるいは自ら破滅に向かうことさえありうるという、こうした「若い人間がもつ、あまりにも巨大な『自由』」の冷静な認識を背景として、表現されたものです。自分が何をどの程度学ぶかで自分の運命全体が変動し、自分が社会に貢献できる事柄と、社会自体のあり方も変動しうるのです。初期哲学のソクラテス的問答は、このことを人間にかかわる厳粛な事実とみなして、徳に向けて魂を配慮し自己を吟味するよう若者に促し、若者自身を立派で、ものごとを考える人間にするとともに、社会と国家の立て直しを図るという企てでした。他方、中期の大著『ポリテイア（国家）』は、若者を段階ごとにどのように鍛えて、正しい知識に基づく人間形成と理想の共同体の建設を図るかということを、登場人物の「ソクラテス」に語らせる、壮大な作品です。つまりプラトンは、われわれ人間が「考えるという宿命」を背負っている以上、そのことを最大限やってみたらどうなるか、実際に考えることを始めたわけです。――「知識とは何か？」という『テアイテトス』の主題は、これらの仕事を受けて、プラトンのすべての哲学的思考の底に流れていた問題意識自体を、改めて正面から主題化した問いである、といえるでしょう。

本書冒頭部分の話に戻りましょう。テアイテトスが「知識とは何か？」のようなソクラテスの問いを伝え聞いて、興味は非常にあるが、答えられずもどかしい思いがしていると告白する先ほどの箇所のつぎにくる一連の話（一四八B～一五一D）が、広く知られた「ソクラテスの助産術」の説明の箇所です。ソクラテスの診断ではテアイテトスは、哲学の考えを「心に孕《はら》んだ」ので、それで子どもを宿した妊婦のように落ち着かない状態なのだと言うのです。人間は思春期に、自力でものごとを考える、自立した生き方を始めなければなりません。年長者たちは、若者のそうした自力の発展をうまく「介助」しなければならないという考え方を、ここでプラトンは示していま す。われわれは若い頃、だれか他人から考えなさいと言われたわけでもないのに、「これは、どういう意味のことだろうか？」と考え、そのような意味をめぐる問いがまず次々にいろいろな身の回りのものごとに、また、そのようなものごとからさらに経験したことのないさまざまな事柄へと「飛び火」していって、そしてついに、自分一人では深く考えようとしてもなかなか分からない、個人的経験さえ超えた「人生全体」と「世界全体」の問いに悩まされることがあります。

こうした、なにかいぶかしい不思議な思い、解消できないとまどいの経験を、ほとんどの読者も、もったおぼえがあると思います。これらは、「考えること」が若者に芽生えて自然に力を増して、ついに完全に自立した人間にさせる道であると、プラトンは捉えていました。このように『テアイテトス』は、教育と学習についてのアイデアが続々と出始めたギリシャで、若者の自然な知的好奇心を最大限伸ばして最善の成熟に向かえるよう、ソクラテスが編み出したやり方で「対話すること」の意味を示す作品であるといえます。

対話の中心部分でソクラテスは、いくつかの哲学的な立場をテアイテトスに示してゆきます。とくにかれは、本書の第一部と呼ばれる部分で、プロタゴラスによって唱えられた「相対主義」の考え方の詳しい中身を、テアイテトスに示します。そのような、今まで詳しく知らなかったさまざまな考えとの対話のなかに投げ込まれることを通じて、テアイテトスは苦労しながらも自分の答えを考えてゆきます。このようにしてかれは、世の中に広まっている考えのどのようなものがじつは怪しいもので、どのようなものがどの程度信ずるに足るのかをも理解してゆきながら、哲学の力を、おのずとつけてゆきます。

前置きはこれで十分でしょう。それでは、対話篇の問答をお楽しみください。

テアイテトス——知識について

外枠の対話

場所
メガラ市

登場人物
エウクレイデス　メガラの人でソクラテスの友人。『パイドン』五九Cでソクラテスの死に立ち会った一人とされる。
テルプシオン　メガラの人。『パイドン』五九Cでエウクレイデスとともにソクラテスの最後の対話に同席したとされる。

一

エウクレイデス　テルプシオン、きみはいま田舎から戻ったところなのか、それとも、前に戻っていたのかね？

テルプシオン　ぼくが戻ったのはもうだいぶ前で、そう言うきみのことを、市場《アゴラ》[1]で探していたところなのだよ。それで見つからないものだから、どうしたのだろうと思っていたのさ。

エウクレイデス　ぼくは町にいなかったからね。

142A

1　原語は agora。古代ギリシャ各都市の町の中心で、各種の店も並び、さまざまな市民が集まる場所。ローマではフォールム（forum。現代語の「フォーラム」のもとの言葉）がこれに相当する。

テルプシオン　それじゃいったい、どこにいたの？

エウクレイデス　港に下っていったんだが、その途中で、テアイテトスがコリントスの陣営[2]からアテナイ本国に連れていかれるのに出会ったんだ。

テルプシオン　ん？　テアイテトスはそのとき生きていたのだろうね？　それとも、死んでいたのか？

エウクレイデス　生きてはいた。しかし、息も絶え絶えといった様子だった。受けた B
傷も重傷だったのだが、なにしろそれにもまして、陣地で発生した疫病にかかっていたのでね。

テルプシオン　まさか赤痢にかかった、ということではないだろうね？

エウクレイデス　いや、それが、赤痢なんだよ。

テルプシオン　ああ！　よりによってあのような立派な男子に、危難が降りかかったときみは言うのだな。

エウクレイデス　そうとも、テアイテトスこそ、この上なく立派な人間[3]だよ、テルプシオン。今回の戦場のはたらきのことでも、人がかれを、口をきわめて褒めたたえているのを、ぼくは聞いたばかりなのだからね。

テルプシオン　なるほど、それも当然のことだ。もしテアイテトスがそうした人間でなかったなら、それこそはるかに変な話だろう。しかし、それにしてもどうしてかれは、このメガラの地で休もうとしなかったのだろう？[4]　C

エウクレイデス　かれは郷里へと急いでいたからだよ。ぼくとしてはとどまるように言いつづけたし、そのほうがよいと勧めてもいたのだが、テアイテトスがそのことを望まなかったのだ。それで、ともあれぼくはかれを見送って、帰ってきた。その道すがらぼくは、ソクラテスはほかのさまざまなことでも予言の力があったが、と

2　ここで話題となる戦闘については二つの解釈がある。まず、前三八七年以前の戦闘とする解釈（テアイテトスは前四一五年頃生まれたので、二〇歳台後半で夭折《ようせつ》したことになる）がある。これは、アテナイ民主派を支持したテーバイがスパルタを相手に戦った「コリントス戦争」の中の戦闘である。前三六九年の戦闘とする解釈（この解釈ではテアイテトスは、四六歳くらいで戦病死したことになる）もある。この戦闘は、スパルタがテーバイと戦ったときアテナイがスパルタを支援した戦争の中で起こった。

3　「この上なく立派な人間」の原語を直訳すると「美にして善なる男」ないし「善美の人」。古典ギリシャ語で、非の打ち所のないほど有徳な人間として讃える表現。

4　メガラ市はコリントスからアテナイまでのほぼ中間地点に位置した。

くにこのテアイテトスという人間にかんして、またもやいかにすぐれた予言力を
もっていたかと、不思議な驚きの気持ちに打たれながら、思い出したのだ。
というのも、たしか死の少し前にソクラテスは、若者であったテアイテトスに出
会って一緒に過ごし、対話してみて、かれのめぐまれた素質にたいへん感嘆してい
たからだ。そして、ぼくがアテナイに行くたびソクラテスはぼくに、テアイテトス
と対話した際の、ぜひとも聴く価値のある議論を語り聞かせてくれて、この者は年 D
齢が達しさえすればひとかどの人間になること請け合いだと言ったのだよ。

テルプシオン　ソクラテスのその言葉は、どうやら正しかったようだね。それでその
議論は、どんなものだったのだろうか？　話してもらえるだろうか。

エウクレイデス　それはとうていできないよ。少なくとも、そらで、というわけには
いかない。だが、ぼくはそのとき、家に帰るとすぐ覚え書きを書き留めておいたん 143A
だ。そして後ほど、暇を見つけては記憶をたどって書きつづけたし、アテナイに行
くことがあればそのたびに、自分で思い出せない部分についてソクラテスに尋ねて、
メガラに戻ってはその部分を直したのだ。そうやってかれらの議論は、ほぼ全部、
ぼくによって記録されたことになる。

テルプシオン そうそう、そうだったね。ぼくは以前にもきみからそのことを聞いて、そのたびにその覚え書きをみせてくれるよう頼もうと思っていたのだが、今にいたるまでずるずる先延ばしにしてしまった。しかし今は、とくになんの差しさわりもなく、詳しい話を聞くことができるのではないかね？ それに、いずれにせよぼくのほうは、田舎のほうから遠路歩いてきたばかりなので、一休みが必要でもあるのだよ。

B
エウクレイデス そうだね、ぼくのほうもエリネオンまでテアイテトスを見送ってきたところだから、休むというのはいやではないな。それじゃあ、ついてきたまえ。ぼくたちは休みを取りながら、従者の童に［覚え書きを］読ませることにしよう。

テルプシオン うん、きみの言うとおりだ。そうしよう。

エウクレイデス ……その覚え書きの書物というのは、これだよ、テルプシオン。た

---

5 ソクラテスは前三九九年二月に裁判にかかり、三月に刑死した。本対話篇の末尾二一〇Dでソクラテスは、自分が告発され、裁判所の呼び出しを受けていると言うので、テアイテトスとの対話として設定されているものは、前三九九年の年頭かその直前におこなわれたことになる。

だぼくは、ソクラテスがぼくに語って聞かせてくれた、そのとおりの言葉では書い
ていない。ソクラテスが「そのように対話した」と言った人々との対話そのものを、
書き記したのだ。そして、かれが言ったその対話の相手とは、幾何学者のテオドロ
スと、テアイテトスだった。そこで、ソクラテスが自分について、たとえば「そし C
てわたしは主張した」とか「そしてわたしは言った」とか、あるいはその逆に答え
手の人について「かれは賛成した」とか「かれは同意しなかった」とか言っていた
ときには、こうした報告調の言い回しが議論の途中に割って入ってきて、そのため
に読みにくいという結果にならないように、ぼくのほうでこうした言葉を省いて、
ソクラテス自身が相手と対話している、まさにそのままをあらわす文章で書いてお
いた。[6]

テルプシオン　それはすぐれた工夫だよ、エウクレイデス。

エウクレイデス　さあ、童、書物を手に取って読みなさい。

6 この書き方の工夫は『テアイテトス』で始まったもので、対話篇の執筆年代をきめる重要な要素となった。『ポリテイア（国家）』『パイドロス』『パルメニデス』はこの工夫以前であり、『テアイテトス』はこれら三作品より後の、中期最後の作品である。『ソフィスト（ソピステス）』はここの工夫をそのまま用いており、『テアイテトス』の直後に書かれた、後期最初の作品である。

内部の対話

場所

アテナイ市

登場人物

ソクラテス　アテナイの哲学者。このとき六九歳か七〇歳で、本作品の対話はメレトスたちの告発により裁判にかかる寸前のものとされている。

テオドロス　ソクラテスとほぼ同年の、キュレネ出身でアテナイに滞在していた数学者。若い頃プロタゴラスの主張に共感していたが、後に数学に転じて大成した人。

テアイテトス　テオドロスの若い弟子でアテナイ生まれ。天才的な才能をもつ数学者。ソクラテスと対話したと設定されるとき、まだ一〇代半ばだった。プラトンの年少の友人であり、アカデメイアにおける数学の発展に貢献した。本作品でソクラテスと対話し、つづく『ソフィスト（ソピステス）』ではエレアからの客人を相手に対話するという設定である。

導入部

一　ソクラテスとテオドロスの初めの対話

二

ソクラテス　もしわたしがあなたの生まれ故郷キュレネ[1]で起こっていることに、より大きな関心を寄せていたなら、テオドロス、キュレネの出来事やキュレネの人々についてあなたに質問して、かの土地の若者のうちでだれか幾何学やほかの知恵への愛[2]にかんし、注意を向けている者がいるか、尋ねたことでしょう。しかし現実には、わたしはかの地の人々に、ここアテナイの人々に対するほどの愛着を感じているわ　D

1　北アフリカの、現在のリビア領内にあったギリシャ人植民市。

2　原語は philosophia で「哲学」の原語だが、今日の哲学より広く、諸学問をも指す。

けではありません。そして、われわれのところの若者のうちで、将来すぐれた人間になる見込みのある者はだれかということを、むしろ知りたいと思っています。そこで、そのような人物のことを自分自身、できるだけ調べあげるようにしていますし、若者たちがこの方となら一緒に過ごしたいと思う、そのようなほかの人々にも、その点を尋ねています。

あなたのところには少なからぬ若者が集まっています。これは当を得たことです。 E
あなたはほかの点でも立派ですが、とりわけ幾何学の知識をおもちなので、そのようなことに値する人物だからです。そこで、だれか名前を挙げるに足る人物に会ったことがおありかどうか、教えていただければ幸いです。

テオドロス はい、わかりました、ソクラテス。あなたがたアテナイ市民のなかで、わたしがこれまでに出会った一人の若者の名をわたしが挙げ、その名があなたの耳に入ることは、たいへん意義深いことです。それだけでなく、かりにその男が美男子だったなら、その者にわたしが色気をもっていると思われないよう用心して、讃えることを極力控えようとしたことでしょう。しかし現実には——このようなことをわたしが言うからといって、どうか機嫌をそこねないでいただきたいのですが――この者は眉目《びもく》秀麗ではありません。かれはむしろ、めくれた鼻といい、出目といい、あなたに似ているのです。ただし、あなたほどひどく不格好というわけではありません。

それでわたしはかれを、なんのためらいもなく褒めることができるわけです。実際、かつてわたしが出会った者のうち――事実、非常に多くの人々と知り合いになりました――、これほど驚くべき天賦の才をもった人間に、会ったことがないというのは、確かなことなのです。というのも、かれは、ほかの人間がとうていできないほどすらすらと学ぶことができ、しかもその一方で際立って温和ですが、さらにその上、だれにも負けないほど勇敢なことといったら、このような人物の例があわれるなどと、かれに出会わなかったなら、わたしは考えられなかったのですし、実際にもかれに匹敵する人物を、ほかに見ていないからです。そして、この者のように鋭敏で才知にあふれ、これほど多くのことを記憶できる人間は、ふつうはそれと同時に、気持ちの波が大きく、激しやすいものです。そうした人間は、まるで帆柱をなくした船のように、突っ走っていってしまいます。かれらの性質は勇敢というより、不安定なものです。逆に、重厚な人間は、どうしても学ぶことにおいて不精であり、ものごとをいつでも忘れてしまいます。しかしこの者は、オリーブ油が音もなく流れるように、学習と探究においてかくもすらすらとよろめかず、実績をどんどん積み重ねながら進んでおり、しかも、それでいて温和さも人一倍もっているので、まだこの年齢なのに、これだけの成果を立派に挙げています。そのことには、ただ、驚くほかないわけです。

ソクラテス　よい報せをもたらしてくださいました。それで、アテナイのだれの息子でしょう？

テオドロス　父親の名前を聞いたことはあるのですが、思い出せません。

……しかし、現にかれは、あそこにいてこちらに向かって歩いてくる者たちの真 C
ん中にいますよ。先ほど、あそこにいるかれとその仲間は、屋外の走路で体に油を塗りこんでいました。今はそれも終わって、こちらに向かってくるところなのだと思います。かれを見分けることができますか？

ソクラテス　ええ、わかりますよ。あれは、スニオン区のエウフロニオスの息子です。エウフロニオスは、あなたが息子を形容した、まさにそのとおりの人間でした。あの方は一般にも評判がよく、しかしとくに、非常に多くの財産を残しましたね。しかしわたしは、あの若者の名前を知りません。

テオドロス 名は、テアイテトスといいます、ソクラテス。しかし財産は、後見人たちが使いはたしてしまったようですよ。それにもかかわらずかれは、金銭にかかわる気前のよさにおいても、際立ってすぐれているのです、ソクラテス。 D

ソクラテス あの者は品のよい人間だというのですね。どうかかれに、ここに来てわたしの傍らに座るように、言ってください。

テオドロス そうしましょう。
さあテアイテトス、こっちに来てソクラテスの横に座りなさい。

二　ソクラテスとテアイテトスがかわす、初めの哲学的対話

（1）「知識とは何か？」という問いの導入

ソクラテス　そうだ、そうしなさい、テアイテトス。

　これでわたしは自分自身について、自分がどんな顔つきなのか、つくづくと眺めまわすことができるわけだ。テオドロスはわたしに、わたしがきみと似ていると E
言ったからね。

　さて、われわれ二人がそれぞれのリュラ[1]をもっていて、それらは同じ調子の音を出す、とテオドロスが主張したとすれば、われわれは直ちにかれの言に信を置いただろうか、それとも、かれが音楽家であってそのように言っているのかどうかを、吟味しただろうか？

テアイテトス　吟味したでしょうね。

ソクラテス　それで、もしテオドロスがそのような者であると分かれば、われわれは

かれを信用しただろうが、他方、かれに音楽の素養がないと判明したなら、かれの言葉を信じないだろう。

テアイテトス　はい、おっしゃるとおりです。

ソクラテス　しかし、現実にはわれわれの顔つきがそっくりなことが問題なのだとすれば、わたしが思うにわれわれは、かれが画家として語っているのか否かを、調べなければならないね。

145A

テアイテトス　はい、そう思います。

ソクラテス　テオドロスは絵描きなのかね？

テアイテトス　いいえ。わたしの知るかぎりでは、そうではありません。

ソクラテス　かれは幾何学者でもないのかな？

テアイテトス　いいえ、間違いなく幾何学者ですとも、ソクラテス。

ソクラテス　かれは天文学者でもあり、計算の専門家でもあり、音楽家でもあり、教養にかかわるあらゆることの専門家でもあるのだろうか？

1　竪琴の一種。

テアイテトス　ええ、わたしはそうだと思います。

ソクラテス　したがって、もしかれが、褒めるにせよ貶《けな》すにせよ、われわれが身体のなんらかの点において似ていると主張するのであれば、テオドロスに対して、それほど気を遣う必要はないだろう。

テアイテトス　おそらくそうでしょう。

ソクラテス　これに対して、もしかれが、われわれのいずれかの魂を、徳と知恵にて B
らして褒めたたえる場合、それを聞いた者は褒められた者を吟味しようと熱望するし、褒められたほうの人間は熱心に自分を曝《さら》け出そうとする、それだけの価値があるのではないだろうか？

テアイテトス　ええ、まったくそのとおりですとも、ソクラテス。

三

ソクラテス　さあそれでは、テアイテトス、じつは今こそ、きみのほうは曝け出し、わたしのほうは調べあげるべき時なのだ。それというのも、テオドロスはわたしに向かってこれまで、多くの外国人とわれわれの国の市民を褒めたことがあるのだが、今きみを褒めたように手放しには、だれも褒めたたえたことがないからだよ。

テアイテトス　そうですか。それはうれしく思います。でもかれは、戯れにそのようなことを言ったのではありませんか？ C

ソクラテス　テオドロスはそうしたおふざけをするような人間ではないよ。さあ、この人は戯れに語っているなどと申し立てて、われわれのあいだで同意されたことを撤回しないでくれたまえ。かれが証言めいたことを強制されることのないようにね。というのも、ともあれだれも、かれを裁判で告発などしないからだ。そして、怖じけづかないで、われわれの同意どおりにしてくれたまえ。

テアイテトス　わかりました。あなたがそうお考えなのでしたら、そうしなければなりませんね。

ソクラテス　それでは言ってくれ。きみはテオドロスのもとで、幾何学を学んでいるのだね？

テアイテトス　はい、そうです。

ソクラテス　また、天文についても、和音についても、計算についても、学んでいる D

のだろうね？

テアイテトス　ええ、熱心にやっております。

ソクラテス　わたしのほうも、きみ、このテオドロスやほかの、それらの専門に長じているとわたしが考える人々のもとで学んでいる。しかしそれにもかかわらず、わたしはこうした事柄で一般には問題なく「学習が」進んでいるのだが、ひとつの小さな問題[2]に悩んでいて、それをきみとも、この人々とも一緒に考えなければならないのだ。

では、言ってくれ。「学ぶ」とは、人が学ぶ事柄をめぐって、より知恵のある者になることではないか？

テアイテトス　はい、もちろんそうです。

ソクラテス　しかるに、わたしが思うには、知恵のある者は、知恵[3]「をもつこと」によって知恵のある者である。

テアイテトス　そうです。

ソクラテス　そしてそれは、知識[4]と違わないのだろう？ E

テアイテトス　それ、とおっしゃるのは、どのようなものですか？

ソクラテス　知恵のことだよ。人々は、自分が知識をもつ者である事柄にかんして、知恵のある者でもあるのではないだろうか?

テアイテトス　そのとおりです。

ソクラテス　したがって、知識と知恵は、同じものということになるね?

テアイテトス　はい。

ソクラテス　ところが、まさにこのことこそ、わたしがなかなか解決できずに悩みつづけ、自分一人では十分に了解できていないことなのだ。つまり、いったい知識とはじつは何であるのか、ということが。いったいわれわれに、その「知識とは何

2 ソクラテスは、人々が日常的に質問したくなる問いとは区別される、哲学的に重要な(しかし日常的には、そう問う意味が見過ごされがちな)問いを、しばしばこうした「小さな問題」「些細な問題」のような言い方で表現した。

3 「知恵」の原語は sophia で、プラトン中期の『ポリテイア(国家)』以後、古代ギリシャでは勇気、節度、正義と並び非常に重要な四つの「主要な徳」とみなされた。なおプラトンは初期対話篇ではこれに敬虔を加えた五つの主要な徳を挙げるのがふつうだった。

4 「知識」の原語は epistēmē。本対話篇『テアイテトス』の主題である。

か?」という」ことを語ることができるだろうか? きみたちは何というのだろうか? われわれのうちの、だれが初めに答えられるかな? でも、失敗した者は、またやるたびにうまくいかない者は、ボール遊びをする子どもたちがそう言うように、「鬼」になってすわる。だが、間違わずに勝ち残った者はわれわれの「王」となって、自分が質問したいことを何でも答えさせることができる。

……みんな、どうして黙っているのかな? テオドロス、わたしは、われわれが対話して互いに親しくなり、話の通じあう仲になるように切望してやまないのですが、ひょっとして、議論好きのゆえに粗野なふるまいをしてしまっているのではないでしょうか。

テオドロス いえいえ、そのようなことが粗野だなんて、とんでもありません、ソクラテス。ただ、若い者のうちのだれかに、あなたに答えるようにお命じください。というのも、このわたしはそのような会話には不慣れですし、この者たちならふさわしいですし、これから習熟するには、年をとってもいます。それに対して、この者たちならふさわしいですし、また、はるかに目覚ましい進歩をとげるでしょうからね。なぜなら、若さとはまさしく、何ごとにおいても進歩するということだからです。さあ、すでにあなたがはじめた

B

とおりに、テアイテトスを放っておかずに、かれに問うてください。

ソクラテス　テオドロスの言ったことを聞いたね、テアイテトス？　わたしが思うに、きみがかれに従わないということはないだろうし、また、この類いのことをめぐっ C
て知恵ある人の指図に若い身で従わないのは、正しいことではない。さあ、臆することなくよい答えを言いたまえ。
知識とは何であるときみには思えるだろうか？

テアイテトス　あなたがたがそうお命じになるからには、答えなければなりませんね、ソクラテス。いずれにせよ、わたしが間違ったときには、あなたがたが直してくれるのでしょうから。

四

ソクラテス　もちろんそうするとも、もしわれわれにその力があるのならね。

テアイテトス　それでは、わたしには、テオドロスのもとで人が学びうる事柄も、つまり、幾何学も、また先ほどあなたが挙げたもろもろの事柄の知識も知識であるし、

それに靴作りの技術も、またそれ以外の職人のもろもろの技術も、知識であると思 D
えます。これらの全部が、そしてそれぞれ一つひとつが知識にほかならないとわたしは思います。

ソクラテス　まったく臆せずに気前よく、きみ、たったひとつのことを求められたのに多くのことを答えてくれたものだし、単純なものの代わりに多様なものを答えたものだ。

テアイテトス　何を、どのような意味で、おっしゃっているのですか、ソクラテス?

ソクラテス　ひょっとすると、なにも意味のないことかもしれないよ。しかし、わたしが考えていることを、説明しよう。靴作りの技術を言葉で説明するとき、きみは「靴を作製する知識」と説明するのではないか。

テアイテトス　はい。

ソクラテス　では、大工仕事を言葉で説明するときはどうだろう。「木製の日用品を E
作製する知識」である、ときみは説明するのではないかな。

テアイテトス　ええ、そう説明します。

ソクラテス　すると、両方の場合ともきみは、それぞれがそれぞれの知識であるところのものを、言葉で定めているのだね？

テアイテトス　はい。

ソクラテス　しかしテアイテトス、問われていたのは、そのことではなかったのだよ。「知識は何と何の知識なのか？」でも、「それらの知識はどのようなものか？」でもなかったのだ。なぜならわれわれは、それらの知識を数えあげようとして問うたのではなく、「知識とは、そのものとしていったい何であるか？」を知ろうとして、問うたのだから。それとも、わたしはなにか無意味なことを話しているのだろうか？

テアイテトス　いいえ、あなたの問いは、まったく正当な問いです。

ソクラテス　それでは、こういうことも考えてほしい。今或る人が、ありふれた、身

147A

5　テアイテトスは知識の例をいくつか挙げて「知識とは何か？」に答えようとしている。この例示による回答をソクラテスは以下で拒絶する。似た態度は、初期対話篇でしばしば表明された。「敬虔とは何か？」にかんする『エウテュプロン』六C～E、「勇気とは何か？」にかんする『ラケス』一九〇E～一九二B、「徳とは何か？」にかんする『メノン』七二C～七七Aなど参照。

近にあるものについて、たとえば粘土について、それはいったい何であるか、われわれに問うたとして、もしわれわれがかれに、「陶工の粘土」とか、「炉作りの粘土」とか、「煉瓦《れんが》職人の粘土」と答えたとすれば、われわれは愚かな答えをしているのではないだろうか？

テアイテトス　はい、そういうことになるでしょうね。

ソクラテス　第一に、われわれがこのときこれらに「人形作りの」粘土といった答えを付け加えようが、ほかのどんな職人の粘土としようが、そのようなやり方で「粘土」を説明して、とにかく問い手が、われわれの答えからなにごとかを理解してくれると思っていることが、おそらく問題なのだ。それともきみは、或るものが「何であるか」（そのものの本質）を知らないそのものの名を言われて、人はそれを理解すると考えるのだろうか？

テアイテトス　いいえ、そうは思いません。

ソクラテス　したがって、知識を知らない者が、靴作りの知識を理解することもない。

テアイテトス　はい。

ソクラテス　それゆえ、知識に無知な者は、靴作りの技術も、ほかのなんらかの技術

B

も理解しない。

テアイテトス　ええ、そのとおりです。

ソクラテス　したがって、知識とは何であるかを問われた人が、なんらかの技術の名を答えるとき、その答えは愚かしいのだよ。というのも、その人は、問われていることでもないのに「何の知識なのか」を答えているからだ。 C

テアイテトス　そう思えます。

ソクラテス　第二に、実際にはごくふつうのやり方で手短に答えることができるのに、その人は無限に長い道を進み、遠回りしてしまっているのだろう。たとえば、粘土について問われているとき、だれの粘土かは放っておいて、土が水と混ぜ合わせられると粘土ができると答えることが、ごくふつうの答え方であり、単純なやり方だろう。

（2）テアイテトスの数学の業績

五

テアイテトス　そうですね、今となれば、おっしゃるようにしたらもっと容易だったと思えます、ソクラテス。

　ところで、あなたがお尋ねになったことは、ちょうど今さっきわたしと、あなたの同名にあたるこのソクラテス[1]とで対話していたときに、われわれ自身の頭に浮か D
んだことに似ているようです。

ソクラテス　それはどのようなことかね？

テアイテトス　ここにおられるテオドロスはわれわれに、無理根について、三平方フィートと五平方フィートの正方形の一辺は、一平方フィートの正方形の一辺の長さによっては通約できない[2]と図解してくれました。そして、同じように正方形の一辺を一つひとつ選んで、十七平方フィートの正方形の一辺まで説明してくれました。

しかし、なんらかの事情で、そこのところでかれは止まりました。それで、無理根は無数にあることは明らかだったので、われわれはこの類いのものを、それでもってすべてのこれらのものを無理根と呼ぶような、一つのものにまとめあげようと思うに至ったのです。

ソクラテス　それで、そのようななにかを、きみたちは見つけたのかね？

テアイテトス　はい、わたしは見つけたと思います。あなたのほうでもほんとうにそ　E

1　ソクラテスと同名だが、はるかに若く、テアイテトスと同年代の若者。この人物についてはよくわかっていない。この若いソクラテスは、姉妹篇となる『ソフィスト（ソピステス）』二一八Bでもテアイテトスの友人として対話に居合わせていることになっており、そのつぎの『政治家（ポリティコス）』では、対話者になる。

2　「通約可能」とは、二整数の比で表現できて、有理数倍で表されうるということ。たとえば四平方フィートの正方形の一辺は二フィートなので一平方フィートの正方形の一辺である一フィートに対し、「1：2」という、整数同士で表される比になっていて「通約可能」だが、三平方フィートの正方形の一辺は$\sqrt{3}$フィートであり、一フィートに対して1：$\sqrt{3}$という比にしかならず、五平方フィートの正方形の一辺も$\sqrt{5}$フィートで1：$\sqrt{5}$という比にしかならないため、いずれも「通約できない」。

うか、確かめてみてください。

ソクラテス　それを言ってくれたまえ。

テアイテトス　われわれはすべての数を二つに分けました。或る数の二乗となることができる「四、九、十六などの」[3]数を、正方形の形にたとえて「正方数」とか「等辺数」とかと呼ぶことにしました。

ソクラテス　それは適切な名だね。

テアイテトス　他方、そのあいだにある数、つまり三や五など、ほかの数の二乗となることはできないが、或る数をそれより小さな数で、あるいは或る数をそれより大きな数でかけてでき、その数の面積の四角をつねに大小の差がある整数の辺が囲む 148A
ような数を、今度は図形の長方形になぞらえて「長方数」と呼びました。

ソクラテス　うん、それはきわめて当を得たことだ。で、そのあとは？

テアイテトス　まず、等辺数、つまり、平方数を面積とする正方形の一辺を「長さ」と定義しました。そしてつぎに、長方数を面積とする正方形の一辺を「長さのよう
でありうる力」[4]と定義しました。先ほどの辺とは長さでは通約できませんが、それ B
が形作りうるところの正方形の面積では通約可能だからです。さらに、立体につい

てもわれわれは、これとは別ですがこれに似た区別を立てました。

ソクラテス　何というすばらしい人々だ、きみたちは！　わたしには、テオドロスが

3　ここでの「数」とは、自然数のこと。

4　原語は dunamis。通常「能力」や「力」や「可能性」を意味するが、ここでは、テアイテトスたちが「できる」「なしうる」というニュアンスを利用して定義した数学用語としての、自然数の「無理根」のこと。長さとは、たとえば平方数である九を「二乗によってつくる一辺」の長さ三のこと。他方、たとえば縦一横三の長方形の面積は三だが、「長さのようでありうる力」とは、この面積の数値「三」にとって、面積三の正方形を「二乗によってつくる一辺」の「長さ」に相当する$\sqrt{3}$のことである。長さ同士としては三と$\sqrt{3}$は通約できないが、一辺三の正方形の面積九と一辺$\sqrt{3}$の正方形の面積三は、9：3（3：1）という整数同士の比となるので、通約できる。

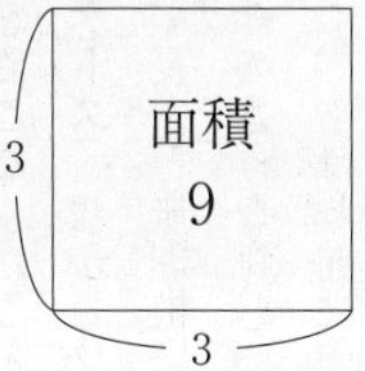

平方数9の長さは3

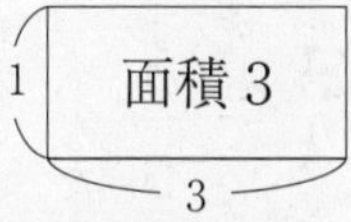

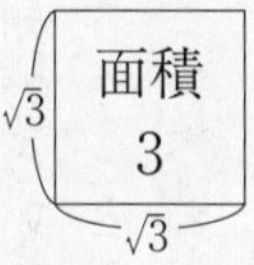

面積3の長方形と同面積の正方形→$\sqrt{3}$が「長さのようでありうる力」

偽証をおこなったことには、ならないように思えるね。

テアイテトス　しかしソクラテス、あなたが知識についてお尋ねになったことをわたしは、長さと無理根についてのようには、答えることができません。そして、あなたはそのような難しいことを探究しているように、わたしは思うのです。そういうわけで、やはり前に申し上げたとおり、テオドロスは誤っているように思えてしまうのですが。

C

ソクラテス　でも、どうかな？　もしかれがきみを競走の点で賞讃し、これほど競走に長じた若者に出会ったことがないと主張したとして、後にきみが競争してみて、盛りの年齢のもっとも速い者に遅れをとったとすれば、きみは、かれの賞讃が正しくなくなってしまう、と思うだろうか？

テアイテトス　いいえ、わたしはそうは考えません。

ソクラテス　さて、知識だが、これは、今さっきわたし自身がそう言ったように、それ［が何であるか］を発見することは小さな問題であって、あらゆる意味で完璧な人々が課題とするようなことではないときみは思うだろうか？

テアイテトス　いいえ。それどころか、神に誓ってこのわたしは、それがもっとも完璧な人々の仕事である、と確信しております。

ソクラテス　それでは自分に自信をもち、胸を張って、テオドロスは意味のあること
を話したと考えなさい。そして、ほかのことについてもだが、とりわけ知識につい D
て、それの定義がいったいじつは何であるのか、どのようにしてでも把握するよう
に努めなさい。

テアイテトス　努力でなんとかなることでしたら、ソクラテス、それは明らかになるでしょう。

（3）助産師ソクラテス

六

ソクラテス　さあそれでは、先に進もう。すばらしい話を聞かせてもらえたのだからね。無理根についての答えを真似て、それら「$\sqrt{2}$、$\sqrt{3}$、$\sqrt{5}$など」が多数であるのを一つのかたちにまとめあげたように、多くの知識をも、同じく一つの定義で、語ろ

うとしてくれたまえ。

テアイテトス ……しかし、ソクラテス、あなたのところから話が伝わってきたもろ E
もろの問いのことを聞いて、わたしは、じつは何度もその問いを考えてみようとしてみたのです。それにもかかわらずわたしは、自分が十分に意味のある答えを語っている、と自分で自分を納得させることもできていませんし、あなたの指示どおりにほかの人が答えるのを聞くこともできないでおります。でも、だからと言って逆に、この関心から身をもぎはなすこともまた、できないままなのです。

ソクラテス うん、それはつまり、きみが、テアイテトス君、空っぽではなく孕んでいて、それで陣痛に悩んでいるということなのだよ。

テアイテトス そうかどうかは、わかりません、ソクラテス。わたしはただ、自分が現に実感しているままの感じをお話ししているのです。

ソクラテス ふむ、変だな。そうするときみは、わたしが、信頼のあつい男勝りの産 149A
婆、ファイナレテ[6]の息子であるという話を、聞いたことがないのだろうか？

テアイテトス いいえ、そのことは伺っています。

ソクラテス わたしが同じ技術を使っているということも、聞いているかね？

テアイテトス　いいえ、全然聞いたことがありません。

ソクラテス　でも、それは事実なのだ。だからといってほかの人に、わたしのことを言いふらしてはいけないよ。というのも、きみ、わたしがその技術をもっていることは、気づかれてはいないからだ。そして人々は、この事情を知らないものだから、わたしについてそのことは言わずに、あれはじつに風変わりな男で、人々を難問で悩ますというように言っているのだよ。[7] きみは、このことも聞いているね？

テアイテトス　はい。 B

---

5 「かたち」と訳したのは eidos という名詞。日常的には「かたち」や「種類」という意味。プラトン初期では、たとえば徳目の「敬虔」について、「敬虔とは何か？」と対話相手のエウテュプロンに対し定義的説明を問うソクラテスは、さまざまな敬虔な行為など「多くの敬虔なもの」を一つにまとめあげる「かたち（エイドス）」を求めている、とエウテュプロンに説明した（『エウテュプロン』六D）。つづく『パイドン』『ポリテイア』などの中期のイデア論では、美や正義や等しさなどのイデアを表すひとつの表現として、この eidos が用いられる。

6 「ファイナレテ」というのはソクラテスの母の名であり、「徳（アレテー）を日のもとに出現させる」という意味をもつ。

ソクラテス　それでは、どうしてそう言われているか、そのわけをきみに話そうか。

テアイテトス　はい、そうしてください。

ソクラテス　産婆たちの技術の全体について、それがどのようなものであるか、よく考えてみなさい。そうすれば、わたしの意図がいっそう容易にわかるだろう。というのも、きみもたぶん知っていることだろうが、産婆のだれ一人、自分で子を妊娠して、出産する身であるうちにほかの女性のお産を助けるわけではなく、自分ではもう産めなくなってから助けるからだ。

テアイテトス　ええ、そのとおりです。

ソクラテス　その原因は、女神アルテミス[8]であると言われている。つまり彼女が、みずからは産まずに出産を司るがゆえのことである、とね。このため彼女は、助産を
不妊の者たちに与えずに——というのも、人間の自然本性は、自分で経験のない事 C
柄の技術を得るほどには、強くないからだが——、自分と似通っていることを尊重して、年齢のゆえに産めなくなった者にそれを割り当てたというわけだ。

テアイテトス　はい、お話は、いかにもそれらしく思えます。

ソクラテス　つぎのこともそれらしく、またそれだけでなく必然にも、思えるだろう

か。すなわち、妊娠している女性とそうでない女性とを見分けるのは、産婆のほうが、ほかの者よりすぐれているということも？

テアイテトス　はい、まったくそのように思えます。

ソクラテス　そしてそればかりでなく、産婆は妊婦の身体に薬となるものをあたえ、まじない唄を歌って陣痛をひきおこし、必要を感じれば苦痛を和らげることもできる。また、産むのに難渋する女性が、なんとか産むようにすることもできるし、あ D
るいは、胎児が早い時期で、[9]流産させるのがよいと思われる場合には、流産させる。

7　『ソクラテスの弁明』二一B以下、『メノン』八四Bなど参照。プラトンの初期対話篇でソクラテスが主導する対話はほとんどの場合、対話の相手を難問（aporia）で困惑させ、主題となる徳や美や愛について、相手が「知っていたと思っていたが、じつは知らなかった」という消極的結末に至ることで終わる。「ソクラテス的論駁」と呼ばれ、積極的結論は導かれない。

8　ゼウスとレトの子で、アポロンの妹とされる女神。

9　底本は、一四九D三 neon on のテキストがおかしいと指摘している。伝えられているテキストどおり読むとすれば、ここに訳した程度の内容だろう。

テアイテトス　ええ、そのとおりです。
ソクラテス　それでは、さらに彼女たちのこの点も、きみは気づいているだろうか。つまり産婆は、もっともよい子を産むために、どのような女性がどのような男性と一緒になるべきかということをよく知っているという点で際立って知恵があるがゆえに、もっとも才能のある縁結びである、ということだが？
テアイテトス　その点について、わたしはまったく知りません。
ソクラテス　しかし彼女たちが、臍《へそ》の緒を切ることにかんする以上に、このことにかんして見識をもっていることは、知っておくべきなのだよ。
では、こう考えたまえ。土からとれる収穫物の世話と収穫にかかわる、その同じ技術が、これらの事柄とともに、どんな土地にどんな植物を植えてどんな種を蒔《ま》くべきかを知る技術でもあると、きみは思うかね、それともこの二種類の任務は、異なる技術に属すると思うのかね？
テアイテトス　いいえ、同一の技術に属します。
ソクラテス　しかし、婦人にかかわることでは、この類いの「次世代のための縁結びの」ことと収穫とでは、別々の技術がかかわるときみは考えるのだろうか？

E

テアイテトス　いいえ、とんでもない。そんなことは、とうてい信じられません。 150A
ソクラテス　そうだとも。しかし、男女のあいだには、法に反した、そしておよそ技
術とは無縁な結びつけもある。それは、現に「売春斡旋《あっせん》」という「汚名的な」名で
呼ばれている。それゆえ、産婆たちは自分の尊厳を守る人なので、縁結び術から遠
ざかっているのだ。この技術のためにあの罪科を負うのではないか、と恐れてね。
それでも、正当な縁結びは、ほんとうの産婆にのみふさわしいということに、違い
はないのだ。
テアイテトス　はい、明らかにそうです。
ソクラテス　そこで、産婆たちの仕事はこれほど重要なものだが、しかし、わたしが
おこなっていることに比べれば、まだたいしたものではない。というのも、婦人た B
ちの場合には、時にみかけだけのまがいものを産んだり、本物を産んだりして、そ
のことの識別が容易でないなどということは、ありえないからだ。もしそのような
ことが可能であったなら、産婆にとって、本物の人間と、にせものの「人間もど
き」を見分けることが、最大の、そしてもっとも立派な仕事になったことだろうか
らね。それとも、きみはそう思わないかな？

テアイテトス　いいえ、そう思いますとも。

七

ソクラテス　これに対して、わたしがおこなっている助産の技術には、産婆たちがかかわる全部のことが入ってくるが、ただし婦人をでなくて男性を介助すること、およびかれらの魂が生むのを見守るのであって、身体が産むのを見守るのではないこと、この点で違っている。そして、とくにわたしの側の技術には、最大の特徴として、つぎのことがそなわっている。すなわち、若者の思考がみかけだけのもので
虚偽を生み出しているのか、それとも、実質のある真正なものを生み出しているの C
かを、あらゆる仕方で吟味することができる、ということがそれだ。

ただし、少なくとも産婆たちと同じく、こういうことがわたしにもあてはまる。つまり、わたしも自分では、知恵を生むことができない。したがって、前から多くの人々はわたしのことを、ほかの人々には問いながら、自分では知恵のあることを何ひとつもっていないがために、なにごとにかんしても何も積極的に申し立てない、

そう言って非難しているが、この点ではかれらの非難は正しいのだ。そして、その
原因はこれだ。つまり、神がわたしに助産を命じて、自分で生むことをしないよう
にしたのだ。それでわたしは、自分自身まったく知恵のある者ではなく、またわた D
しの魂が生んだ子としては、なんらのそのような新案ももっていないのだ。
他方、わたしと交際する人々について言えば、初めのうちその一部の人々はまっ
たく無学に思われるが、交際が進むにつれその全員が、神がそれをお許しになる場
合、驚くほどの進歩を遂げる。そして、そのように本人にもほかの人々にも、思わ
れるのだ。しかも、明らかにかれらは、わたしの元から何かを学んで進歩したので
はけっしてなく、自分たちで、自分の元から多くの美しいことを発見し、生み出し
た上で進歩したのである。
けれども、神とわたしが、助産の責任をもっているのだ。そしてそれは、このこ
とから明らかである。つまり、多くの人々は、その［助産の秘密にかんする］事柄 E
を知らないで、自分一人の力であると考えて、わたしのことを軽んじた。そして、

10 原語は eidōla（eidōlon の複数形）で、像のうち、実在の本質を映さないみせかけという意味。

自分からそう思うか他人に説得されるか、いずれにせよしかるべきときより前に、わたしから離れていった。そしてよくない交際によって、自分が身ごもっていた残りの胎児を「流産」したのだが、とくに、わたしの助けですでに出産した子どもたちを、虚偽とみかけだけのものを真実のものよりも大切にして、よくない仕方で育てたために、滅ぼしてしまった。そうして、しまいには自分にも他人にも、無学な者と思われることになったのだ。そのような者の一人に、リュシマコスの子アリステイデス[11]がいる。ほかにも、きわめて多くの者がいる。ふたたびやってきてわたしとの交際を求め、さまざまな風変わりな懇願をおこなう者のうち、一部の者については、わたしにあらわれる神霊[12]がかれらと交際しないようにするが、一部の者には、神霊もこれを認める。そしてその者たちは、ふたたび進歩してゆくのだよ。

また、わたしと交際する者たちは、この点でも妊婦と同じ経験をする。つまり、かれらは夜も昼も、妊婦たちよりはるかにひどい陣痛に悩み、難問でふくれあがっているのだ。その陣痛をひきおこしたり、とめたりすることが、わたしの技術では可能なのだ。

かれらについては以上のようだが、他方、テアイテトス、どうやら孕んではいな

151A

B

いのだと思える者もいる。そのような相手に対しては、かれらがわたしを必要としていないことを知ったからには、わたしは親切にも縁結びをしてあげて、誓って言うが、交際すればその人が益をうる交際相手を、じっくりと捜し当てるのだ。そのようにして、これらの人々の多くをプロディコスに任せたし[13]、また多くの人々を、知恵があり、畏敬《いけい》に値するほかの人々に委ねたのだよ。

——以上のことをきみに長々と話したのは、すぐれた人よ、こういうことだ。どうやらきみは、きみ自身も考えるとおり内部に何かを孕んでいて、陣痛に悩んでい

11 軍務のためソクラテスから離れたところ、すぐれた人との知的交際に値しなくなったとして自らを恥じたと『テアゲス』(偽書の疑いの強い作品)一二九E以下に書かれている。リュシマコスが凡庸な子アリステイデスの教育に苦労したことは、プラトン真作の『ラケス』一七九B〜Dと『メノン』九三E〜九四Aでも書かれている。

12 『ソクラテスの弁明』三一Dによれば、ソクラテスは若い頃から、自分が企てる正しくない行いに対して神霊(daimōn)が制止する声が聞こえたという。

13 言葉遣いに詳しく、ソクラテスとも親しいケオス島出身のソフィスト。プラトン対話篇にも何度か登場するほか、対話中のソクラテスはかれの所説にしばしば言及する。『プロタゴラス』三三七A〜C、『クラテュロス』三八四Bなど。

るとわたしは思う。そこで、わたしに対しては、産婆の息子であり、みずから助産 C
の心得のあるものに対するように、ふるまいなさい。そして、わたしが質問するこ
とについて、自分にできるかぎりのことをして、答えようとしなさい。そして、き
みが語ることをわたしが調べて、それを、みかけだけで真実ではないものだと考え、
しかるのちそれを取り去り、放棄するとしても、子どものことで初産の人がよくそ
うするようには、怒り狂わないでほしい。というのも、きみ、多くの人々がわたし
に対しては、かれらが生んだみかけ倒しのものをわたしが取り去るときに、文字ど
おり噛みつかんばかりの気持ちになってしまい、わたしがそのことをおこなってい
るのは善意からだとは、考えないからだ。かれらは、どの神も人間に悪意を抱かず、 D
このわたしにしても悪意からそのようなことをしているわけではないということを、
まったく理解できないのだよ。わたしにとって、虚偽に同意をあたえ、真理を捨て
去ることは、どのようにしても正しいことではないのだ。

第一部　知識の第一定義「知識とは知覚である」の提示、展開、批判

一「知識とは知覚である」という定義をもとに、プロタゴラスの「相対主義」と、ヘラクレイトスの「万物流動説」を、これと一緒に組み合わせて、一つの哲学的立場をつくる

(1) 第一定義とプロタゴラスの相対主義

八

ソクラテス　それではふたたび初めから、テアイテトス、知識とはいったい何であるか、語ろうとしたまえ。自分には語ることができないなどと、けっして言わないでくれ。神が望み、きみが男の子らしくふるまうなら、きみにはできるだろうからね。

テアイテトス　ええ、ソクラテス、ほかならぬあなたがそのように励ましてくださる

のに、自分に語ることができることを、全力を挙げて語ろうとしないのは、恥ずべきことでしょう。

わたしには、何かを知っている人というのは、自分が知っていることを、知覚している[1]と思えます。そして、今わたしにあらわれるかぎりでは、知識とは知覚[2]にほかなりません。 E

ソクラテス　立派にすっきりと答えてくれたね、きみ。そのようにして自分の考えていることをはっきりと示して語るべきなのだ。さあそれでは、きみが今言ったことについて、それが実りのあるものなのか、それとも中身をもたず空っぽなのか、一緒に考察してみよう。つまりきみは、「知覚が知識である」と主張するのだね？

テアイテトス　はい。

ソクラテス　しかし、それにしてもきみは、知識にかんして容易ならざる言論を、つまり、かのプロタゴラス[3]も語ったあの言論を語ったようだよ。ただしかれは、別の 152A

1　「知覚している」の原語は aisthanesthai で「感覚している」とも訳せる。
2　「知覚」の原語は aisthēsis。「感覚」とも訳せる。

仕方で同じそのことを語ったのだ。[4] というのも、たしかかれは、「万物の尺度は人間である。有るものにとっては有ることの、ありもしないものにとってはありもしないことの尺度である」と主張しているからね。[5] きっときみは、これを読んだことがあるだろうね？

テアイテトス　はい、何度も読んだことがあります。

ソクラテス　それぞれのものはわたしにあらわれるとおりに、[6] わたしにとって有り、きみにあらわれるとおりにきみにとって有る、しかるにきみもわたしも人間である――かれは、なんらかこのような意味のことを、言っているのだろう？

テアイテトス　はい、そのように語っています。

ソクラテス　ところで知恵のある人は、馬鹿なことを語らないということが、なには B
ともあれ似つかわしいのだ。だから、かれの説にしっかり付き合っていこう。

時として、同じ風が吹いているとき、われわれのうちの一人は寒がり、もう一方は寒がらない、ということがあるのではないか？　また、一方はそれほど寒がらず、他方はひどく寒がるということもあるだろう？

テアイテトス　はい。そのようなことは、じつによくあります。

ソクラテス　それでは、その場合われわれは、風がそのものそれ自体としては冷たいと言おうか、それとも、冷たくないと言おうか？　あるいはむしろ、プロタゴラスの言うことに納得して、寒がっている者にとっては冷たく、寒がらない者にとっては冷たくないと考えようか？

3　北部ギリシャのアブデラ生まれの最大のソフィスト。前五世紀初めに生まれ、前四二〇年頃死去。プラトン『プロタゴラス』は、ソクラテスが、ソフィストとして活躍していた年長のプロタゴラスと対話したという設定の初期対話篇。そのなかでプロタゴラスは、自分が「ソフィスト（知恵ある教師）」を名乗った最初の人間であると言う（三一七Ｂ）。

4　これが「知識とは知覚である」（ないし「知覚が知識である」）という知識定義と、どのような意味で「同一」なのかは、解釈の問題である。〔解説〕第二節参照。

5　「人間万物尺度説」として相対主義を表現する主張。プロタゴラスの著作は断片しか残っていないため、この一連の文章（および傍証として『クラテュロス』三八五Ｅ～三八六Ａもある）がプロタゴラスの相対主義の古典的典拠（断片一）である。

6　原語はphainetai（不定法はphainesthai）。「あらわれる」「みえる」「思われる」と訳せる動詞。これの名詞はphantasia「あらわれ」（ほかの哲学者の文脈では「表象」「想像力」という意味になることもある）で、ここでは知覚と区別されないが、つづく『ソフィスト』二六四Ａ～Ｂでは、「知覚が関係するような考え（判断）（doxa）」という新解釈が示される。

テアイテトス　はい、それがもっともなことに思えます。
ソクラテス　また、そのようにそれぞれの者に、あらわれてもいるのだね。
テアイテトス　はい。
ソクラテス　しかるに、この「あらわれる」とは、知覚するということだろう。
テアイテトス　ええ、そのとおりです。
ソクラテス　したがって、温かいものやこの類いのすべてのものにおいて、あらわれ C
と知覚は同一なのである。なぜなら、それぞれの者にとって、それぞれの者が知覚
する、そのとおりに有りもするだろうから[7]。
テアイテトス　そのように思えます。
ソクラテス　したがって知覚は、それが知識だといえるように、つねに有るものにか
かわり、虚偽のないものである。
テアイテトス　そうみえますね。

（2）万物流動説の導入

ソクラテス　すると、カリス（精妙）の女神たちにかけて[8]、プロタゴラスはじつは「完全に知恵ある者」であって、しかも、この「肝腎の」点をかれは、われわれ大衆には謎にしておき、弟子たちにはこっそり「真理」[9]を語ったのではないか。[10]

7　これは一五二C二で底本および旧版OCTに従って gar という一語として読む読み方（有力写本はこの読み方である）による訳。議論の根拠と結論を逆転させ、gár（ge ara）のように、二つの小辞の組み合わせに読み直す提案も、複数の有力解釈者によってなされている。この提案に従えば、「したがって、温かいものやこの類いのすべてのものにおいて、あらわれと知覚は同一なのである。それゆえ、それぞれの者にとって、それぞれの者が知覚する、そのとおりに有りもするだろう」という意味になる。

8　優美さや親切、慈しみを象徴する女神たちで、ギリシャ各地で崇拝された。

9　『真理』は散逸したプロタゴラスの書物の名。ここでソクラテスは、その書物にはプロタゴラスの奥義と言える究極の主張が述べられておらず、もっとも重要な主張といえる「真理」は、親しい弟子たちにこっそり口伝えで教授されたと主張している。

テアイテトス　いったいどのような意味で、ソクラテス、そうおっしゃるのですか？ D

ソクラテス　わたしが説明しよう。それはじつに壮大な教説なのだ。

すなわち、なにものもそれ自体としては一つではなく、きみは正しく「なんらか
のもの」と語ることも、およそ「なんらかの性質のもの」と語ることもできない、
ということだよ。もしきみが「大きい」と発語すれば、それは「小さい」ものとし
てもあらわれるだろうし、「重い」と言えば、それは「軽い」ものとしてもあらわ
れるだろう。すべてこのようになっている。それというのも、なにものも「一つの
もの」ではないから、「なんらかのもの」でもないし、「なんらかの性質のもの」で
もないからだ。そして、われわれが「しっかり安定的な姿を保って」「有る」と称し
ているものは、すべてじつは移動と、動きと[11]、相互の混合から「生成しているとこ
ろ」[12]なのであって、われわれの言い方は正しくないのだ。なぜなら、いかなるとき E
にも、なにものも有りはしないのであり、たえず生成しているところだからだ。
――そして、この点においては、知恵ある者は、パルメニデス[13]をのぞいて代々に
わたって全員が、同一の意見なのである。プロタゴラスもヘラクレイトス[14]もエンペ
ドクレス[15]もそう考えているし、詩人たちのなかでは、両方の詩作の巨頭にあたる喜

劇のエピカルモスと[16]、悲劇のホメロスもまた[17]、みなそろってそう考えているのだ。

10　前節の説明では、「暑さ寒さのような経験の一部において『相対性の事実』が正しいだけのことだ」と反論されうる。相対主義が全面的に成り立つとするためには、プロタゴラスは別の哲学的主張も用意しなければならない。以下の議論はそうした主張を立てる議論である。

11　原語は kinēsis で、「運動」「変化」を一般的に指す非常に広い意味の言葉。後に一八一B以下で「場所の移動」と「性質の変化」に種類分けされる。

12　原語の不定詞は gignesthai で、「生成する」「生まれる」「つくられる」という意味の用法のほか、補語を取って「……になる」という意味の用法ももつ、きわめて広い意味の動詞。これの名詞は genesis で、基本的に「生成」と訳すが、「何かになること」が適切な場合も多い。

13　前六世紀末に活躍した、南イタリアのギリシャ人植民市エレア出身の哲学者。生成消滅にも運動変化にも無縁な一者の存在を主張し、エレア派の開祖となった。

14　小アジアの植民市エフェソス生まれの哲学者。原理は火であるとした。以下で、かれの「万物流動説」も主要な検討の対象とされる。

15　南イタリア、シシリー島アクラガス出身の哲学者で、宗教的自然哲学詩の作者。

16　エピカルモスはシシリー島のメガラの人。

17　ホメロスは『イリアス』『オデュッセイア』の作者とされる叙事詩人。「真剣な模倣術」としての悲劇の祖とされること（『ポリテイア』五九九A～B）もある。

そのホメロスはこう言っている。

神々の源オケアノス、母テテュス[18]

こう言うことでかれは、すべてのものは流動と動きの子孫だと語ったのだ。それともきみには、これがそのことを語っているようには思えないだろうか？

テアイテトス　ええ、わたしにはそう思えます。

九

ソクラテス　そこで、だれがこれだけの軍団と指揮官ホメロスとに対して議論で争いを起こして、物笑いの種にならないでいることができるだろうか？

テアイテトス　ええ、そのようなことは、容易ではありません、ソクラテス。

ソクラテス　そうだとも、テアイテトス。そして、つぎのことも、有力知識人たちのこの教説、つまり、「有ると思えること[19]と生成とを提供するのは、動きであり、あ

153A

りもしないことと滅びとを提供するのは、静止である」という教説の証拠である。すなわち、ほかのものを生み育てる熱と火が、それ自ら運動と摩擦から生まれ、そしてこれら両者は、動きであるということが、証拠なのだ。それとも、運動と摩擦が火の源ではないのだろうか？

テアイテトス　いいえ、それらこそ源ですとも。

ソクラテス　その一方で生き物の部類のものもまた、同じ「運動」と「摩擦」から生まれるのではないか？

テアイテトス　はい、もちろんです。

ソクラテス　ではどうか？　身体の状態は静止と怠惰によって壊されるが、体育と動きによって、長期的に維持されるのではないか？

B

テアイテトス　はい。

18　『イリアス』第一四巻二〇一行および三〇二行。オケアノスは世界を取り巻く大洋と大河が神格となったもので、テテュスはオケアノスの妻。

19　「思える」の原語はdokein。「あらわれる」とほぼ重なると解釈されるが、感覚や知覚というより、むしろ知性的判断と価値判断について多用される言葉である。

ソクラテス　また、魂内部の状態は、動きである学習と訓練によってさまざまな教養と知識を獲得し、維持し、よりよくなるが、静止によっては、つまり訓練と学習の欠如によっては、何かを新たに学ぶこともできず、せっかく学んだことさえ忘れてしまうのではないか？　C

テアイテトス　はい、それもはなはだしく。

ソクラテス　したがって、魂においても身体においても、よいものは動きであり、逆［の悪いもの］は、その逆［の静止］ではないか？

テアイテトス　ええ、そのように思えますね。

ソクラテス　さらに、わたしからきみに、空の凪《なぎ》や海の凪やこの類いのものについて、静止は腐らせ壊すが、もう一方のものである動きは維持すると言おう。そして、こうした動きの極致として、あの「黄金の綱」[20]を加えようか？　それこそ太陽にほかならない、とホメロスは語っている。そしてかれは、天空の回転と太陽の動きがあ　D
るあいだは、神々の領域のものも人間の領域のものもすべて有り、維持されるが、もしこの全体が、あたかも縛りつけられたように静止してしまうならば、すべてのものは破壊され、いわばすべてがさかさまに転倒してしまう、と説明している。

テアイテトス　ええ、ソクラテス、ホメロスはあなたが話した内容のことを説明しているとわたしは思います。

一〇

ソクラテス　それではきみ、このように想定してくれたまえ。第一に、眼にかんして言えば、きみが白い色と呼ぶものは、きみの眼の外にある、眼以外のものでもなければ、眼のなかのものでもない、とね。また、きみはそれに、なんらかの場所を割り当てることもできない。というのも、もしそれにどこか特定の場所を割り当てるなら、もちろんそれは、その特定の秩序のなかに「とどまる」ということになってしまい、たえざる生成の過程において「生成しているところ」ではなくなるだろう

E

20　『イリアス』第八巻一七～二七行。自分が綱引きに勝って天空から垂れ下がる「黄金の綱」をぐいと引っぱれば、大地も海も、ありとあらゆるものも進路を変えることになるのだぞ、とゼウスが自分の力を自慢するくだり。

からだ。

テアイテトス　しかし、それでどうなるのですか？

ソクラテス　先ほどの言論に従って、いかなるものもそれ自体としては「一つのもの」としてあるのではないと考えよう。そうすれば、われわれには「黒」も「白」も、ほかのいかなる色も、眼が、それに相応する運動に衝突することから生成した、と考えられるようになる。[21] そして、われわれが「色」であると言っているそれぞれのものは、衝突しあうような当たるもの［眼］でも当てられるもの［運動］でもなく、この両者の中間のものとして、眼にも依存し運動にも依存した、このそれぞれ固有のものとなっている。

それともきみは、自分にそれぞれの色があらわれる、そのように犬にも、ほかのいかなる動物にもあらわれる、と強く主張するつもりだろうか？

テアイテトス　いいえ、けっしてそのようなことはしません。

ソクラテス　人間の場合は、どうだろう？　ほかの人間には、きみと同じようになにかがあらわれるのだろうか？　きみはこの点で頑張れるだろうか？　いや、それどころではなくむしろ、きみがきみ自身とけっして同様ではないがゆえに、きみ自身

154A

にとってさえ同じにはあらわれない、ときみは強く主張するのではないかな？

テアイテトス　前のよりも、後のほうである、とわたしには思えます。[22]

ソクラテス　それでは、かりに、われわれが自分と身長を比較しあう相手や、われわ　B
れがふれる相手が［事実、その人やもの自体として］「大きい」、あるいは「白い」、「温かい」ものであったとすれば、その場合その相手は、われわれ以外の人間に遭遇しても、ここで挙げた状態以外の状態には、ならなかっただろう。自分ではいっ

21　つぎの三つの事例で、結果として見える色は、見る眼と見られる運動の衝突の結果なので、二つの要因に依存した「中間のもの」と言わざるをえず、どちらか片方の要因が違えばそれに伴って違ってかまわない、ということである。

事例1
眼X1 ↙
運動Y1 ↘ 衝突→白

事例2
眼X2 ↙
運動Y1 ↘ 衝突→黄

事例3
眼X1 ↙
運動Y2 ↘ 衝突→赤

22　ここでテアイテトスは、相対主義の極端な形態に賛成している。人ごとに感じ方が異なるというもともとのプロタゴラス的相対主義から、ここでは、「同じ人」でも、時点ないし経験ごとの感じ方が異なるという、いっそう徹底した主張に踏み込む。

さい変化していない以上はね。他方、かりに「われわれのように」比較する当のもの、あるいはふれるもののほうが、これら「「大きい」もの「白い」もの「温かい」もの」のそれぞれであったとすれば、最初の相手と違うほかのものが比較や接触の相手になっても、最初の相手自身が何かをこうむっても、われわれの側ではそれ自体としてなにもこうむっていない以上、これら以外の状態になったはずはないだろう。

プロタゴラスや、かれと同じことを語ろうとするどんな人でも、このように「「なにかである」ということを議論から排除するために、これを敵対視して」主張しているのだが、しかし、現にわれわれにしても、思いもかけずいつのまにか、かれらの言う通りに、驚くべき笑止千万なことを言わざるをえなくなるのだよ。

テアイテトス　いったい、どういう意味で、またどのようなことをおっしゃっているのですか？

ソクラテス　簡単な見本で考えてみたまえ。そうすれば、わたしの言いたいことのす C
べてがわかるだろう。六つのサイコロがあったとする。そこに四つのサイコロをもってくるなら、その六つのサイコロは、「四つよりは多く、一倍半である」とわれわれは言う。また、十二個をもってくれば、もとのサイコロは「より少なく、半分である」とわれわれは言う。そして、それ以外の言い方にはわれわれは納得できないのだ。それともきみは、納得できるかね？

テアイテトス　いいえ。

ソクラテス　それでは、どうだろう？　もしプロタゴラスが、あるいはほかのだれかがきみに、こう問うたとしたら。

「テアイテトスよ、増えるという以外の仕方で、なにかが『大きくなる』ことや、『多くなる』ことは、可能なのかね？」

このようにね。これにきみは、どう答えるのだろう？

テアイテトス　いまお尋ねの質問に対する自分の考えを答えるのであれば、ソクラテス、「いいえ、そのようなことはありえません」と答えます。しかし、前の質問と D
関連づけて同じ質問への答えを言うなら、以前と矛盾したことを言ってしまうのをおそれるため、「はい、そのようなことはありえます」と答えます。

ソクラテス　ヘラに誓って立派に、［意味不明で］神々しい言い方で、きみ、答えたね。しかし、もしきみが「それはありうる」と答えるなら、エウリピデスが犯した種類の誤り[23]が成り立ってしまうことになる。つまり、「われわれの舌は論駁されないが、心は論駁されないわけではない」のさ。

テアイテトス　おっしゃるとおりです。

ソクラテス　そこで、もしわたしときみが、すでに心のことをすべて調べあげた、頭がよくて知恵のある人々だったなら、人生の残りの時を余暇のようにみなし、互いの優秀さを試しあいながら過ごして、ソフィストのように、その種の力自慢の戦いに参入したことだろうし[24]、そのような場で、言論によって互いの言論を叩きあった E
ことだろうね。しかし現実には、われわれは「自分自身が考えていることにかんして、よく知らない」素人なので、まず初めに自分たちのもろもろの考えを取り上げて、それらの考えの相互関係において、自分たちが考えていることはどのようなことなのか、調べてみよう。いったい、われわれ二人において、互いの考えが矛盾しあわないで済むのか、それとも互いに矛盾してしまうのか、ということをね。

テアイテトス　はい、そうしましょう。わたしとしては、そうすることを望みます。

一一

ソクラテス　わたしもそう望んでいるよ。そして、そうである以上、われわれには時間の余裕が大いにあるのだから、先を急いでいらいらせずに、落ち着いて、いったいわれわれのうちにあるあらわれはどれとどれなのか、文字どおりに自分たちを吟味しあいながら、初めから考察しなおすべきではないだろうか？

そして、考察するにあたって、そのあらわれのうちから、わたしが思うにわれわれは「量の点でも数の点でも、みずからと等しいかぎりにおいて、いかなる時にも

155A

23　エウリピデスはアテナイの悲劇作家。ここで言及されているのは、かれの『ヒッポリュトス』六一二行にある「舌は誓ったが、心は誓っていない」という苦しい言い訳のせりふ。ソクラテスは皮肉を込めてテアイテトスに、ほんとうの矛盾ならば、単なる「口先で答えて逃げられる問題」では済まないと言っている。

24　弁論の勝ち負けが人の運命をきめるように思えた前五～前四世紀の社会事情と、その頃ソフィストが支持を集めたことの関係については、一七二B～一七七C参照。

『より大きくなる』ものはないし、『より小さくなる』ものもない」と第一に主張するだろう。そうだね？

テアイテトス　はい、そうです。

ソクラテス　また第二に、「なにも付け加えられず差し引かれないものは、増えもしなければ減りもせず、つねに等しい」と主張するだろう。

テアイテトス　ええ、まったくそのとおりです。

B **ソクラテス**　第三のわれわれの主張は、「以前にそうではなかったものが、後にそうであるのは、[25]『そうなったこと』と『そうなってゆくこと』なしには、不可能である」ではないだろうか？

テアイテトス　はい、そうであると思えます。

ソクラテス　思うに、サイコロについてわれわれが語るときにも、また、これだけの身長のわたしが、背が伸びもしなければ、その逆に低くなりもしないのに、若者のきみに比べて、今は背がより高いが、後には、わたしの身長が低くなってしまうからではなくて、一年のうちにきみが成長するがゆえに「背が低くなる」と主張するときにも、これら三つの同意事項がわれわれの魂のなかで、互いに戦っているのだ。

というのも、そのときわたしは、以前そうではなかったのに、後にそうであるわけ C であり、しかも、そう「なった」わけではないからだ。なぜなら、「そうなってゆく」ことなしに「そうなった」ことはありえず、しかも、量がいくぶんでも「なくなった」のでなければ、わたしはけっして、「背が低くなる」ことがなかったからである。そして、われわれがこの点を受け入れるならば、ほかの無数の困難が無数の場合に成り立つのだ。

きっときみは話についてきているね、テアイテトス。というのもわたしには、きみがこの類いの議論に慣れていると思えるからだ。

テアイテトス　神々に誓って、ソクラテス、それらがいったいどういうことなのか、ひどく不思議に思っています。そして時折これらに注意を向けては、文字どおりに目眩《めまい》を感じることがあります。

ソクラテス　なるほど。つまり、きみの性質についてテオドロスが推測したことは、 D きみ、外れていないようだね。なぜなら、その状態、つまり不思議に思うこと（タ

25　底本の一五五B二 alla を、Campbell に従って ara と読み替える。

ウマゼイン）は、知恵を愛する者に固有の経験だからだ。というのも、これ以外に知恵を愛することの始まりはないし、イリス（虹）をタウマス（驚き）の子孫と称した者は、適切な系譜を述べているように思えるからね。[26]ところできみは、われわれがかれはそう語っていると主張するプロタゴラスの理論から、これら不思議な結果がなにゆえに出てくるかというほんとうの事情を、すでに分かったのだろうか、それとも、まだなのだろうか？

テアイテトス　まだであると思います。

ソクラテス　それではきみは、もしわたしがきみとともに、あの著名な人の、というよりはむしろ、著名な人々の思考の隠された真理を徹底的に吟味し、その秘密を明かすなら、わたしに感謝してくれるのだろうね？

テアイテトス　もちろん感謝しますとも。それも大いに。 E

一二

ソクラテス　では、あたりを見回して、秘密に参与していない者[27]がだれか聴いていないか、確かめたまえ。その者とはつまり、しっかと両手で摑《つか》めるもの以外はなにもないと考え、行為や生成や、およそ目に見えないもの全体を、存在するものの一部として承認しない人々のことだが。[28]

テアイテトス　それにしてもソクラテス、あなたがおっしゃっているのは、じつに頑迷で固陋《ころう》な人間ですね。

ソクラテス　たしかにきみ、これらは、ひどく無教養な輩だよ。他方、ほかにはるかに洗練された人々がいて、この人々の秘儀をこれからわたしはきみに語るのだ。今さっきわれわれが語ったすべてのものもそれに依存するかれらの原理は、これだ。つまり、全体はそもそも動きであり、それ以外には何ものもない。しかし動きに

156A

26　タウマスは驚きや讃嘆が神格化したもの。イリスは虹が神格化した女神で、神々からのメッセージの使者の役割を担う。ヘシオドスは『神統記』二六五行（七八〇行も参照）で、イリスがタウマスの娘であると書いた。

27　ソクラテスはプロタゴラスの隠れた中心的教説に立ち入って論じることを、宗教的な秘儀の参加にたとえて話す。

28　つぎの作品『ソフィスト』二四六A以下で、この立場の主張が正面から主題になる。

も二つの種類があって、そのそれぞれが無数あるが、一方は作用しうる［生ませる
ことができる］もの、他方は作用される［生むことができる］ものである。そして、
［まったく新しいものを生み出す］これら同士の「交渉」と「相互の摩擦」から、数
において無数の「子孫」が生じるのだが、それら子孫はすべて双子をなしており、
一方は知覚されるもの［という子孫］、他方は知覚［という子孫］である。[29] そして知 B
覚は、つねに、知覚されるものとともに発現し、生み出される。そこで、その知覚
はわれわれのもとで、つぎのような名をもっている。すなわち、「視覚」、「聴覚」、
「嗅覚」、「冷たさの感覚」、「熱さの感覚」、それから「快」と「苦」、「欲求」、「恐
怖」、さらにはほかの呼び名のものもある。無名のものは無数にあるが、また、名
をもつものもきわめて多い。

その一方で、知覚されるものの種類は、これらのそれぞれと生まれが同じであり、
多種多様の視覚に対しては多種多様の色があり、多種多様の聴覚に対しては同様に、 C
多種多様の音声がある。そしてこれら以外の知覚にも、それぞれ知覚されるものが、
ペアとなるそれぞれの知覚と生まれを同じくするようなものとして、生じるので
ある。[30]

——さてそれでは、テアイテトス、この話は以前の主題にてらして、われわれにとって、いかなる意味合いをもつだろうか？　きみはわかるかな？

テアイテトス　いいえ、はっきりしません。

ソクラテス　それでは、ひととおりの話が仕上がるか、よく見てくれたまえ。この話

29　この一文ではプラトンが、知覚と知覚されるものについて、「もともとあった対象のもともとの真のありさまが、生きて活動している知覚主体によってそのまま感じ取られる」という人々の知覚の理解とは異なる説明を試みていることに注意する必要がある。かれは、見ることや聞くことのような「知覚」も、白や赤などの色や、さまざまな形に代表される「知覚されるもの」も、ともに、二種類の動きが重なり性交渉のように子孫を生むことによって新たに「誕生」したものである、とする。つまり、知覚とは、世界の客観的な事態をそのままだれにも等しく教えてくれる認識だ、という常識的な知覚理解に対してプラトンは、「知覚する各人に、ばらばらに知覚が起こってかまわない」とする点で相対主義的であり、しかも「『存在する』ものは、じつは持続せずに、たえず動いている」とする点で万物流動説的な知覚理解を述べている。

30　ここで述べられているのは、「知覚すること」と「知覚されること」は、互いに依存しており、「知覚し、される」というもとの一つの出来事の、二つの結果的な側面を主体側と客体側からそれぞれ記述したものにすぎない、という主張である。

の趣旨は、これらすべてがわれわれの言うとおりに動いているが、その一方でそれ
らの動きには「速さ」と「遅さ」がある、ということにある。

すなわち、まず遅い動きのものは同じ一つの場所のなかで動き、そして近いもの
との関係で動きをもつ。それゆえにそれは、子どもを生み出す。これに対して生み
出された子どもは、この事情から、［……］より速い。[31] なぜなら、それらは場所を D
移動しており、それらの動きは自然本来的に、移動という性格であるからだ。それ
ゆえ眼と、眼にうまく適合するようなほかのものとが近づいたことにより、これら
のいずれかが別のものの傍らに行って交渉が起きたとしても生まれないような、白
さを生み出し、また白さと同じ生まれの［白を見るような］知覚とを生み出す。そ
のとき両者の中間では、眼の側からは視覚が、そして、色の産出に加わるものの側 E
からは白さが、そこを動いている。それゆえ眼は視覚で充満することになる。つま
り、その場合に見えるのだ。ただし、眼は視覚になったわけではなく、「見る眼」
になったのである。他方、そのとき色を眼とともに生み出したものは、白さでいっ
ぱいになるが、「白さ」になるわけではなく、「白いもの」になる。[32] それが木であろ
うが石であろうが、この種類の色で結果的に色づくものがどんなものであろうが、

そのようになるのである。

31　底本は一五六D一〜二に、数語からなる空白があるとしており、本訳でも訳文中に空白部分を示した。空白部分の埋め方はさまざまに推測可能だが、「生み出されたもの」が「より速い」とは、つぎのようなことだろう。たとえば、白い花がある部屋に入るとき、人が白い花が見える位置にまで動く過程では、眼も花も「遅い動き」しかしない。これに対し、すでに人が花の見える位置にいるときには、眼を開ければ「あっという間にあそこの白い色がここの眼に飛び込んでくる」。この、白い色が「眼に（瞬間的に）入ること」が、「速い」動きにあたる。

32　白いものを見るとき、ここでのプラトンの説明では、眼からも、見られる対象からも、何かが、互いのほうに向かうように動く。そして、一定の近さになったとき「視覚経験の成立」が起こり、視覚に白いものが見える。つまり、つぎの三段階で色が見える。

①　生成前：眼→視覚「中間に障害や遮蔽《しゃへい》物」白さ←色の産出に加わるもの

↓

②　生　成：眼→視覚「透けて見える」白さ←色の産出に加わるもの

（「見る・見られる」という相互の関係が成立）

↓

③　生成後：見る眼（視覚で充満）——白いものとなったもの（白さで充満）

そしてほかのものの場合にも、「硬いもの」であれ「温かいもの」であれ、すべてにおいてこれと同様のことだと想定すべきである。それ自体とすれば、すでに以
157A 前われわれが語っていたように[33]、何ものもありはしないのである。その一方で、互いに対する交わりにおいて、すべてのものが、そしてすべての種類のものが、動きから生じる。

というのも、かれらの主張では、これらのもののうち、「作用するもの」も「作用されるもの」も、それぞれ一つずつの「なにか」であると考えることは、確かではないからだ。実際、作用されるものと一緒になる前に、なにか作用するものがあるということはなく、作用するものと一緒になる前に、作用されるものがあるわけでもない。[34]そして、或るものと一緒になって作用するものが、ほかのものと遭遇すると、作用されるものであると判明するのである。[35]したがって、これらすべてのことから、初めからわれわれが語ってきたとおり、なにものも、それ自体としては一つのものではなく、「なにかにとって」つねに「なるところ」なのである。そして
B 「ある」ということは、あらゆるところから排除しなければならない。

ただしわれわれは、ここまでにもしばしば習性と無学によって、この言葉を使用

せざるをえなかった。しかし、知恵のある人々の言説によれば、それはそうすべきではない。また、「なにか」、「なにかの」、「わたしの」、「これ」、「あれ」など、静止させる言葉［の使用］に同意を与えるべきではなく、自然本来に基づいて、「なるところ」、「つくられるところ」、「滅びつつある」、「変化しつつある」というよう

33　一五二D。

34　「白いもの」や「硬いもの」は白さの視覚経験と硬さの触覚経験以前から「あった」とか「ありつづけている」とは言えないし、白いものを見ることや硬さを感じることも、感覚による知覚経験があって初めて言えることだと、ここまでの説明でプロタゴラスの理論は主張している。この段落では、プロタゴラスの理論の立場に基づいて、「あるもの」「安定的にありつづけるもの」の残る候補として、「作用する・作用される」という特徴を帯びた「二種類のもの」は知覚において、ずっと「ある」のではないか、という自分たちへの反論を検討する。そして、そのような安定的な性質のものが、この世にあるわけではないと、この反論を否定する。

35　たとえば、或る人間ないし動物の眼が黒いものとしてほかの人間に見られる場合、その眼は、この見られる関係において黒いものになり、「作用するもの」になる。しかしその眼が青いものや赤いものを見ているとき、その眼はこの見るという関係において「作用を受けるもの」になり、「見る眼」になっている。

に言葉を発するべきである。それというのも、人が言葉において何かを静止させようとするなら、そのようにする人は容易に論駁されることになるからである。

そして、［「白いもの」、「硬いもの」、「白いものを見る眼」、「硬いものにふれる手」のような］それぞれの部分ごとにもこのように語るべきであるが、それだけではなく、それらが多く寄せ集められた場合にも、同様に語らなければならない。そうした集合に人々は、「人間」、「石」、それからいろいろな動物など、ほかのいろいろなもの C
それぞれ［の名］を当てているわけだ。[36]

――以上のことは、テアイテトス、きみにとってそそられる、魅力的な話だろうか？　きみはここまでの話を気に入って、まるで好物の食べ物のように、自分で味わいたいと思うかな？

テアイテトス　わたしには分かりません、ソクラテス。実際、あなたの本心にかんして、あなたが自分自身の考えるままを語っておられるのか、それともただわたしを試しておられるのか、しかとは理解しかねるのですから。

ソクラテス　忘れては困るのだが、きみ、わたしはこの種のことをなにも知らないし、なに一つ自分が生んだ子どもとして扱っていない。わたしがそれらを孕んでいるわけではないし、ただ、きみの考えを日の光のもとへと一緒にもたらすべくきみのお産を助け、そのためにまじない唄を歌って、知恵のある人々それぞれの説を味わってもらえるように、差し出しているのだ。 D
そして、そのきみの考えが外にあらわれたなら、それが空っぽか、実りあるものかがはっきりするだろう。だから、元気を出してよく辛抱をし、男の子らしく勇敢に、わたしが尋ねる事柄について思うところを答えなさい。

テアイテトス　それでは、お尋ねください。

一三

ソクラテス　それなら、善いもの、美しいもの、それから先ほどわれわれが語ったす

36　ここでソクラテスは、「主体」として知覚以前から存続しているように思える人間や動物は、経験する「見る眼」や「聞く耳」の集合ないし束であり、「対象」として同じく知覚以前からありつづけていると思われている石やオリーブの木や机も、じつはその都度知覚によって捉えられた特徴の集合ないし束である、と論じている。

べてのものは、なにかで「ある」わけでなく、つねになにかに「なりつつある」という点がきみの意に沿うか否かを、もういちど語ってくれたまえ。

テアイテトス　ええ、あなたから先ほどのように詳しく説明していただいて、それを聞いたところでは、わたしにはすばらしく筋の通った話だと思えますし、あなたが論じたとおりに考えるべきであると思います。[37]

ソクラテス　では、この話に欠けるところが、なにも残らないようにしよう。夢や病 E
気、なかでも狂気、それに聞き違いや見間違いや、ほかの「錯覚」と語られるものについての話が残っている。というのもこれらすべてにおいて、先ほど長々と説明した言論は論駁されるということで同意をみるのは、確かだからだ。つまり、これらにおいては何にもまして虚偽の知覚が生じており、事柄が、それぞれの人にあらわれるとおりに有りもするなどということは、とうてい成り立たず、むしろそれとはまったく逆に、あらわれるもののなに一つもありはしない、というわけでね。 158A

テアイテトス　ええ、まったくおっしゃるとおりです、ソクラテス。

ソクラテス　いったい、きみ、知覚を知識と定め、それぞれの人にあらわれるものは、あらわれる当人にとって有りもすると考える人に、その点のどんな抗弁が残されているのだろうか？

テアイテトス　ソクラテス、何を語ったらよいかわからないと答えることに、わたしは躊躇《ちゅうちょ》します。今さっきそう言って、あなたから非難されたところですから。しかし、狂気に陥っている人々や夢を見ている人々がいて、或る人は「自分は神である」と考え、また或る人は眠りながら「自分には翼がある」と思い込み、「飛んでいる」かのように思うときに、こうした人々の考えは虚偽などではないと反論することは、ほんとうにわたしにはできないのです。 B

ソクラテス　それならこれらのことについて、とくに夢と覚醒《かくせい》について、つぎのようなことも争論の的ではないときみは考えるのかね？

テアイテトス　それは、どのようなことですか。

37　プラトン自身も『饗宴』二一一A～Bと『ポリテイア』第七巻五三四Aでは、イデアではない知覚されるあれこれの「美しいもの」は、「なる（生成する）」のであり、一面で美しいかと思うと他面で美しくないものであるがゆえに、ほんとうは美しく「ある（存在する）」のではないと主張していた。テアイテトスのこの答えは『饗宴』などの主張の線に沿ったものでもある。

ソクラテス　きみも何回も聞いたことがある問いだとわたしが思うものだよ。つまりそれは、人が今、この現在の状態においてわれわれは眠っていて、「われわれが考えていること」をわれわれはじつは夢見ているのか、それともほんとうに目が覚めていて起きた状態で互いに話をかわしているのかと尋ねたとして、この点でこの人に対して、いかなる証拠を挙げることができるか、というものだ。 C

テアイテトス　ええ、聞いております、ソクラテス。たしかに、どんな証拠を使って示すべきかということは、ほんとうの難問ですね。なぜなら、すべての経験にかんして、覚醒状態のものと、眠りの状態のなかのものには、互いが互いの写しとなるような対応物があるからです。

つまり、今われわれがおこなってきた対話にしても、それが眠りのなかで互いに対話しているだけのように思えることには、なんの妨げもありません。われわれが夢のなかで、夢見ていることをただ語っているのにすぎないと思える場合、このことと、［現在のわれわれのように］じつは覚醒しているという場合とでは、なにか不気味な感じに襲われるほど、似ているのです。

ソクラテス　それではきみは、覚醒か夢かが争点のとき言い争えるのだから、言い争いを始めることは、困難ではないと分かったわけだね。しかも、われわれが眠っている時間は、われわれが起きている時間に匹敵するほど長い。そして、そのいずれの時間においてもわれわれの魂は、その都度自分にあらわれている考えこそ何にもまして真であると主張するのだ。その結果、或る一定の時間われわれは、これが実在であると主張し、それと等しい別の時間では、あれがそうだと主張する。そして D
いずれの時間においても、じつは同じ説得力で論じているのにすぎない。

テアイテトス　まったくそのとおりです。

ソクラテス　そうすると、病気と狂気についても、同じ話になるのではないか？　ただしここでは、両者がおかれる時間は等しいわけではないが。

テアイテトス　そうです。

ソクラテス　では、どうだろう？　真理が時間の長短によって規定されるなどということが、あるのだろうか？

テアイテトス　いいえ。そんなことになれば、いろいろな面でひどく滑稽なことで E
しょう。

ソクラテス　だが、そうなら、これらの考えのうちどちらが真であるか、きみは時間の長さ以外のなにかの観点から、明確に示すことができるかね？

テアイテトス　いいえ、できないように思います。

一四

ソクラテス　では、これらの事柄について、その都度思えることは思える当人にとって真であると規定するような「プロタゴラスに賛成する」人々は、どのようなことを語るのか、わたしの説明を聞きなさい。わたしが思うに、かれらはこのようにきみに問い、そして説明するのだ。

「テアイテトスよ、まったく異なるものであれば、それと異なるものと同じ能力を、けっしてもたないのだろうね。そこで、われわれの問うているものが、或る意味では同じであり別の意味では異なる、とは考えずに、完全に異なると考えよう」[38]

159A
テアイテトス　ええ、まるで異なるものならば、能力においてにせよ、あるいはほかのどんな観点においてにせよ、なんらかの意味で同じものをもつことは、不可能です。

ソクラテス　それでは、この類いのものは、似ていないものでもある、と同意しなければならないだろう。

テアイテトス　はい、わたしにはそう思えますね。

ソクラテス　するとこのとき、もしなにかが自分自身に対してであれ、ほかのものに対してであれ、なにかに似たものになる、もしくは似ていないものになるということが起こる場合、似るものは同じものになり、似なくなるものは異なるものになるとわれわれは言うことになるのではないだろうか？

テアイテトス　ええ、そう言わなければなりません。

ソクラテス　ところで、われわれは以前に[39]、作用するものは多く、無数にあり、作用されるものもこれと同様であると言ったのではないか？

38　病気のソクラテスと健康なソクラテスは、病気か健康かという点で似ていない。ふつう、その点で似ていないが、同じソクラテスだと考える。ここでの新提案は、この通常の考えをやめて、健康なソクラテスと病気のソクラテスは完全に異なると解釈しようとするもの。こうすれば、たとえばワインの甘さの知覚は「健康なソクラテス」にとって真だと主張できる。

39　一五六A。

テアイテトス　はい。

ソクラテス　そしてまた、或るものが別々のものと混じり合うとき、それはその都度同じ子どもを生まないで異なる子どもを生む、とも言った[40]のではないか？

テアイテトス　ええ、まったくそのとおりです。 B

ソクラテス　そこで、わたしときみとほかのものを、同様に語ることにしよう。健康なソクラテスと病気のソクラテス、のようにね。この病気のソクラテスは、前の健康なソクラテスと「似ている」と言おうか、それとも「似ていない」と言おうか？

テアイテトス　あなたは「病気のソクラテス」というその全体が、「健康なソクラテス」という全体に対して似ているか否か、とおっしゃっているのですか？

ソクラテス　きみがその点についてそのように考えたのは、まったく見事だ。まさにそのことをわたしは言っているのだよ。

テアイテトス　似ていないに違いありません。

ソクラテス　すると、似ていない、ちょうどそのように異なってもいるのだね？

テアイテトス　ええ、そうでなければなりません。

ソクラテス　そして眠っている者も、それから先にわれわれが挙げた、すべての者も[41] C

これと同様であるときみは言うだろうね？

テアイテトス　はい、わたしはそう言います。

ソクラテス　それでは、なんらかの作用をなすような自然本性をもつものの各々が、「健康なソクラテス」をとらえるときと、「病気のソクラテス」をとらえるときとでは、互いに異なる者としてのわたしを相手に作用することになるのではないか？

テアイテトス　はい、もちろんそうなりましょう。

ソクラテス　そして、作用されるわたしと作用するかのものとは、それぞれの場合で、別々のものを生むことになるね。

テアイテトス　ええ、そのとおりです。

ソクラテス　わたしが健康であってワインを飲む場合、わたしには、それがおいしく甘いものとしてあらわれるのではないか？

テアイテトス　はい。

40　一五六B～一五七B。
41　一五七E。

ソクラテス　それというのも、以前の同意事項により、作用するものと作用されるものが甘さとその知覚を生み、これら生まれた両者が同時に場所を移動したためである。 D
知覚のほうは作用を受けるもの［である健康なソクラテス］の側からのものなので、舌を知覚するものとなし、甘さのほうはワインの側からのものなので、ワインのあたりで動いて、健康な舌にとってワインが甘くあらわれ、甘くあるようにしたというわけである。[42]

テアイテトス　ええ、われわれは先にそのように同意しました。

ソクラテス　他方、わたしが病気のとき、何よりもまず、ほんとうは同一の人間がとらえられているわけではない、そうではないだろうか？　作用するものは、以前と似ていないものに出会ったわけだから。

テアイテトス　はい、そうです。

ソクラテス　そこで、このようなソクラテスとワインの飲酒の双方は、この場合には、 E
異なる子どもを生んだ。舌のあたりには苦さの知覚を生んで、そしてワインのあたりで苦さが生まれて、そのあたりで動いている。そして、この飲酒によりワインは、「苦さ」になるのではなく「苦いもの」になり、わたしは、「知覚」になるのではなく、「知覚するもの」になったのだ。[43]

テアイテトス　はい、まったくそのとおりです。

ソクラテス　それゆえ、このわたしが、まさにこのとおりわたしのままで現状と別のなにものかを知覚するものとなることは、けっしてないのである。なぜなら、「別のものを知覚すること」とは、現状と別の知覚にほかならず、その「現状と別の知覚」は、知覚者自身をも現状と別の性質のものにして、結局「現状と別のもの」にするからである。また、わたしに作用するかのワインも、異なるものと遭遇すると

160A

42　健康な人のワインの甘い味覚経験を模式図で示すと、つぎのようになる。

①　生　成：健康な舌──→味覚「味わう関係の中」甘さ←──（口内に）←──ワイン

↓

②　生成後：味わう健康な舌（甘い感覚で充満）──甘くなったワイン（甘さで充満）

43　風邪などで病気の人が苦く感ずるワインの味覚の図を描くと、つぎのようになる。

①　生　成：病気の舌──→味覚「味わう関係の中」苦さ←──（口内に）←──ワイン

↓

②　生成後：味わう病気の舌（苦い感覚で充満）──苦くなったワイン（苦さで充満）

「ソクラテス」を、健康時と病気時では「別人扱い」にして説明するわけである。

きには、現状と同じ子どもを生み、現状どおりのもとの性質のままになるということは、けっしてない。なぜなら、別のものからは別の子どもを生むのであり、それゆえ、自らも別の性質のものとなるはずだからである。

テアイテトス　はい、そのとおりです。

ソクラテス　また、わたしは［ワインのような、出会うものとの関係というのではなく］わたし自身との関係で、そのような性質のものになるわけではないし、かのものもそれ自身との関係で、そのような性質のものになるわけではない。

テアイテトス　ええ、そうはなりません。

ソクラテス　しかるに、わたしが「知覚するもの」になるとき、わたしは「なにかを知覚するもの」になるのでなければならない。というのも、「知覚するもの」には
B なるが、なにも知覚しないものになる、ということは不可能だからだ。そして、あのワインが甘いものや苦いものやなんらかのそのようなものになるときには、それは「だれかにとってそのようなもの」になるに違いない。なぜなら、「甘く」なりつつ、だれにとっても甘くないものになる、などということは不可能だからだ。

テアイテトス　はい、まったくそのとおりです。

ソクラテス　そこで、わたしとかのワインには、もし両者が「ある」のなら、互いにとってあり、もし両者が「なる」のなら、互いにとってなるという可能性が残っている。いやしくも、われわれ両者の有り方を必然性が結びつけており、しかも、両者以外のなにかほかのものにも結びつけず、またそれぞれ自身にも結びつけないのであれば、そうなる。つまり、互いに対して結びつけられているということが、残っているのだ。

したがって、人がなにものかを「ある（有る）」と呼ぶとき、その人は「なにかにとって」あるいは「なにかにかかわって」、あるいは「なにかと関係して」それが「ある（有る）」と語らなければならない。また、「なる」と呼ぶときも、そのように語らなければならない。われわれがここまで繰り広げてきた議論が示すところでは、その人は、そのものそれ自体においてなにかで「ある（有る）」とも、なにかに「なる」とも自分で語ってはならないし、また、ほかの人がそのように語るの C
を容認すべきでもない。

テアイテトス　まったくそのとおりです、ソクラテス。

ソクラテス　それゆえ、わたしに作用するものが「わたしにとって」あり、そして、ほかのものにとってあるのではないとき、わたしこそがそのものを知覚しているのであって、ほかのものが知覚しているのではない。そうだね？

テアイテトス　はい、もちろんです。

ソクラテス　したがって、わたしの知覚はわたしにとって真なのである。なぜなら、それはつねにわたしの有の知覚[44]なのだから。そして、プロタゴラスによれば、わたしこそが、わたしにとって有るものには有ることの、ありもしないものにはありもしないことの判定者なのである。

テアイテトス　ええ、そのようです。

一五

ソクラテス　それでは、有るものをめぐって、いや、むしろなるものをめぐって虚偽 D
がなく、思考において失敗することがないこのわたしが、自分が知覚するものについて、いかにして知る者でないなどということが、ありえよう？

テアイテトス　そんなことはありえません。あなたはもちろん知る者ですとも。

ソクラテス　したがってきみが、知識は知覚以外の何ものでもないと語ったのは、まったくもってすばらしいことだったのだ。そして、まずホメロスや、ヘラクレイトスや、そのような種類の人全員による「万物は流れのように動いている」という類いの主張、そして、もっとも知恵のあるプロタゴラスによる「万物の尺度は人間である」という主張、およびまたテアイテトスによる「以上が正しく成り立てば、知覚が知識であるということになる」という主張、これらが同じところへと一つに収束したわけなのだ。 E
そうではないかね、テアイテトス君？　これがきみの、生まれたばかりの子ども

44　「有」の原語はousiaで、この名詞は「ある」「有る」を意味するeinaiという動詞に対応する抽象名詞である。日常的には「財産」などの意味だが、プラトンとかれ以後、哲学用語として活用され、プラトン哲学では「有」「実有」などの日本語訳があてられる（アリストテレス哲学では「実体」「本質」「本質存在」などに訳される）。『テアイテトス』のこの箇所では、「有」は「真理」に近い意味内容であり、それが各人に相対化され、「太郎の有」「花子の有」などとされる。そして、太郎自身、花子自身にとって誤りえないものであり、それゆえ他人によっては反証されない「知識」だということが、結論的に述べられている。

のようなものであり、わたしが取り上げた赤子である、と言おう。

あるいはきみは、どう言うのかな？

テアイテトス　はい、そう言わなければなりません、ソクラテス。

ソクラテス　そこでこれを――検討してみてその究極の本質が「本物か、にせものかの点で」どのようなものかということは、また別問題だが――われわれは、やっとのことで生んだのだ。だがしかし出産の後では、文字どおり言葉で囲んで、子どものまわりを輪になって駆け回り、この子の名付けの儀式「竈《かまど》のまわりの走り回り」[45]をおこなわなければならない。生まれた子どもが養育するのに値せずに実質的な中身がなく、虚偽であるにもかかわらず、その事実にわれわれは気づいていないのではないか、よく調べながらね。

あるいはきみは、自分の生みの子であるからには、何があろうと絶対にこれを養い、遺棄しないようにしなければならないと思っているのだろうか？　そうではなくてむしろきみは、これが論駁されるのをみていながらそれに耐え、きみにとっては初めてのお産だというのに、だれかが生みの子を奪ってしまうとしても機嫌を悪くはしないのだろうか？

161A

テオドロス　耐えますとも、ソクラテス、このテアイテトスは。かれは怒りやすい性分ではまったくありませんから。しかし神々にかけて言ってください、どのような点でここまでの主張もまた、正しくないのかということを。

ソクラテス　テオドロス、あなたはほんものの言論好きです。おまけにお人よしです。
というのも、あなたのお考えではわたしは、まるで議論がたくさん詰まった袋のよ
うなものであり、わたしが、今のこの主張もまた正しくないということを、破壊的
な議論によってやすやすと弁じたてることができる、とあなたは考えているからで B
す。しかし、実際には、いかなる言論もわたしからではなく、つねにわたしと対話
している人のもとから生まれたものです。そして、このわたしはといえば、知恵の
あるほかの者のもとから得られるだけの言論を得て、そしてそれを公平に受容する
という、このわずかなこと以上のなにも知りません。

45　原語は amphidromia で、新生児が誕生した数日後女性たちによっておこなわれた当時の儀式。ここでは、生み出された説をあらゆる角度から検討することが、「竈のまわりの走り回り」および「囲んで」と「輪になって」によって示唆されている。

あなたは、これが現に起こっていることであると、ご承知ではないのです。いまもわたしは、この者のもとからそうしようとしているだけであり、自分で何事かを語ろうとはしていません。

テオドロス あなたのおっしゃることのほうが、ソクラテス、すぐれています。では、そうしてください。

二　第一定義の批判的検討

（1）具体的な検討材料と推測に基づくプロタゴラス説の批判

一六

ソクラテス　それでは、テオドロス、あなたのお仲間のプロタゴラスのことで、わたしが不思議に思っていることがあるのですが、あなたはそれが何か、ご存知でしょうか？

テオドロス　どのようなことでしょうか？　C

ソクラテス　ほかの点では、かれが、それぞれの人に思えることが、そのとおりに有りもすると語ったことは、わたしには非常に興味深い説だと思えたのです。しかし、わたしは論の初め、すなわちかれの著作の『真理』の初めでかれが、われわれのほうでは知恵の点において、まるで神のような人としてかれに驚嘆しているけれども、かれの側では、自分がほかの人間以上にすぐれていないのは当然のこと、そればかりかカエルの子オタマジャクシよりも、知の点でなんらすぐれていないのだと示すべく、われわれに向かって、「知」の大盤振る舞いをしてみせながらわれわれ人間を完全に軽蔑しきって語り始めるために、「万物の尺度はブタである」とか「万物の尺度はヒヒである」とか、あるいは「万物の尺度は、感覚能力をもつほかの生き物のうちの変わったものである」と言わなかったということを、不思議に思いまし D
た。それともどう言いましょうか、テオドロス？
と申しますのも、もし各人が知覚を通じて判断する[1]ことがその人にとって真であるのならば、そして、或る人の状態を他人が本人より良く判定することもなく、或る人の考え[2]が正しいか虚偽であるかを調べるのに、本人以外の人間がより権威があるということもなくて、しばしば言われるとおりに「自分のことは各人がただ自分ひとりで判断してゆく」のであり、しかもその考えはすべて正しく真であるとするならば、いったいどうして、お仲間よ、プロタゴラスこそは「知恵のある者」であり、それゆえにまた、多額の報酬までつけて堂々とほかの人々の教師になってしか E
るべきだと考えられることになるのでしょうか？　それに対し、われわれはといえば、より無学であって、学ぶためにかれのもとへ通わなければならなかったのでしょうか？——そのわれわれはそれぞれ、自分が自分の「知恵の尺度」であるのに、ですよ！ これは、「プロタゴラス氏は自説において、大衆を相手に迎合して語っている」と言わずに済まされるようなことでは、けっしてないでしょう。

他方、かれの説に従うなら、わたしと、わたしの技術である助産の技術が、いか

1 「判断する」の原語は doxazein で、名詞 doxa（「考え」。次注参照）からできた動詞。doxa はまた、77頁注19の動詞 dokein（「思える」）とも語源的につながる。プロタゴラス説は「万物の尺度は人間である。太郎にあらわれるものは太郎にとって有り、花子にあらわれるものは花子にとって有る」のように「あらわれる（phainesthai）」を使って表現されたが、「太郎に思える（dokein）ものは太郎にとって有る」というようにも言い換えられるとソクラテスたちには理解されている。

2 「考え」と訳した原語は doxa。「思いなし」「思わく」「判断」等に訳されうるが、『テアイテトス』では、「知識（epistêmê）」との強い対比を含む「思わく」「臆見」（英語では opinion）の類いはふさわしくない。ここや第二部冒頭における議論から、動詞 doxazein「判断する」との関係が強いと考えると「判断」だが、思考活動としての「判断」では、「知識」という状態との関係がみえにくい。そこで一般的な「考え」で訳す。

に多くの嘲笑の種となるか、わたしは言いますまい。問答法[3]の仕事全体についても、これと同じであると思います。なぜなら、互いのあらわれと考えが各人にとってすでに正しいものであるのに、わたしのようにそのあらわれと考えを「調べあげて」「論駁」しようと企てることは——もしプロタゴラスの「真理」がほんとうに真であって、書物の奥の宮の密室から漏れ聞こえた、ただの冗談にすぎないというわけ 162A
ではないとすればですが——、時間が長くかかって面倒なだけの、壮大な馬鹿騒ぎであることになってしまうからです。

テオドロス　ソクラテス、あなたが今言ったとおり、あの人はわたしの友人です。それでわたしは、自分があなたに同意を与えることを通じて、プロタゴラスが論駁されるということを受け入れられませんし、かといって逆に、自分の考えに反してあなたに敵対することにも、我慢できません。そこで、今回もまた、テアイテトスを相手にしてください。かれは先ほども、きわめて立派にあなたの話についてゆけたように思えました。

ソクラテス　おやおや？　するとあなたは、かりにスパルタのレスリング場に行かれ B
たとして、そこではほかの人々が素っ裸になっているのをご覧になり、なかの幾人かはいかにも弱々しい身体つきであるのに、それでもご自分もまた服を脱ぎ捨てて、隆々とした身体つきを示さなくともよい、とお考えなのでしょうか?

テオドロス でも、そうなら人々はきっとわたしの言うことに説得されて、好きにさせようと思うでしょう。もしそうなら、あなたはいかがお考えになりますか? そのように今も、わたしはあなたがたに、わたしはすでに年をとって身体のそこここがこわばっているので、見学に回ってリングに上がらなくてよいように、そしてより若く、よりみずみずしい者が試合に臨むように、説得できると思うのです。

一七

ソクラテス まあ、そういうことでしたら、諺《ことわざ》を引く人々が言うように「あなたの好むものを、わたしも嫌ではない」わけです。それでは、知恵のあるテアイテトス C

3 原語は dialektikē。対話的問答を通じて互いを吟味するソクラテス的方法。『ポリテイア』第六巻五一一Bとそれ以後では、哲学の代名詞のようにも扱われた。

にふたたび向かわなければなりませんね。では、テアイテトス、言ってくれたまえ、まず初めに、今われわれが詳しく述べた点について答えてほしい。きみがどんな人間と比べても、またどの神様と比べてさえ、知恵の点で劣っていないというように、突然みえることになるとすれば、このことにきみは驚かないかね?

それともきみは、プロタゴラスのいう「尺度」とは、人間に該当する事柄であって、神々にかんしてはそれと同程度には当てはまらない、と考えるのだろうか?

テアイテトス　いいえ、神かけてそんなふうには考えません。そして、お尋ねの問題については、わたしもまったく驚いています。なぜなら、それぞれの者にそう思われることは、そう思われる者にとってそのとおりあり(有り)もする、とプロタゴラスたちが語るのはいかなる意味においてかということをわれわれが調べていたあのときには、わたしにはあの主張は、まったくすばらしいと思えたのです。 D
ところが、今はあっという間にひっくり返って、反対になってしまいました。

ソクラテス　それはきみが若いからだよ、かわいい坊や。だからきみは、大衆受けするスピーチにじっくりと耳を傾けてしまい、説得されてしまったのさ。なぜなら、以上のことに対しては、プロタゴラスが、さもなければだれかがかれのために立って、こう答弁するだろうからね。

「ご立派な坊やたちと爺さんたち、おまえたちはそうやって並んで座って、大衆受けする話をしているのにすぎないのだ。まずは、神々をおまえたち一座の真ん中に導き入れてね。ところが、このわたしはその神々については、神々が存在すると E
も存在しないとも言っておらず、その話を、語ることからも書くことからも慎重に省いている。さらにおまえたちは、大衆ならば聞いて受け入れるような、まさにそのような話をしているのだ。いわく、『家畜のどれかと比べて、人間の各人が知恵の点でなんら違わないなどということになったら、おお、なんと恐ろしいことでしょう！』というようにね。

ところが、論証や必然性ということになると、おまえたちはそのなに一つとして語ることができていない。ただの『いかにもそれらしく思えること』を使って議論しているだけだ。ところがその、それらしい話など、もしテオドロスやだれかほかの幾何学者がそんなものを使用して幾何学を研究しようとするなら、その人間はまったく何にも値しないような、下らない者なのだろうさ。

だから、おまえとテオドロスは、かくも重大な主題について、ただ信じ込ませる力と、それらしいもっともらしさによって議論を受け入れているのではないかどうか、検討しなければならないのだ」 163A

テアイテトス　ソクラテス、あなたにしてもわたしたちにしても、そんな受けとり方は正しいことではない、と言うでしょう。

ソクラテス　すると、きみの言葉としてもテオドロスの言葉としても、ほかの仕方でこれを考察しなければならないということのようだね。

テアイテトス　はい、ほかの仕方で考察すべきです。

ソクラテス　それではこのようにやってみよう。つまり、「知識と知覚は同じか、それとも異なるか」という問いに沿って、考察をおこなおう。なぜなら、まさにその点に向けてわれわれの議論全体は組み立てられていたのであり、その点のためにわれわれは、「何ものも「静止」させず、「存在」させないように」多くの風変わりな理論が「動く」ように論じたからだ。そうじゃないかね？

テアイテトス　はい、まったくそのとおりです。

ソクラテス　さて、それではわれわれは、自分が見ることによって知覚したり、聞く B

ことによって知覚したりするものを、すべて同時に知ってもいると同意したのではないか？　たとえば、われわれが外国語を学ぶ以前にだれかがその外国語の音声を口に出すとき、われわれは自分が、かれらの語ることを「聞いていない」と言おうか、それとも「聞いており、知っている」と言おうか？　さらにまた、文字をまだ学び知っていないときに文字に目をやるときに、われわれは自分が「見ていない」と主張しようか、それとも、「見ている」のであり、それゆえ自分は「知ってもいる」と主張しようか？

テアイテトス　それらのうち、われわれが見ていて聞いている、まさにその当のものであれば、ソクラテス、これをわれわれは「知っている」と言うでしょう。なぜなら、それら「修得以前の文字」の形と色を自分は見ていて知っているし、またこれ
ら「自分には理解できない、発語された外国語」の音の高低を自分は聞いていて、そ C
れと同時にまた知っているとわれわれは言うからです。

しかしその一方で、文字や音声にかんして、綴り方の教師が教えることや通訳が教える「意味内容にかかわる」事柄を、われわれは見たり聞いたりすることにより知覚しているということはなく、知ってもいない、と言いましょう。

ソクラテス　これはすばらしい、テアイテトス。きみが進歩するように、この点ではわたしからきみに異論を差し挟まないでおくほうが、よさそうだ。

一八

ソクラテス　しかし、ごらん。つぎに待ち構えているこの問題にも、対応しなければならないのだよ。この問題をどのように探究したらよいか、考えてみなさい。

テアイテトス　それはいったい、どのような問題でしょうか？

ソクラテス　このような問題だ。だれかが問うたとする。「人が或るとき或る事柄の D
知者になって、まさにそのことの記憶をいまだにもっており、維持している場合、その人が、自分が記憶しているまさにそのときに、自分が記憶しているまさにそのものを知らないということは、果たして可能だろうか？」——だが、わたしは今、もってまわった言い方をしてしまったようだ。きみに訊きたいのはただ、だれかがいったん学び、その後記憶していながら、それを知らないということが、あるか否かということである。

テアイテトス　もちろん、知らないなどということはありませんとも、ソクラテス。あなたがおっしゃるようなことがあれば、それは驚異です。

ソクラテス　わたしはばかげたことを言っている、ということかな？　しかし、ここで考えてほしいのだ。「見る」ということは知覚することであり、「視覚」は知覚であるときみは言うのではないだろうか？

テアイテトス　ええ、もちろんそう言います。

ソクラテス　したがってなにかを見た者は、今の議論によれば、自分が見た当のもの E
を知る者になったのだね？

テアイテトス　はい。

ソクラテス　では、この点はどうか？　記憶というなんらかのものがある、ときみは言うね？

テアイテトス　はい。

ソクラテス　記憶とは、何ものの記憶でもないものだろうか、それともそれは、なにかの記憶なのだろうか？

テアイテトス　むろん、なにかの記憶ですとも。

ソクラテス　かつて学んだ事柄、かつて知覚した事柄、なにかこれらの事柄の記憶だ、ということだね？

テアイテトス　はい、もちろんそのとおりです。

ソクラテス　それでは、人は、自分がかつて見たものを、時として思い出すということもあるのだろうね？

テアイテトス　ええ、あります。

ソクラテス　その人が目を閉じていても、「思い出す」のだろうか？　それともそうではなく、目を閉じたら、そのとたん思い出せなくなるのかな？

テアイテトス　そんな主張をすることは、恐るべきことです、ソクラテス。

ソクラテス　しかし、そうでなければならないことになるのだ、もしわれわれが以前の議論を守ろうとするのであればね。もしそうでなければ、議論はおしまいだ。

テアイテトス　わたしにしても、神に誓って、そうではないかと思いますが、しかし、まだ十分には理解しておりません。どうしてそうなるのかを、言ってください。

ソクラテス　このようにしてだ。まず、人は自分が見ているものについては、まさに自分が見ているものを、知る者となっているとわれわれは言う。というのも、視覚、

164A

つまり知覚と、知識とは、同一であると同意されているからだ。

テアイテトス　はい、まったくそのとおりです。

ソクラテス　しかしこれに対して、「かつて一回」見て、まさに見たそのものを自分が知る者となった人が、目を閉じると、この人はそのものを記憶してはいるけれども、見てはいない。そうではないかね？

テアイテトス　はい。

ソクラテス　しかるに「見ていない」ことは、「知らない」ことである。もし「見ている」が「知っている」だとすればね。　B

テアイテトス　そのとおりです。

ソクラテス　したがって、人が、それを知る者となった対象を、まだ記憶しているときでも、かれがそれを見ていない以上、そのものを知らないということになる。そして、そうなればその結果は、「もしそんなことが生ずれば、それこそ驚異だ」とわれわれが言った[4]ことなのである。

4　一六三D。

テアイテトス　はい、まったくおっしゃるとおりです。

ソクラテス　そこで、だれかが「知識と知覚は同一だ」と主張するなら、この主張からは不可能な結果が出てきてしまうように思われる。

テアイテトス　そのようです。

ソクラテス　したがって、これらはそれぞれ別のものであると主張しなければならない。

テアイテトス　ええ、どうやら、そうなるようですね。

ソクラテス　それでは、およそいったい知識とは、何だろうか？　そのようにもう一 C
度初めから、語らなければならないようだね。
……いや、しかし、何をいったいわれわれは、テアイテトス、やらかそうというのだろうか！

テアイテトス　何のことをおっしゃっているのでしょうか？

ソクラテス　わたしには明らかなのだが、われわれはまるで生まれの卑しい闘鶏の鶏のように、まだ勝ってもいないときに敵の説から跳び離れて、凱歌を揚げてしまったのだ。

テアイテトス　いったいどうしてそうなるのでしょう。

ソクラテス　われわれは、議論のなかに互いに矛盾することを見いだして喜ぶ輩[5]のような仕方で、名目だけの同意を目指して同意を取りつけておいて、なにかそのような連中のやり方で相手の言論に打ち勝って、喜んでいるようだ。その上、自分たちは言論の競技を専門とする者ではなく知恵を愛する者だと自称しながら、恐ろしく頭のよいあの人々と同じような競いあいをしているのだが、どうやらそのことに気づいていないようなのだ。 D

テアイテトス　わたしにはまだ、おっしゃることの意味が、分かりません。

ソクラテス　ではわたしから、そのことについて自分が考えていることを、説明しよう。

だれかがなにかを学んでそのことを記憶しているとき、その人はその事柄を知らないのではないか、とわれわれは問うた。そして、かつて見たが今は目を閉じてい

5　相手を（多くの場合、みかけの）「矛盾」に陥らせて言論において圧倒しようとした人々。『エウテュデモス』二七二A以下、『パイドン』九〇B〜Cなど参照。

る者が「記憶して」はいても、「見て」はいないということを示し、その者は知ってはいないが、同時に記憶している、しかるにそのようなことは不可能だと示したのだ。そして、かくしてプロタゴラス説も、そしてこれと同時に「知識と知覚は同一だ」というきみの説も、ともに滅んでしまった話だ、としたわけだ。

E **テアイテトス**　そのようにみえるのですが。

ソクラテス　いや、きみ、わたしが思うに、［きみの説とプロタゴラスの説の二つの説のうち］一方のプロタゴラス説の実の父親が生きていたなら、ちょっとした助けではなく、多くの助けが得られたことだろう。しかし現実には、［プロタゴラスが亡くなって、今は］孤児となったその説を、われわれは泥のなかで踏みつけにしているのだ。しかも、プロタゴラスが残した後見人さえ、この説の話を守ってあげようとはしていない。その一人が、ここにいるテオドロスさんだ。でも、公平に扱うために、さあ、せめてわれわれが、自分たちでこれを守ってあげることにしよう。

テオドロス　ええ、そうしていただくしかないでしょう。わたしではなくて、ソクラ
165A テス、むしろヒッポニコスの子のカリアスが[6]、プロタゴラスの子どもたちの後見人なのです。われわれのほうではいくぶん早く、具体的な中身の乏しい言論から、幾

何学へと方向転換しました。しかしあなたがあの人を守ってくださるのであれば、むろんわれわれは、あなたに感謝します。

ソクラテス　それでけっこうです、テオドロス。ではわたしの弁護を、あなたのほうでもよくよく検討してください。なぜなら、もしわれわれが注意もしないで肯定したり否定したりするのを慣わしとしているとおりに、いくつかの言葉遣いに人が注意を払わないならば、その人は、先ほどの議論よりももっと恐ろしいことに同意してしまうからです。

テオドロス　それはどのような不注意なやり方のことか、あなたに言いましょうか、それともテアイテトスに言いましょうか？

ソクラテス　われわれ両方に対して言ってください。しかし、若い者が答えるようにしてください。答えに失敗しても、若いかれであればそれほど恥ずかしくないで

B

6　プロタゴラスは各地をめぐってその土地の若者の教育をおこなったが、アテナイを訪れるときにはカリアス宅に泊まった（『プロタゴラス』三一一A）。カリアスはアテナイでほかのだれよりもソフィストたちにお金をつぎ込んだとされる人物（『ソクラテスの弁明』二〇A）。

しょうから。

一九

ソクラテス　それではわたしは、もっとも恐ろしい問いを言いましょう。それはわたしが思うに、このようなものです。「同じ人が何かを知っていて、自分が知っているその当のものを知らない、ということはありうるのだろうか？」[7]

テオドロス　いったいどう答えようか、テアイテトス？

テアイテトス　わたしの考えでは、それは不可能でしょう。

ソクラテス　いや、不可能ではないのだ、もしきみが、かりにも「見ることが知ることだ」と想定するのならね。実際、遠慮会釈もない度胸のよい男がいて、その男が手できみの片目を覆い、覆われたその目で服が見えるかと尋ねるなら、いわば「罠にはまり井戸に落ちて」身動きがとれないきみは、この逃げ場のない問いにどう対 C
処するかな？

テアイテトス　わたしは、その目では見えないが、もう片方の目では見えると答えると思います。

ソクラテス　すると、きみは同じものを、見ていながら、同時に見ていないのだね。

テアイテトス　ええ、今の場合のようななんらかの仕方でなら、そのとおりです。

ソクラテス　「なにもおれは」とその男は言うだろうね。「そんな答えを言わせようとしたわけではないし、『どんな仕方で？』と訊いているわけでもない。［単純に］おまえが知っているものを、同時に知らないのかと訊いているのだ」とね。――ところで、現実にはきみは自分の見ていないものを、明らかに見ている。しかるにきみは、見ることとはまさに知っていることであり、見ないこととは知らないことであると、すでにこれ以前に、事実、同意していたのだ。それではこれらから、きみにとってどんな結果がもたらされるか、推論したまえ。

テアイテトス　……わたしの推論では、わたしが想定していたのとは反対の［或る事 D

7　この問いは、矛盾律（任意のPにつき、同じ事柄が、同時にまたまったく同じ観点と意味でPであり、かつPでない、ということはありえない）を、もっとも基本的な原理として承認するか、それとも承認しないのかという、大きな二者択一の問いである。

柄を知っていて、かつ知らないという」ことが、成立しますね。

ソクラテス　そうとも。しかし、きっと、驚くほどすぐれた人よ、もし人が、「明確に」知ることと「おぼろげに」知るということがあるかとか、「近くからは」知っているが「遠くからは」知らないことがあるかとか、同じものを「強い程度に」、また「微弱に」知ることがあるかというように、きみに対して別の質問を付け加えて問うたとしたら、もっとたくさんのこの種のこと[8]をきみは経験したことだろう。ほかの質問も、無数にあるのだ。言論の争いのために日当で雇われた専門の革ひもの使い手のような者[9]が、きみを待ち伏せしていて、きみが知識と知覚を同じものと考えたその瞬間、それらの問いを浴びせるのだ。そしてこの男は、聞くことや嗅ぐことや、それに類する諸感覚に攻撃を加えて、ずっとそのままで攻撃の手を緩めず E に論駁しつづけることだろう。

そして、ついにきみは、万人の憧れの的である、その男の知恵に驚いてしまい、かれによって手足を縛られてしまうだろう。かれのほうではきみを征服し、縛ることができているのだから、そのときにはすでに、きみとかれにとって手頃と思われる値段のお金でならば、もう、きみを解放してくれることだろう[10]。

――ここできみは、こう言うのではないかな？　それではいったい、プロタゴラスは自分の子ども「のかれの教説」に対して、いかなる弁護の言葉を語るだろうか？　われわれは、それを語ることにしようか。

テアイテトス　はい、もちろんそうすべきです。

8　たとえば、「明確に知らないが、おぼろげには知っている」と表現される、よくある事実を、副詞の限定を外すことにより「知っていながら、知らない」と言い換えて表現して、あたかもそこに矛盾があるかのように問題視すること。

9　弁論と議論の勝負に強かった、当時のソフィストたちのこと。

10　『プロタゴラス』三二八B～Cで、プロタゴラスは弟子入り志願者に、自分としてふさわしいと思える料金を言わせて、その料金で教授をおこなったという。

（2）批判に対するプロタゴラスからの抗議と回答──人々のあらわれを変化させる特殊な知恵としてのソフィストの知恵

二〇

ソクラテス　では、われわれがかれを弁護するために語っている、こうしたすべてのことを、プロタゴラスは語るだろうね。そして、わたしが思うに、かれはこちらにやって来て、「レスリングの選手のように」われわれに組みかかるだろう。われわれを馬鹿にしきってこう言いながらね。

「この善良なるソクラテスは、若僧がかれに、或る人が或ることを記憶していながら、同じ人が同時にその同じことを知らない、ということがありうるだろうかと尋ねられて恐れをなし、不安に駆られ、予見能力のなさゆえに「そんなことはない、と」否定したというので、議論のなかで、このわたしが笑いものであるかのように

166A

わたしをさらし者にしたのだ。しかしほんとうは、お調子者のソクラテスよ、こう
なっているのだ。おまえがわたしの主張する教説のどれかの検討を、だれか或る人
間に質問することによっておこなう場合、もしその質問された相手が、わたしなら
ばまさにそう答えるという回答で間違うのなら、わたしが論駁されている。しかし、
もしその相手の人間がわたし自身の答えとは異質な答えを言って間違うのなら、そ B
の答え手自身が論駁されているのだ。

それはつまり、こういうことなのさ。手はじめにおまえは、或る人が過去に経験したことの記憶が、その経験を現時点でしているわけではないのにその人に宿り、記憶とは、かつて経験したそのままの様子の状態であるということに、だれかが同意するとでも思うのだろうか？　いや、とんでもない。

またおまえは、人が或ることを知っており、かつ同じその人が同じそのことを知らないということがありうる、ということにだれかが同意するのをためらう、などと思うのかね？[11]　あるいは、だれかがこのことを恐れるなら、以前と似ていない状態になった人が、そうなる前の状態の人と『同じ人』であると、そのうち認めることになると、おまえは思っているのか？　それどころか、それは『その一人の人』

であって『その人々』ではないと、また、似なくなるということが起こるたびに、限りなく増えてくる多数の人々ではないと、だれかが認めるとでも、おまえは思うのかね？

いやいや、そう思うべきではないのだ。単に言葉によってお互いをひっかけるこ C
とがないように、よく気をつけようとすれば、だがね」

かれはさらに言うだろう。

「さあ、おまえは世にも恵まれた人間なのだから、これと一味違う高貴な精神を示して、可能ならわたしの語ること自体を正面から取り上げて、われわれ一人一人に固有の知覚というものが生じるのではないということを、さもなければ、固有のものは生じるにせよ、あらわれるものは、それがそうあらわれる当人のみにとって『そうなる』ということにはならない、もしくは、もしこれを『有る（ある）』と言わなければならないのなら、当人のみにとって『そうある（有る）』ということにはならないということを、論駁により示しなさい。だが、それにしてもおまえが、

『ブタ』や『ヒヒ』のことを言うとき、じつはおまえ自らがブタのように愚かなふるまいをしているのだが、それだけではなく聴衆たちにも、わたしの著作に対してブタのように愚かな仕方で接するように説いているのであって、こんなことは立派な行いではないのだ。

なぜなら、わたしは自分が書いた、まさにそのとおりの真理を保持していると主 D
張するからである。すなわち、われわれ一人一人が、もろもろの有るものと、もろもろのありもしないもの、いずれもの尺度なのである。しかし、或る者にとっては或る事柄が有り、かつそのようにあらわれるが、別の者にはそれとは別の事柄が有り、かつそのようにあらわれるというまさにその点で、われわれ各人は、互いにまるで異なっているのだ。

そして、『知恵』と『知恵のある者』が存在しないとわたしが主張するなどというのは、とんでもないことだ。むしろ、わたしは、われわれのだれかに何か悪いも

11　133頁注7参照。ここで発言する想定上の「プロタゴラス」は、ヘラクレイトスの影響を受けた人々とともに、矛盾律を根本原理として承認しない旨、明言する。

のがあらわれ、悪いものがあるとき、その人間に変化を及ぼして、よいものがあら
われるように、またよいものがあるようにする、そのような人であれば、この人を
『知恵のある人』と実際に言っているのである。[12] しかし、この場合にもわたしの言
葉を字面で追わず、このようにしてさらにいっそう明確にわたしの言っている意味 E
を学び取りなさい。すなわち、以前に語られた類いのことだが、[13] 病気で弱っている
者にとってかれが食べるものは苦くあらわれ、そして苦くあるが、健康な者にとっ
てはそれと反対であり、かつ反対にあらわれるということを思い出してほしいのだ。
むろん、これらの者のいずれかを『より知恵がある者』となす、などということを
してはならない。実際、そんなことは、そもそも可能でさえないのだ。また、病気
の者がこの種のことを判断しているがゆえに『無知』であり、健康な者がそれと別 167A
種のことを判断しているがゆえに『知恵がある』と主張すべきでもない。そうでは
なく、これらのうちの一方に向けて変化を起こさなければならないのだ。なぜなら、
これらのうちの片方の状態のほうがよりよいからである。そして、このようにまた
教育においても、一方の状態からもう一方のよりよい状態へと、変化させなければ
ならない。ただし、医者は薬によって変化を起こし、ソフィストのほうは言葉で変

化を起こすのだ。
　しかしながらこれは、虚偽をだれかが判断するときに、その後に真を判断するよ
うに或る人がし向けたということではないのだ。なぜなら、ありもしないものを判
断するなどということは可能でないし、[14] 自分が経験していることとは異なることを
判断することも、可能ではないからである。そして、自分が経験していることであ
れば、その都度真である。しかしわたしが思うに、魂の劣悪な状態のせいで、自ら B
と同類の劣悪なものを判断する人を、善い状態に変えて、そうしてそのように別の

12　この点はじつは、プロタゴラスの説としてこれまでに明言されていなかった新しい主張である。以下の議論は、この新しい要素をどのように理論に組み込むかという課題をもつ。この課題は結局、後の一七一D以下において「修正プロタゴラス説」として完成をみる。

13　一五八E～一六〇A。

14　「ありもしないものを判断する」という規定は、本書『テアイテトス』一八八C～一八九Bで「虚偽の考え」の定義候補とされ、簡単に否認される。しかし、つぎの『ソフィスト』二三六D以下は、この虚偽の定義に対してプロタゴラスたちから提出される「虚偽不可能論」に対し、虚偽の実在性を示す長大な議論である。

善いことを判断するようにしてあげた、ということなのだが、こうした改善されたあらわれのことを、或る人々は無経験ゆえに、『真』と呼んでしまっている。これに対してわたしは、一方は他方に比べて『より善い』とは言うけれども、けっして『より真である』とは言わないのだ。

そして『知恵のある人々』とは、親愛なるソクラテス、わたしの言葉では『カエル』などではまったくないのであって、身体にかんしては医者であるとわたしは言うし、植物にかんしては農夫であると言うのだ。なぜならわたしは、植物のどれかが病気にかかったときに、植物の感覚が劣っていると、農夫もまたその代わりに、 C
優良で健康な、［世間の人間の言い方では］『真』でもあるような感覚が、植物の内にそなわるようにすると[15]主張するからである。

また、知恵がありすぐれた弁論家も、もろもろのポリス[16]にとって、劣悪なことが正しいと思われるのでなく、その代わりに善いことが正しいことであると思われるようにする。ただし、もちろんそれぞれのポリスにとって正しく、また立派だと思われることは、自国がそう取り決めているかぎり、そのポリスにとってはそうで『あり』もするのである。しかし、それでも知恵ある者は、ポリスにとって［じっは」悪いものがあると、そのそれぞれが正しく立派であり、そう思われてもいたのを、その代わりに［真に］善いものが正しく立派であるようにし、かつそのように思われもするようにしたのである。[17] そして、これと同じくソフィストもまた、かれが教育する人々をそのように導くことができ、知恵があるのだ。だからこそソフィストはかれらによって教育された人々にとって、多額の金銭を払うに値するのである。 D

このようにして、或る人々はほかの人々よりも知恵があり、しかもだれも虚偽を判断していない。そしておまえにしても、自らそのことを望もうが望むまいが、自らが尺度であるということに、甘んじなければならないのである。なぜならその教

15　ここでは、反論すると想定されているプロタゴラスは、動物だけでなく植物にも感覚があると考えている。

16　古代ギリシャにあった数多くの都市国家。

17　プロタゴラスなどソフィストや、当時の弁論家は、ギリシャ各ポリスの立法にも、助言者などの立場で積極的にかかわった。プロタゴラス自身は、アテナイの有力政治家ペリクレスの依頼によって、植民市トゥリオイの法律を起草したとされる。

説[18]は、以上の根拠のうちで安全に保たれているからだ。
もしおまえが初めから論駁できるなら、おまえのほうで反対の論を詳しく論じた
上で論駁しなさい。また、もしおまえが質問を通じて論駁することを望むなら、問
いを通じてやりなさい。[19] なぜなら、問いと答えによる方法も避けるべきではなく、
分別のある人間はまずこのやり方を追求すべきだからである。
だが、そのときでも、つぎのようにおこなわなければならない。つまり、問う際 E
に不正をしてはならないのだ。なぜなら、徳の配慮[20]を宣言しておいて、その者が議
論においてほかならぬ不正をしつづけるということは、たいへん理不尽なやり方だ
からである。
そして、この種のことにおいて不正をなすということは、人が、競技者として娯
楽にふけっているときと、まじめな対話をしているとき、というようにして二つの
場面を分けることをしない場合のことをいうのだ。つまり、その際、競技ではでき
るかぎり相手をからかい、ひっかけることが正しいのだが、対話ではあくまでまじ
めなやり取りをおこない、対話の相手の過ちをただして、相手自らが自分のせいで、 168A
もしくは以前の交友によって陥ってしまった過ちのみを、『当人の過ち』として相

手に示してあげるということが正しい。
　というのも、もしおまえがこのとおりに［正しく］おこなうなら、おまえと会話
する人々は、自分たちの混乱と困惑を自分のせいにして、おまえのせいにはしない
だろう。かれらはおまえを追い求め、愛するだろう。そして、かれらは自らを嫌悪
するだろうし、以前と別人のようになって、以前の自分のあり方を捨てるべく自ら
のもとを逃れて、知恵を愛することへと向かうだろう。しかしそうではなく、もし
大衆がしているように、おまえがこれと反対の不正をおこなうなら、おまえは、今
言ったことと反対の結果を受け入れなければならなくなるのだ。すなわち、おまえ
は仲間を、知恵を愛する者にはせず、かえって長じた時、その［知恵を愛する］こ　B
とを憎む者にしてしまうだろうさ。

18　「人間が万物の尺度である」という教説。

19　『プロタゴラス』でのソクラテスとの対話で、プロタゴラスは実際に自分流の長い説明による議論のほか、ソクラテス流の短問短答でも議論に応じる（三二九B）。

20　『ソクラテスの弁明』二九D〜三〇Cでプラトンが描く裁判の被告ソクラテスは、人々に徳に配慮することを説いて回ったと自分の全活動を回顧している。

そこで、以前にも言ったように、[21]わたしの言うことを聞くならば、おまえは敵対
的にも戦闘的にもならずに、友好的な考えをもってともに膝を交えて、われわれが
『すべてのものは動いている』と主張し、また『それぞれの人に思えるそのとおり、
個人にとってもポリスにとっても、そうあり（有り）もする』と主張するとき、わ
れわれの真意は何かということを、ほんとうの意味で検討できるだろう。そしてこ
のことから、知識と知覚は同じかそれとも別かを考察するだろう。そして、先ほど
の場合「の対話のやり方において」、多くの人々が行きあたりばったりの語や句を引 C
きずり回して、互いに対してあらゆる難問を投げつけあっているけれども、この場
合のおまえは、そのように語や句を［ただ］習慣的に使うことに基づいて考察する
ことを、やめるだろう」

以上が、テオドロス、あなたの仲間の弁護にと、できるかぎり――微力を振り絞った些少のことではあるのですが――わたしが提供したものであります。もしかれが生きていれば、いわば自分が生んだ子のようなものである教説のために、もっと華々しく弁護をおこなったことでしょうがね。

二一

テオドロス ご冗談を、ソクラテス。あなたはまったく若々しい力強さで、あの方のために弁護しましたよ。

ソクラテス ご親切な言葉をありがとう、お仲間。では、わたしに言ってください。さっきプロタゴラスが、われわれが若僧に向かって議論をおこない、若僧の恐れに D より、「プロタゴラスの考えというより」若僧自身の本心からの考えに対して競技し、勝利を得ようとしたと言ってわれわれを非難したとき、なにかのおふざけというようにわれわれの議論の仕方を呼ぶ一方で、「万物の尺度」の主張を唱える自説を崇高な教説とみなして、その自分の説をめぐりわれわれが真剣にこれを扱うように要求していたのですが、きっとあなたはこのことにお気づきでしょうね。

テオドロス はい、もちろん気づきましたよ、ソクラテス。

---

21 一六六C。

ソクラテス　では、どうでしょうか？　あなたはかれに従うように命じますか？

テオドロス　ええ、絶対にそうしますとも。

ソクラテス　それではあなたは、これらの者がみな、あなたを除いては「若僧」であ
るということが分かりますね。すると、あの方にわれわれが従うなら、わたしとあ
なたが互いに問い、答えて、かれの言論を真剣に論じて、かれが少なくとも、「お E
まえたちは若い者相手に戯れながらわたしの言論を『検討』したのだ」と非難する
ことだけは、できないようにしなければなりません。

テオドロス　しかし、どうでしょう？　このテアイテトスならば、長い顎鬚《あごひげ》を生やした多くの人々よりも立派に、吟味をおこなう議論についてゆくことができるのではありませんか？

ソクラテス　しかし、それでも、テオドロス、あなたより立派にはできませんよ。だから、わたしは亡くなったあなたのお仲間のために全力で弁護をおこなうべきだが、あなたのほうは全然そうしなくてもよい、などとお考えになってはならないのです。
　さあどうか、もっとも善き人よ、少しだけわたしの相手をしてください。いった
い幾何図形にかんしてあなたこそ「尺度」であるべきなのか、それともすべての 169A

人々があなたと同様に天文学や、ほかのあなたが際だっていると評判の事柄にかんして、自分だけ［が尺度となって、それ］で事足りるのか――われわれがこれを知るという、まさにそこのところまではね。

テオドロス　あなたの横に座って、ソクラテス、自分が考えた言論を答えずに済むということは、容易なことではありません。それにしても、あなたがわたしに素っ裸にならないのを許してくれて、スパルタ人のようにはあなたは強要しない、と先ほどわたしは発言しましたが、あれは馬鹿だったわけですね。いや、あなたはどちらかと言えば、スキロン[22]のようなやり方に向かっているとも思えます。スパルタの人々ならば立ち去るか、さもなければ服を脱げと命じますが、あなたといったら、むしろアンタイオス[23]かだれかのようにふるまっているように思えます。なぜなら、あなたは出会った者の服を脱がせて、むりやり言論において闘わせるまでは、けっ

B

22　メガラとコリントスを結ぶ道にあらわれた盗賊。旅人に自分の足を洗わせ、その最中に相手を断崖から突き落としたと伝えられる。
23　アンタイオスは、来る相手全員を自分とのレスリングに取り組ませた巨人。

して立ち去らせないからです。

ソクラテス　これはまたすばらしいやり方で、テオドロス、あなたはわたしの「病気」を喩えてくださいました。でもね、わたしのほうがあの人々よりも手強いんですよ。というのも、これまでわたしは、議論の力が強いヘラクレス[24]やテセウス[25]まがいの人に、数多く出会いました。たしかにかれらは、わたしをこてんぱんに打ちのめしてくれたものです。が、わたしは、いくら打たれてもけっして後ずさりしませんよ。こうしたことをめぐって競う運動へのかくも激しい渇愛が、わたしを捕らえて放さないのです。 C

それで、あなたにしても、いやだと思わずにわたしとしっかり組み合ってください。そして、あなたご自身のためになり、そして同時にわたしのためにもなるようにしてください。

テオドロス　いや、もうなにも反対しません。お望みのところへ連れて行ってください。いずれにせよ、これらをめぐってはあなたが運命の糸を紡ぎ出されていて、その運命をわたしは、論駁されるがまま甘受しなければなりません。

しかし、あなたが設定された境界[26]を越えてまで、自らあなたのために尽くすことはできませんよ。

ソクラテス　ええ、そこまでも十分ですよ。青二才の人間がするような種類の議論を知らず知らずのうちにしないように、またたれかがそのことでわれわれを叱責することにならないように、わたしに対してよくよく注意していてください。D

テオドロス　はい、そうならないようにできるだけ注意しましょう。

24　ヘラクレスは、怪力と難行・苦行の逸話で知られる、ギリシャ神話の伝説的英雄。

25　テセウスは、怪力で知られたアテナイ建国伝説の英雄。クレタ島の怪物ミノタウロスを退治してアテナイを救ったとされる。

26　プロタゴラスの元友人としての弁護の責任の範囲内ということ。一六八E～一六九A参照。

（3）プロタゴラス自身の言葉に基づくプロタゴラス説の批判（「相対主義の自己論駁」）

二二

ソクラテス　それではまず初めに、以前と同じ、あの問題に取り組みましょう。つまり、以前われわれは、かれの言論ではそれぞれの人が知の点で自ら足りてしまうようになっていたとして言論を非難し、不満を示しました。あれは正しかったのか正しくなかったのかということを、調べましょう。それから、プロタゴラスはわれわれに対し、より善いこととより悪いことの点で或る人々は際だっており、この人々は現に「知恵がある」のでもあるということを容認したのですが、この点についても調べましょう。いいですね？

テオドロス　はい。

ソクラテス　そこで、もしかれ自身が同席して同意したのであり、われわれのほうでかれに代わって弁護し、そして容認したというのでなければ、もういちど取り上げ直して確かめる必要は、もちろんなかったことでしょう。しかし現実には、あるいはだれかが、われわれには、かれに代わって同意を与える権限がない、ときめつけるかもしれません。したがって、まさにこの重要論点について、より明確に同意しておくほうがよいのです。かれの教説がこのとおりなのか、それとも違うのかでは、小さな相違ではありませんからね。 E

テオドロス　はい、そのとおりです。

ソクラテス　それでは、プロタゴラスの言葉からだけということにして、他人の証言を用いずに、できるだけ手短に、その同意を得ましょう。 170A

テオドロス　どのようにするのですか？

ソクラテス　このようにです。かれはたしか、それぞれの人にとってそう思えるものは、そのように思える当人にとってそうあり（有り）もすると言っていますね？

テオドロス　はい、そう言っています。

ソクラテス　それではあなたにお尋ねしますが、プロタゴラスさん、われわれもまた人間の、いや、というよりむしろ、すべての人間の判断、というものを話の主題に

しているのです。そしてその上で、或る事柄において自分が他人より知恵があり、
別の事柄においては他人が自分よりも知恵があると考えない人間などいない、とわ
れわれは主張します。そして、少なくとも最大の危険において、つまりたとえば、
戦場にいたり、病気になっていたり、海上にいたりしてひどい目に遭っている場合
ならば、人々は、ほかならぬまさに知っているという点で際だっているがゆえに、
あたかも神々に対するようにして、それぞれのことにおける統率者に対してふるま B
い、まるで自分の救い手であるかのようにしてかれらを求めます。そして、人間の
生活のおよそすべての面において、自分たち自身とほかの動植物のために、またも
ろもろの営みのために、「教えてくれる人」と「統率してくれる人」を探し求める
人々と、逆に自分こそ教える力が十分あり、統率する十分な力がそなわっていると
思っている人々で満ちている、とわれわれは主張するのです。

　こうしたすべての領域において、人間たち自身が、自分たちのもとに知恵と無知
があると現に考えている――このようにしか、われわれは主張できないのではない
でしょうか?

テオドロス　はい、そうとしか主張できません。

ソクラテス　また、知恵は真の思考であり、無知は虚偽の考えであると人々は考えているのではありませんか？

テオドロス　ええ、もちろんそうですとも。 C

ソクラテス　それではわれわれは、プロタゴラスさん、どのようにあなたの説を扱ったものでしょうか？

人間はつねに真を判断する、とわれわれは主張しましょうか、それとも、或るときには真を判断し、また別の或るときには虚偽を判断すると主張しましょうか？　というのも、この双方の想定いずれからも、人間とはつねに真を判断するものではなく、［真と偽の］双方を判断するということが、その結果として、きっと導き出されるからです。[27]

——ちなみに、お考えください、テオドロス。プロタゴラスのもとにいた人々のだれかが、あるいはあなた自身が「ほかの人は無知であり、虚偽を判断するとはだれも考えない」と強弁しようとするか、どうかということを。

テオドロス　いいえ、そんなことは信じられないことですよ、ソクラテス。

ソクラテス　しかし、「万物の尺度は人間である」と語る言論は、まさにそこのとこ D

ろに、必然的にいたらざるをえないのです。

テオドロス　いったい、どのようにすればそうなるのですか？

ソクラテス　あなたがあなた自身の心のなかでなにかを判定し、しかるのち、そのなにかについての考えをわたしに向かって表明するとき、あのプロタゴラスの言論に従って、それはあなたにとって、真であるとしましょう。

その一方で、ほかのわれわれのほうは、あなたの判定についての判定者にはなれないのでしょうか、あるいは、あなたはつねに真を判断するとわれわれは判定するのでしょうか？　いや、それよりむしろ、その都度あなたに対して無数の反対の判断者が挑みかかり、あなたが判定することは虚偽であり、あなたが思っていることは虚偽である、こう考えるのではないでしょうか？

E
テオドロス　はい、神に誓ってそのとおりですとも、ソクラテス。実際「数えきれない何万もの者が、このわたしに、人間たちからの厄介ごとを提供する」とホメロス[28]も言っています。

ソクラテス　では、どうでしょう？　あなたはそのとき、あなた自身にとっては真を判断しているけれども、無数の者にとっては虚偽を判断している、このようにわれわれは言ってみてはどうでしょう？

テオドロス　はい、少なくともこの言論からは、それが必然に思えますね。

ソクラテス　では、プロタゴラス自身にとってはどうなのでしょうか？　初めに、この点です。一方でかれ自身も、人間が尺度だとは思っていなかったとしましょう。ほかの人々もまた、実際に、そうは思っていないわけです。このとおりに、ほかの人々がそう思うことがないとしましょう。以上のようであるなら、かれが書いたあの『真理』は、だれにとってもありもしない虚偽だということが必然

27　これがこの箇所の議論の大枠である。〔A〕プロタゴラスが言うように人間は全員、真を判断するとしても、人間は真と偽の双方を判断するし、〔B〕大多数の人間が前提とするように人間は真も偽も判断するとすれば、〔当然〕人間は真と偽の双方を判断する、ということ。〔A〕の部分は、プロタゴラス説が自分で自分に反対する結果となる（「自己論駁的」である）という趣旨である。非常に強力な反論にみえる。しかし、逆にあまりに強い議論にも思えるはずである。そこでその成否が論争の的になっている。

28　『オデュッセイア』第一六巻一二一行。「何万もの者」は、オデュッセウスが長い帰還の旅を終え、妻の待つ家に帰ってきたときに戦わなければならなかった敵の人数。

171A

でしょう?

また他方、もしかれはそう思うが、多数者は同意しないのであれば、第一に、そうでないと思う人々のほうがそうであると思う人々よりも多い、その分だけ、「そのとおりである」というより、「そのとおりではない」ということは、お分かりでしょう。

テオドロス ええ、かりにもそれぞれの人間の考えによって、有りもするし、ありもしないのでもあるとするなら、そうでなければなりません。

ソクラテス また第二に、もっとも繊細な注意を要する点です。[29] かれのほうでは、すべての人々は有るものを判断すると同意する以上、自分の見解にかんする反対の判断者たちの、あの者は虚偽を語っていると考えるような見解を、きっと真であると容認するでしょう。[30]

テオドロス はい、まったくそのとおりです。

B

ソクラテス それでは、もし「プロタゴラスは虚偽を語っている」と考える人々の見解が、真であるとプロタゴラスが同意するなら、かれは、自分の見解が虚偽であると容認することになるのではありませんか?[31]

テオドロス　ええ、かれはそうせざるをえませんね。

ソクラテス　他方、ほかの人々は、自分たちが思っていることは虚偽だとは、認めませんね？[32]

テオドロス　はい、認めません。

ソクラテス　これに対して、プロタゴラスが書いたものからみると、かれのほうでは〔他人たちの〕この考えをも真であると同意しています。

29　原語は ta onta doxazein。最初「それぞれのものはわたしにあらわれる（phainetai）とおりに、わたしにとって有り、きみにあらわれるとおりにきみにとって有る、しかるにきみもわたしも人間である」（一五二A）と、別の動詞で言われていたこと。

30　この議論に対して、プロタゴラスは意味と真理にかんする理論をもっているわけだから、これに理論的に反対する見解の真理性には、賛成しなくてよいと反論できる。

31　この主張について、プロタゴラスが、自分に対する反対者は真を判断していると認めても、「反対者にとって真を判断している」という相対的な意味のことにすぎず、プロタゴラス自身の主張が「絶対的真偽」の意味で「虚偽」であるとか、プロタゴラスにとって虚偽であるとは、認める必要がないと反論できる。〔解説〕第三節参照。

32　一七一B四は底本に従い heautous と読み、旧版が採用した heautois とは読まない。

テオドロス　そのようです。

ソクラテス　したがって、プロタゴラスを始めとして全員から、その説は疑義を呈せられるでしょう。いや、それどころかむしろ、［誤りであると］かれからは明確に是認すらされるでしょう。自説に反対のことを語る人に対して、その人は真を判断しているとかれが認めるとき、そのときにはプロタゴラス自身もまた、犬も、任意の人間も、自分が学んでいないことにかんしては、なに一つのことの尺度でもないと C
同意することになるのです。そうではありませんか[33]？

テオドロス　はい、そうです。

ソクラテス　そこで、万人によって疑義が呈せられることになる以上、プロタゴラスの『真理』は、だれにとっても――つまり、だれかほかの人にとっても、またプロタゴラス自身にとってさえ――真ではないことになるでしょう[34]。

テオドロス　……ソクラテス、われわれはわたしの仲間を、あまりにきつく追いかけまわしています。

ソクラテス　しかし、友よ、われわれが適正なところを現に踏み越えてしまっているかどうかということは、明らかではありません。それはまあ、たしかにプロタゴラスのほうがわれわれよりも年長なので、より知恵があるでしょう。そして、もしかれがいきなりこちらへ地中から首まで頭を上げたなら、かれは馬鹿なことを言うわ D
たしをきっと何回も論駁し、わたしに同意しているあなたをも論駁して、ふたたび身を沈めて去ってゆくことでしょう。

しかしわたしは、われわれがどのような者であれ、われわれは自分たち自身を、自分が今あるがままに用いざるをえず、その都度自分にそう思えるということを語らざるをえないと思うのです。今も現に、或る人は別の人よりも知恵があり、また或る人は別の人よりも無知であるという、少なくともこのことはだれもが同意する

33　これは底本どおりの訳。一七一B一二のコンマ（doxazein と tote のあいだ）を削りC一の tote の後にピリオドを読む Sedley 案は、「……いや、それどころかむしろ、反対のことを語る人に対して、その人は真を語るとプロタゴラスが認めるときには、〔誤りであると〕かれからは明確に是認されるでしょう。こうして、プロタゴラス自身もまた、犬も、任意の人間も、自分が学んでいないときには、なに一つのことの尺度でもないと同意することになるのです。そうではありませんか？」となる。

34　以上が「相対主義の自己論駁」と呼ばれる議論。〔解説〕第三節参照。

だろうと主張しようではありませんか。

テオドロス　はい、とにかくわたしはそのように主張しますよ。

（4）プロタゴラスたちが「有益さ」にかんする絶対的権威であると認めて、プロタゴラス説の修正をおこなう。しかし、すぐに脱線議論になる

二三

ソクラテス　また、われわれのほうでプロタゴラスの弁護のために輪郭を描いた先ほどのやり方で[35]、あの教説はもっともよく保持される、と言いましょう。 E
すなわち、一方で多くの事柄において、つまり「温かい」もの、「乾いた」もの、「甘い」もの、それからほかのこのような種類のすべてのものにおいては、それぞれの人に思えるそのとおりに、それぞれの人にとってそうあり（有り）もする。しかし他方で、かりにも人がどこか或る領域において、或る人が別の人よりすぐれていると認めるとするなら、人は、「健康によい」ものと「不健康な」ものをめ

ぐって、いかなる婦人も子どもも、あるいは獣でさえ、自分にとって健康によいものを知っていて、それゆえに、自らを治療するだけの十分な力がある、などとは主張せず、もしどこかで人間同士の優劣の差があるのなら、ここでこそその差があると主張しようとするだろう――こう、われわれは言いましょう。

テオドロス　ええ、少なくともわたしには、そう思えますね。

ソクラテス　また、国家にかんすることについても、それぞれのポリスが自国にとってそうだと思って規範として定めるような「立派な」ことや「醜悪な」こと、「正しい」ことや「不正な」こと、あるいは「敬虔な」ことや「敬虔でない」ことは、それぞれのポリスにとって、真にそうあり（有り）もするのであり、これらの事柄においては、一個人が別の個人と比べてより知恵があるということも、一つのポリスがほかのポリスに比べてより知恵があるということも、いっさいありません。

しかし[36]これに対し、ポリス自身にとってなにかが有益であるか、有益でないかということを規則で定めるという場合には、ほかのどこかではなくまさにこの場面に

172A

35　一六六D～一六七D。

おいて、助言者が別の助言者よりも、また或るポリスの考えがほかのポリスの考えよりも、真理の観点ですぐれていることに、この言論は同意するでしょう。そして、任意のポリスが自国にとって有益であると考えて定めた規則ならば、なににもまし B
てそれこそが実際に有益であることにもなると、敢えて主張しようとはしないでしょう。

ただし、わたしが話の主題としている領域においては、すなわち、「正しい」ことや「不正な」こと、また「敬虔な」ことや「不敬虔な」ことにおいてであれば、それらの自然本性においては、なにもそれ自体の客観的価値[37]をもつものでなく、みなにそろって共通にそう思えるものが、そのように思われつづけるとき、そしてそのあいだだけ真になるのだ、こう人々は主張しようと思っています。そして、プロタゴラスの教説を全面的に受け売りして言うというわけではない人々もまた、なんらかこのような「間接的で、部分的な」仕方で、かれの「知恵」の片棒を担いでいるのです。

……しかしテオドロス、われわれはより小さい言論をしていたのですが、ふと気
づいてみれば、いまや以前より、大きな言論をしていますね[38]。 C

テオドロス　われわれには、暇ならばあるのではありませんか、ソクラテス？

ソクラテス　ええ、そう思えますね。かつてもしばしばわたしは、友よ、知恵を愛する哲学の活動において多くの時間を過ごした人々が法廷に行くとき、滑稽な弁論者にみえてしまうことは、いかにもありそうなことだと思ったものですが、今は、とにそのような思いに駆られているのです。

テオドロス　そうおっしゃるのは、いったいどうしてですか？

ソクラテス　法廷や、そのような場所を若い頃からうろついている人々は、知恵を愛

36　「有益な」事柄（sumpheronta。一七七Dでは同義語として ōphelima も用いられる）と、後の一七七Dの「善い」事柄（agatha）は、ほかの正しさや敬虔や美しさとは違って、万人が尺度になれる相対的なものではなく、（絶対的に）より正しい考えがありうる例外的な事柄であるとする。この部分的な理論修正により、善さと有益さについて知恵があるソフィストは、身体状態にかんする例外の「健康」と「病気」の専門家の医者と同じように、人々とポリスの善さについて特権的な知恵をもちうると主張できることになる。

37　原語は ousia で、ほかの箇所では、おもに「有」と訳した言葉。ここでは意訳した。

38　ここから一七七Cまで、長い脱線議論になる。なぜ二人の対話のこのタイミングで脱線議論が導入されるのかということは、解釈の問題である。〔解説〕第三節参照。

することと、それに似た活動に真剣に携わっている人々に対して、ちょうど召使い D
が自由人に対するように、互いの育ち方そのものが、まるで異なるようです。

テオドロス　どのように異なるのでしょうか？

ソクラテス　一方の哲学をする人々には、あなたが今言われたもの、つまり「暇」は
つねにあります。そしてかれらは議論するにしても、人々同士の平和な関係におい
て、暇に飽かして自在に語ります。ちょうどわれわれも今、議論につぐ議論ですで
に三番目の議論を始めていますが、そのようにかの人々も、やってきた議論が目前
の議論よりいっそうかれらの気に入るようなことがあれば、次々と気に入った内容
の議論をしてゆくことでしょう。そして、有るもの［である真理］にふれてさえい
れば、長く語る議論を通じてか、それとも短い議論を通じてかということなど、
いっさいどうでもよいことなのです。

これに対して、［法廷とそこでの弁論を好む］もう一方の人々は、いつもあわただ
しい状態で話します。なぜなら、法廷で流れる水時計がかれらを急かすからです。 E
そしてかれらは、自分が論じたい主題について議論することを、許されていません。
それだけでなく、かれらの傍らでは敵方として反対弁論をする者が、かれらの弁論

内容を規制できるという法的強制力を認められた上、本人によって読み上げられた宣誓供述書――その供述書の枠外のことを語ることが、許されないのです――を手にして参照しながら、見張っているのです。そして、かれらの言論はつねに、裁く者の席に座り、なんらかの刑罰を科する権限をその手中に収めている「主人」[41]に向かって、「同僚の奴隷」のことをめぐっておこなわれるものです。そして、言葉によるこの競技は、自分の一身に影響しない、どうでもよいことではなく、いつも話者自らの利害にかかわり、生命さえしばしば争いの的になります。

したがって、これらすべてのことから、この人々は「主人」に言葉でへつらって事実でじゃれつく術を知っているので、性格が激しくて、しかも辛辣《しんらつ》なのです。し

39　一六一Bのプロタゴラス説の批判を開始する箇所を第一の議論、一六九Dからのプロタゴラス自身の言葉に基づく議論を二番目の議論と数えていると思われる。

40　水時計はアテナイの法廷で弁論の残り時間を測るために使われた。

41　アテナイの裁判では、法律の素人の多数市民が裁判員として投票して判決を下した。ここでいう「主人」とは、弁論による心理操作に弱く、しかも強力な決定権をもっていた、当時の大勢の市民のこと。

かしかれらは、魂においてはちっぽけであり、まっすぐではありません。なぜなら、若いときからの隷従が心のほんとうの成長と、まっすぐなところと、自由人らしさを、かれらから奪ってしまったからです。それはかれらに曲がったことばかりするよう強いて、まだ柔弱な魂に、年齢不相応の数多くの大きな危険と恐怖を与えました。これらに、かれらのほうでは正しさと真理をもって耐えきることができなくて、虚偽と、互いに対する不正の応酬へと向かうことになったので、それゆえかれらは多くの点でひん曲がっており、ひきつっています。こうしてかれらは、思考におい B
てなんら健全なところをもたないまま、若者から成人へと成長するのです。自分たちで思っているところでは、「頭がよい」[42]、「知恵のある」者になりおおせてね。

――こうしてこの人々は、かくのごとき人間になっています、テオドロス。他方「われらが合唱隊」[43]の人々についても、詳しく叙述することをお望みですか？ それともこれは放っておいて、先ほどわれわれが言ったように、言論の自由、つまり議論から議論への転換をあまりに使いすぎないように、そろそろもとの議論にまた戻りましょうか？

テオドロス いいえ、そんなことはだめですよ、ソクラテス。詳しく語りましょう。

というのも、あなたはじつによいことを言われたからです。この種のことにおいて、ここで登場してくる合唱隊の一員であるわれわれは、「法廷好きの者のように」踊るように周りを動き回って議論に奉仕する者ではなく、議論のほうが召使いのように、「知恵を愛する者としての」われわれのもとに従属するのであり、議論はそれぞれ、われわれによいと思えるときに終わるように待つのだ、というようにね。なぜなら、われわれのところでは裁判員も、劇作家の場合のような観客も、あそこがどう、ここがどうと言って非難し支配しようとして、監督してはいないからです。 C

42　原語は deinos で、善い目的のための頭のよさ、ないし思慮深さも、邪道な目的のための「ずるがしこさ」「狡猾さ」もこの言葉で言える。「恐るべき才能の人」という含みの言葉。

43　原語は khoros「コロス」で、現代語の「コーラス」の語源。コロスはもともと祭で中心的役割を担っていたが、祭でコンクールとして催され、演じられるようになった悲劇のなかでは、舞台の役者と観客のあいだのところで、さまざまな役割を演じた。

二四

ソクラテス　それでは、あなたにそれがよいと思えるのですから、「われらが合唱隊」の指導者となっている人々について語らなければならないようですね。なぜなら、「指導的な人々以外の」劣った仕方で知恵を愛することに従事している人々を話題にする必要は、ないでしょうから。

この人々は若い頃から、第一に市場《アゴラ》への道を知らないでしょうし、法廷や評議会場や、ほかの国家の公共の集会場がどこにあるかも知らないでしょう。またかれらは、語られたものであれ書かれたものであれ、法も判決も見ていないし、聞いてもいません。また、政治結社の官職への野望も、集会も宴会も、笛吹の遊び女たちの加わったお祭り騒ぎも、これをしてみたいなどの考えは、夢においてさえかれらの脳裏には浮かんでこないのです。また、ポリスのなかのだれかがよい生まれであるか劣った生まれであるか、男であれ、女であれ、先祖のだれかから自分になにか悪い要素が生じているのではないかといったことは、大海を水差し何杯で測ろうか[44]と

D

いう無理なことと以上にも、しょせん考える意味のないこととして、かれらの気にかかりません。

　それだけでなく、かれらは、これらすべてを自分が知らないということさえ、知りません。なぜなら、もともと良い評判のためにそれらの事柄を離れたのでもなく、 E
文字どおりかれらの身体のみがポリスのうちに置かれ、そこで住むからです。他方、かれらの思考のほうは、これらすべてをちっぽけでなんの意味もないものと考え、軽蔑するがゆえに、あらゆるところを翼で飛行して、ピンダロスが言うように[45]「大地の下の底へと」向かって地球の表面に幾何学を適用して測量し、また天文学を研究しながら「天空の上を」悠々と飛ぶのです。

　つまり、有るものの領域で、有るそれぞれのものを「全体」として捉え、その「全体」の自然本性をあらゆる角度から、余すことなく研究するわけです。 174A
その一方で、自分に近いものどものうちのなにかへと、自らの価値を低くしてまで降りて

44　「そもそも測れないものを、測ろうとすること」という意味の成句。

45　ピンダロスの失われた作品の一部。

ゆこうとは、けっしてしないのです。

テオドロス　それはどういう意味ですか、ソクラテス？

ソクラテス　タレス[46]が天体を観察して、テオドロス、星空を見ていて井戸に落ちたの
を、トラキア[47]出身の機転が利いて冗談好きなお女中が野次って、このお方はお空の
ことは、知りたいとお思いだけれども、ご自分の目の前のものや足下のものは、全
然お見えになっていないと言ったとか言われているようなことです。同じ悪口は、
知恵を愛することで日々を過ごしている、すべての人々に当てはまります。なぜな
ら、このような人は、一方で近くの人や隣人のことをほんとうに忘れてしまって、 B
かれが何をしているかだけでなく、人間なのか、それともほかの生き物なのかさえ
ほとんど気がつかなくなっています。他方でこのような人は、人間とはいったい何
か、この種の自然的存在にとって、ほかのもろもろの存在とは異なる何をなし、ま
た何をなされることがふさわしいかという問題を追究して、徹底的に究めることに
骨折っています。

あなたなら、きっとこのことがお分かりですね、テオドロス？　違いますか？

テオドロス　はい、わたしには分かります。また、あなたの言うことは正しい。

ソクラテス　それではさあ、友よ、このような人が私的に個人と付き合ったり、初めにわたしが言ったように[48]、なにかの国家公共の場の問題とのかかわりをもったりするとき、すなわち法廷やほかのどこかで、「足下のこと」と「目に映ること」について C
やり取りすることを強いられるとき、トラキアの女性たちだけでなく、ほかの群衆にも笑いの種を提供するのです。落とし穴めいた井戸や、ほかのあらゆる厄介ごとに、無経験ゆえに落ちてしまってね。そして、この人の不格好ぶりはすさまじくて、「阿呆」という評判を立てるほどなのです。なぜならこの人は、そんなことを気にしたこともないがゆえに他人の弱点など知らないので、いろいろな悪口において、だれかを貶《おとし》める独自の毒舌をもっていないからです。それで困惑してしまって、滑稽な人間にみえてしまうのです。

46　小アジアのイオニア地方、ミレトス生まれの哲学者。前七世紀生まれで前六世紀前半に活躍した人。ギリシャ自然哲学の祖とされ、また七賢人の一人とされる。原理は水だと考えた。天文研究では、日蝕の予言をしたことでも知られる。

47　現在のブルガリア、ギリシャ北東部、トルコのヨーロッパ部分にまたがる地方。

48　一七二C。

　またかれは、他人がお互いに言い合う賞讃のもろもろの美辞麗句に対しても、他 D
人の自慢話に対しても、自分が飾らずに心から笑い飛ばすところを見られてしまい、
それで大馬鹿者のようだと思われてしまいます。というのも、僭主や大王が褒め讃
えられるとき、かれは、自分にはあたかも、豚飼いや羊飼いや、あるいはどこかの
牛飼いのような一人の牧者が、ただ単に多くの乳を搾ったがために祝福されている
ように聞こえる、と思うからです。ただし、かれらが飼っていて搾り取っている、
この人間という動物は、あのもろもろの動物に比べて御しがたく、裏切りやすいし、
かれらのような権力者は、多忙のために、牧者と同じくらい野蛮で無教養にならざ
るをえないとかれはみなします。かれらの城壁が、山の牧者にとっての柵のように E
かれらのような人間を囲いこんでいるからです。

　そしてかれが、だれか或る人は一万プレトロン[49]かそれよりさらに広い土地をもっ
ていて、なんともまあ驚くべき財産をもっているものだといった話を聞くとき、地
球全体に注目するのに慣れているもので、自分はひどくちっぽけな話を聞いたと思
えてしまうのです。また、人々が或る人の生まれをうっとりと語り、七人の富裕な
祖先がいてその祖先の名前を挙げることができるなんて、なんと高貴なお方なので

175A しょうと言うとき、かれはこの賞讃の主がまったく視力が弱く、狭い範囲しか見渡
せない人間であると考えます。つまり、この人々は教養がないために、その都度そ
の都度で事の全体に注目するということができず、おじいさんやご先祖などそれぞ
れの人に何万も無数にいたのであり、いずれの人にとってみても、そのなかには富
裕な人も乞食も、王も奴隷も、外国人もギリシャ人もいて、その数は、どの人を
とっても何万人にもなる、と推論できないとかれは考えるのです。人々が二五代の
家系図を誇り、アンピトリュオンの息子ヘラクレス[50]にまで系図を遡ってみせるとき、
そのような人はかれにとって、つまらないことに異常にこだわる人に思えます。そ
B して、アンピトリュオンから昔へと二五代遡った人を考えてみると、その人の家系
がどうなっていたかは偶然であったわけで、この人から五〇代遡る場合にも同じで
あるということを人々は推論し、自分の愚かな魂に染みついた虚栄心から離れると

49　面積の単位としての一プレトロンは約千平方メートルのこと。

50　ヘラクレス（151頁注24参照）は神ゼウスが人間アンピトリュオンの妻アルクメネと密通してつくった子とされる（ホメロス『オデュッセイア』第一一巻二六六〜二六八行）。

いうことができない。——だからかれは、つい笑い出してしまうわけなのです。こうしてこの種の哲学的な人は、これらすべてのことにおいて多くの人々からは嘲笑されます。或る事柄にかんしては高慢ちきであると思われて、また日常の明白なことにかんしては無知であり、一々行き詰まってしまうがゆえに。

テオドロス　ええ、まったくそれこそ現に起こっていることですとも、ソクラテス。

二五

ソクラテス　しかし、この人がだれかを、友よ、上方へと引っ張り上げ、そのだれかが、「どのような不正をわたしはきみにはたらいているか、あるいは、きみがわたしにはたらいているか?」といった問いから遠ざかり、正義そのものと不正について、「これらのそれぞれは何であり、何の点でこれらはすべてのものから異なり、 C
お互い同士と異なるのか?」、「たくさんの黄金を所有したなら幸福なのか?」という問いへ赴こうと欲する場合、また「王ならば幸福なのか?」という問いから、王制について、また一般に人間の幸福と悲惨とについての考察へ向かい、「これら二

つのものは何であり、人間の本性にとって、いかなる方法でこれらの片方を得て、
他方を避けることがふさわしいか？」といった問いへと赴こうと欲する場合を考え
ましょう。

これらすべての問いについて、魂においてちっぽけで辛辣で、法廷の駆け引きが D
得意なその男が、説明をしなければならない段になると、反対にまったく立場が逆
転して、今度はこの男のほうが、お返しを支払うことになるのです。高みに宙づり
になって目眩を感じて、空の上方から眺めまわし、不慣れのために気持ち悪くなり、
途方に暮れて口ごもってしまいます。そして、そのようにして、トラキアの女性た
ちやほかの無教養な人間はこのことを察知しないから、この者たちには笑いの種を
提供しないものの、奴隷とは反対の育ちの［自由な］人々全員には笑われるのです。

——こうして、これが、それぞれの人の性格です、テオドロス。一方の人はまさ
しく自由と暇のうちで育っており、この人をあなたは「知恵を愛する人」と呼んで E
います。かれは奴隷がやる、雑用のような奉仕に従事しなければならないときには、
たとえば寝具をまとめて袋詰めにする仕方を知らないとか、料理を甘く味付けする
仕方を知らないとか、へつらいの言葉を知らないとかという理由で、愚かで、役立

たずのように思えますが、これはかれには、なんの責めにもあたらないことなので
す。これに対し、他方の人は、このような仕事ならばすべてきぱきと、頭のよい
仕方でおこなって奉仕することができます。しかしこの人は、服を右肩にかけて自
由人ふうに着る仕方を知りませんし、詩句の抑揚を正しく合わせることにより神々
と幸福な人間たちの生の賛歌をつくる仕方も知らないのです。 176A

テオドロス　もしあなたのおっしゃることがすべての人々を、ソクラテス、わたしを
説得したように説得するならば、人間たちのあいだに平和が広がり、悪は減ること
でしょう。

ソクラテス　いや、しかし、悪が滅びることは可能ではありません、テオドロス。な
ぜなら、なにか善に反対のものがつねにあることは必然だからです。また、神々の
もとで悪が座を占めるということも、可能ではありません。むしろそれは死すべき
者の本性のところに出現し、この場所のあたりを彷徨《さまよ》っていることが必然なので
す。それゆえまた、この世からあの世へと、できるだけ早く逃げようとしなければ
ならないのです。[51]そして、逃げることとは、できるかぎり神に似ることです。[52]また、 B
似ることとは、知をもって、正しく敬虔な者になることです。しかし、善き人よ、

多くの人々が「このために悪を避け、徳を追求すべきだ」とする「目的」のために、つまり、悪い人でなく、善い人であると思えるためにというのでは、或ることを追求すべきであり、別のことを追求すべきでないということは言えません。人々にこの点の説得をすることは、生やさしいことではありませんが、そんな理由は、いわば老婆の無駄口であると、わたしには思えるのです。真理を、つぎのように語りましょう。

神はいかなる意味においても、どんなところでも不正ではなく、この上なく正しい。だから、われわれのうち、できるかぎり正しくなった者ほど神に似ているもの C
は、ほかに何もありません。この点をめぐって人間の真の意味での頭のよさがあり、

51　『パイドン』全体でプラトンが主張しようとした論点。

52　「人間は神の似像とならなければならない」という脱線議論の主題（『ポリテイア』第六巻五〇一B、『法律』第四巻七一六D参照）がここで明示される。「脱線」ではあっても、この議論で集約されるプラトン主義の趣旨はその後の古代世界に大きな影響を与え、アリストテレスも新プラトン主義も、またキリスト教プラトン主義も、ここの議論をプラトンの基本的な教えとして理解した。

逆に無価値さと女々しさも、この点をめぐっています。なぜなら、このことの認知こそ真実の知恵であり、真実の徳であって、これを認知しないことが、明々白々の愚昧《ぐまい》と悪徳だからです。これに対して、頭のよさと思えることや知恵と思えるほかのことは、政治権力において出現する場合には俗悪なものであり、技術において出現する場合は単に機械的なものです。

それゆえ、不正をはたらき、不敬虔なことを語っておこなう者には、どんなこと D
でも平気でやってのけるがゆえに「頭がよい」などと、そもそも認めないのが、最善なのです。なぜなら、そうでなければかれらは、非難のはずの言葉によって高揚してしまい、「おまえは能なしではない。大地の荷厄介[53]などではないのだ。いや、むしろポリスのうちで生き残る意味のある者の模範となる程度の、立派な男子なのだ」と聞いた、と思いこんでしまうからです。だからこの連中には、真実のことを言ってあげなければなりません。かれらは、自分がそうだとは夢にも思っていないような者なのであり、自分がそのように思えていない分ますますひどく、そのような者であるのです。それというのもかれらは、もっとも無知であるべきでない、不正への刑罰に無知だからです。それは、刑罰であると思えているような、なにも不

正をはたらかなくともこうむるような笞《むち》打刑や死刑ではなく、逃れることが、そも E
そも不可能な「刑罰」だからですが。

テオドロス　いったい、いかなる罰のことを言われているのですか？

ソクラテス　有るもののうちに、友よ、二つの典型があるとしましょう。一方にもっとも幸福な、神的なもの、他方にもっとも悲惨な、神とは対極のものというようにね。真の事情がこうだということを見て取ることができないので、阿呆であり、極
端に理解力がないがために、かれらは、もろもろの不正な行為によって自分がこの 177A
一方［の悲惨な存在］に似てきて、他方［の神的な存在］に似なくなってきているということに、気づかないのです。

こうしてかれらは、このことの罰を、自分が似てきているものに似つかわしい生を生きることによって支払います。そして、かれらが自分の「頭のよさ」[54]を離れなければ、死んだ後も悪から浄められたあの場所がかれらを受け入れてくれず、この

53　ホメロス『イリアス』第一八巻一〇四行などから多少変形して引き継がれた、「まったくのダメ人間」に当たる表現。

世でも悪人は悪人同士で集まって、自分にまさに似ている生活をずっと送りつづけることになるのだぞと、われわれが言ってあげても、これをかれらはきっと、まるで完全に頭がよくて、どんなことでも平気でやってのける者が、愚昧な人間の言葉を聞くかのような態度で、聞くことでしょう。

テオドロス　はい、そのとおりです、ソクラテス。

ソクラテス　たしかにそうですとも、お仲間。しかしそのかれらにも、一つのことが起こります。つまり、かれらが、自分が非難している［正義や不正などの］事柄［そのもの］について、個人的に説明し、また説明を受け取る必要が出てきて、しかもかれらが、長いあいだ勇敢にその説明の営みに踏みとどまろうとし、女々しく逃げようとはしない場合、その場合には奇妙なことに、善き人よ、しまいにはかれらは、語っている事柄にかんして自分で自分のことが気に入らなくなり、あの弁論術はいつの間にか姿を消して、自分が子どもとなんら変わらないように思えるようになるのです。

B

……さて、このことについては、脇道のことを語ってきたわけですから、そろそ

ろ離れましょう。さもなければ、たえず入り込んでくる話のほうの流れが増してし C
まい、われわれの初めからの議論を見失わせてしまうことでしょう。もしよろしければ、もと来たところに戻りましょう。

テオドロス　いや、わたしにしてみればこのようなことは、ソクラテス、むしろ聞くのが快いことなのです。なぜなら、この年齢の身にすれば、こういった主題のほうが、話についていきやすいものですから。[55] しかし、そうするほうがよいとあなたが思うのでしたら、もう一度先ほどのところに戻りましょう。

54　『パイドロス』二四三E～二五七Aにおける神話的説明によれば、平凡な人々や悪徳の人の魂は死後、生きていたあいだ送っていた生にふさわしい地上の生活をそれぞれ送らざるをえないが、知恵を愛し徳のある生活を送った人は、死後のそうした輪廻転生を免れることができる。

55　脱線部分以外の『テアイテトス』の議論が、プラトン周辺の当時の知識人にとっても新鮮で、きわめて高度であったことの示唆。

（5）修正プロタゴラス説の論駁

二六

ソクラテス　それでは、われわれはたしか、議論で「動きつづける有」と語り、「それぞれの人にその都度そう思えることは、そのように思える当人にとって、そのとおりにある」と語る人々のことを話していましたが、われわれがいたのは、その場面[56]でしたね。かれらはこのことを、ほかの事柄においてもそう主張しようとするけれども、なかでもとくに「正しい事柄」をめぐって、ポリスが自国にとって正しいと判断し、定めるような事柄はみな、それがそう定められているあいだ、そう定めたポリスにとって正しいと主張しようとします。 D

他方、これに対して「善いこと」をめぐっては、もはやだれも敢えて「ポリスが自分に有益であると考えて[57]自国のために定める事柄はすべて、有益であると定められているその期間だけ、有益でありもする」と主張するほど勇ましくはないでしょう。ただし、人が「有益である」という言葉のことを言うのなら、話は別です。もしそうなら、きっとわれわれの議論をからかう、一種の冗談にはなるでしょうが。そうではありませんか？

テオドロス　ええ、たしかにそうでしょう。

ソクラテス　今われわれは、言葉のことを語るのではなく、言葉で名指される事柄を考察するのでなければなりません。 E

テオドロス　はい、そのとおりです。

ソクラテス　立法するポリスならば、「有益さ」とふつう言う、それを言葉でどう名指そうが、ともあれ「有益」で「善い」ものをきっと目指しているのであり、あらゆる法を、当のポリスの考えと力が及ぶかぎり、自分にとってできるかぎり有益であるように制定しているのです。それとも、ポリスがこれ以外の目的をにらんで立法するでしょうか？

56　脱線の直前箇所の一七一D〜一七二Bの議論のこと。
57　165頁注36参照。

テオドロス　いいえ、そんなことはけっしてありません。 178A

ソクラテス　それでは各ポリスは、いつもこの目的を達するのでしょうか、それともそれぞれのポリスは、多くの過ちをも犯すのでしょうか？

テオドロス　わたしの意見としては、誤ることもあると思います。

ソクラテス　それでは、今このようにすれば、つまり、有益なものがそこに属しているような全種類の事柄について人が問題にしてみるならば、さらにいっそう強く、万人が同じこの点について同意するでしょう。そのような種類の事柄とは、きっと、未来の時間にもかかわる、そのような事柄です。なぜなら、われわれが法を制定するとき、以後の時間に法が有益で「あるだろう」というように定めていて、この「以後の時間」は、「未来」のように呼ばれるのが正しいからです。

テオドロス　ええ、まったくそのとおりです。 B

ソクラテス　それでは先に進んで、このようにプロタゴラスや、かれと同じ主張をおこなう人々のうちのだれか別の人に対して問いましょう。

「万物の尺度は人間である」とあなたがたは言われるのですね、プロタゴラスさん？　すなわち、白いものや重いものや軽いもののような、この種のもののどれひとつをとってみても、人間が尺度となっている、このように言われるのですね――なぜなら、これらの規準はその人自身のうちにあるから、というわけで？　人は自分が経験するものが、そのようになっていると思うとき、自分自身にとって真であり、かつ有る事柄を思っている、ということなのですね？

テオドロス　はい、そのとおりです。

ソクラテス　それでは、もろもろの未来の事柄の規準も、プロタゴラスさん、それぞれの人が自分自身のうちにもっているのでしょうか、そして、将来そうだろうと思 C
うことがそのまま、そう思う当人にとって起こりもするのでしょうか？　たとえば、身体の温かさについて。だれか素人が自分は高熱をもつだろうと思い、またまさに特定の体温になるだろうと思っており、別人が、つまり医者がこれと反対の意見である場合、われわれはどちらの人の考えに従って将来のことが起こると主張したものでしょうか？　あるいは、双方の考えいずれにも従って、医者にとっては体温が上がらず、高熱状態にもならないだろうが、素人の自分にとってはこの両方になるのだと主張しましょうか？

テオドロス　いいえ、そんなことは滑稽でしょう。

ソクラテス　そうですとも。わたしが思うには、将来生じるワインの甘さと苦さについては、農夫の考えに権威があるのであって、キタラ奏者の考えが権威をもつわけ D ではないのです。

テオドロス　はい、そのとおりです。

ソクラテス　また、今後生まれる調子の合った音と合わない音について言えば、後になってこれは調子が合っていると体育教師自身にも思われる音のことを、それに先立つときに体育教師が音楽家よりもより良く判断するということも、ありえません。

テオドロス　はい、まったくありえないことです。

ソクラテス　また、晩餐《ばんさん》が用意されていて、自分はコックではなくてこれからご馳走されるというとき、将来生じるおいしさについては、コックの判定よりその人の判定のほうが、権威がないものです。なぜならわれわれは、すでにそれぞれの人にとって美味で「ある」ものや美味に「なっている」ものについては、議論でいっさ E い争わないのがよいからです。しかしこれに対して、それぞれの人にとって将来「そう思えるだろう」し「そうあるだろう」ものについては、各人が自分にとって最善の判定者なのでしょうか、そうではなくむしろ、法廷にかかわる言論をめぐっては、プロタゴラスさん、なんといってもあなたこそ、われわれのだれにとっても将来説得的であるものを、素人のだれよりもいっそうすぐれて、先を見越して判断できるのではありませんか？

テオドロス　ええ。しかも、かれはとくに力説して、ソクラテス、その点でこそ自分はほかのすべての人間よりもはなはだしくすぐれていると公言していました。

ソクラテス　神に誓ってそうですとも、友よ！　そうではなく、まわりの人々に将来そうあるだろうし、そう思えるだろうことを、予言者もほかの人も、だれもかれ以上に良く判定することができない、とかれが納得させなかったとすれば、だれ一人として、かれと話をかわして多くの銀貨を与えようとは、しなかったことでしょう。[58]

58　これは Schleiermacher と底本に従って、一七九A三の hautōi を削ったときの訳。写本が一致しているとおりに読み、この語を削らないと、一七九A一の mē という否定辞をほかの語に読み替えて、「そうではなく、まわりの人々に将来そうあるだろうし、そう思えるだろうことでさえ、予言者もほかの人も、任意の人が自分で判定する以上には良く判定することができない、とかれが納得させたとすれば、だれ一人として、かれと話をかわして多くの銀貨を与えようとは、しなかったことでしょう」という意味に解釈することが有力になる。

179A

テオドロス　はい、まったくそのとおりです。

ソクラテス　そうであるなら、立法も「有益さ」も、未来のことをめぐる事柄であり、万人が、立法にあたってポリスはしばしば、もっとも有益なものを外さざるをえないということに、同意するのではないでしょうか？

テオドロス　ええ、そうなのに違いありません。

ソクラテス　だからわれわれが、あなたの先生［のプロタゴラス］に対して、かれに
とって或る人はほかの人より知恵があるということ、そして、このような知恵[59]のあ B
る人は尺度であるけれども、他方知識のないわたしにとってみれば——先ほどかれ
のためにおこなった言論が、わたしのほうで望もうと望むまいと、わたしをそのよ
うな者になるように強いたのですが、そこで言われたようには——「尺度」になら
ざるをえない、いかなる必然もないということ、以上のことを語るのが適切でしょ
う。

テオドロス　わたしには、ソクラテス、その点があの説の最大の弱点であり、そこのところで論敵に捕まって論破されるように思えますし、他人の考えを権威とみなしているのに、その他人の考えは、かれの説が全然真でないと明らかに思うものだっ

た[60]という、もう一方の点でも、論破されると思えます。

ソクラテス　いや、テオドロス、ほかの多くの話でも、いかなる人のいかなる考えも真であるというわけではない、という種類の攻撃を受けてしまえば、論破されるでしょうね。 C

しかし、それぞれの人にとって、まさに今現にあり、そこから諸感覚とそれらに基づくもろもろの考えが生まれるような状態について言えば、これらの感覚と考えが真ではないと断罪するのは、いっそう困難なことです。[61]

——いや、わたしは無意味なことを言っているのかもしれませんね。なぜなら、

59　一六七D。

60　一七〇A〜一七一Dの議論、とくに一七〇Cと一七一Dへの参照である。

61　これはプロタゴラス流の相対主義が、現在の「あらわれ」と「考え」という限定した問題の局面では非常に強力であり、『テアイテトス』の議論全部が終わっても「相対主義の問題」はまだ最終的に解決しないこと（247頁注14参照）を認める発言である。他方、過去・現在・未来を生きる人間にとって、とくに未来の問題にかんして、相対主義は間違っていて有害だとする点で、ソクラテスとテオドロスは一致する。〔解説〕第三節参照。

それらの考えはきっと、過誤のゆえに捕まることなどないのでしょうし、これらが明白であり、知識であると主張する人々はたぶん、有るもの［である真理］を語っているのかもしれません。そして、このテアイテトスが「知覚と知識は同一である」と考えたときもまた、しっかり的を外さずに語っていたのです。 D

そこで、プロタゴラスに代わってわたしがおこなった言論が指令していた[62]とおりに、もっと近くにまで迫らなければならないのです。そしてこの「動きつづける有」を［陶器のように］叩いてみて、それが大丈夫か、それともそうでないかを、鳴る音で調べなければなりません。それに、有をめぐる戦闘[63]はこれまで、小競り合いではありませんでしたし、数少ない人々のあいだの戦いでもありませんでした。

（6）万物流動説の論駁

二七

テオドロス　小競り合いだなんて、とんでもないことです。イオニアにおいてなら、むしろかれらの戦いは激しくなってさえいます。なぜなら、ヘラクレイトスの仲間たちが「「合唱隊」を」先導して、その教説を、声も高らかに歌い上げているからです。[64]

ソクラテス　それでは、なおさらのこと、親愛なるテオドロス、かれら自身が提示しているとおりに、その点をまた、そもそもの初めから、[65]調べなければなりませんね。 E

テオドロス　はい、まったくそのとおりです。実際、これらのヘラクレイトス的な教説について、あるいはあなたの言い方では「ホメロス的な」教説、もしくは、さら

62　一六七D～一六八C、とくに一六八A～Bを参照。
63　この主題は、つづく『テアイテトス』一七九D～一八三Cと、『ソフィスト』二四一B以下で論じられる。
64　たとえば、ヘラクレイトス派のクラテュロスは、「同じ川に二度足を踏み入れることはできない」と言った師匠のヘラクレイトスを修正して「一度も足を踏み入れることはできない」と「流動」をさらに強調したとアリストテレスは伝えている。『形而上学』Γ《ガンマ》（第四）巻一〇一〇a七～一五。
65　一五六Aの「すべては動いている」という原則に戻って議論する、という意味。

に昔にさかのぼる教説について、経験があると装うエフェソス[66]の人々自身とは、狂った人と話を交わすのと同じで、なにもほんとうの中身がある話を、交わすことができません。

なぜなら、かれらはヘラクレイトスの著作の文字のとおりなのでして、まさに動いてしまって、言葉と問いに「とどまる」ことと、静かに順番を守って答え、問うことは、「まったく内在していない」どころか、それ以下なのです。いや、失礼。この連中にはまさにほんのわずかの静止すら内在していないということが、単純な事実です。かれらに静止が「『まったくない』こと以下」だというように「ヘラクレイトスたちの言い方に、つい影響されて」言ってしまうことは、それに比べると、むしろ誇張にすぎません。

あなたがかれらのうちのだれかに、なにごとか質問すれば、かれらはいわば、矢筒から謎めいた小粋なせりふという矢を引き出し、それであなたを、射るのです。そして、あなたがこのことについて、「それは何を意味していたのか?」と説明を得ようとするなら、あなたは別の新しくでっち上げられた言葉によって、射られるのです。あなたはかれらのだれ一人に対しても、なにひとつのことをも、けっして一度だって、達成しないでしょう。かれら自身のほうでも、互いに対してなにも達成できないのでして、かれらは「確かなもの」をなにひとつ、言葉においても自分の心の中にも許容しないようにと、きわめて厳重に警戒しています。B
それは、わたしが思うにかれらが、「確かなもの」とは静止的なものだ、と考えているからです。かれらはこの静止的なものに対して、激しく戦っています。そしてこれを、できるだけあらゆるところから排除しようとしているのです。

ソクラテス　テオドロス、あなたはおそらく、この男たちが戦っているところを見たので、平和に暮らしているときには付き合わなかったのでしょう。かれらはあなたの仲間ではありませんからね。でも、わたしが思うにかれらは、自分と似た人間にしようと思う弟子たちに、時間に余裕のある折には、この種のことを説明しているのではないでしょうか。

テオドロス　どんな「弟子」たちに、と言われるのですか、あなたともあろう方が？　この種の人々のだれかがほかの者の弟子になる、ということもありません。かれら C

66　エフェソスはヘラクレイトスが活躍したイオニア地方の町。

は自動発生的に、かれらのそれぞれがたまたま神憑《かみがか》りになるいかなる場所からでも「生えてくる」のです。それでだれも、ほかの者が何かを知っているなどと、考えていませんよ。それゆえ、あなたはかれらのもとから、わたしが先ほど言おうとしたとおりに、進んでにせよ、嫌々にせよ、けっして「明確な」説明規定[67]を受け取ることができません。

むしろ、「問題」として差し出された幾何学定理の問題のように、自分たちでその問題を引き受けて考察しなければならないのです。

ソクラテス　これはまたぴったり適切なことをあなたは言われました。われわれはまた、まず韻文のために多くの人々には真意を隠している、古人たちのもとから「問題」を受け継いでいます。そうでしょ？　すなわち「ほかのすべてのものの起源は、オケアノスとテテュスで、かれらは流れなのであり、けっしてとどまらない」[68]。　D

また、より知恵があるがゆえにおおっぴらに「証明」している後代の人々のもとからも、受け継いでいますね？　かれらがこうして証明したのは、靴作りの人々もかれらの知恵を聞いて学び、有るもののうち或るものは静止しているが、また或るものは動いているというように、愚かにも考えてしまうことをやめ、「すべては動きつづける」ということを学んで、かれらを尊敬するためなのです。

でも、わたしはもう少しで、テオドロス、ほかの人々がかれらと反対のことを主張していたということを、忘れるところでした。

「万有」の名は、「まったく動かないもの」である……[69]

E

そして、ほかのメリッソスふうの人々やパルメニデスふうの人々が、先ほどの人々全員に反対して、すべては一つであり、動く場所ももたずに、自らのうちに静止しているというように主張している、そのすべてのことをね。

67　「説明規定」の原語はlogos。第三部二〇一C以下で本対話篇の主題になる。297頁注1参照。
68　一五二E参照。
69　ここ以外にはシンプリキオスのアリストテレス『自然学』注解にもある、パルメニデスのものと思われる断片だが、出典も意味内容も明らかでない。
70　サモス島出身の前五世紀エレア派の哲学者。
71　パルメニデス断片八～二八中にここと類似の主張がみられる。

それでは、かれら全員と、お仲間よ、いかに付き合ったらよいでしょう。なぜな
らわれわれは、少しずつ前に進んでいるうちに、気づかぬまま、双方の中間点に落
ちてしまったからです。したがって、もしわれわれがなんらかの仕方で自己防衛を 181A
して逃げなければ、罰せられるでしょう[72]。ちょうど、レスリング場で線をまたいで
そんな遊びをしている人々が、双方のチームによって、いた場所の逆側へと引きず
られるようにね。

そこでわたしには、そもそもわれわれがそちらに向かって出発した、「『万物は』
流動する」という主張の人々を、初めに考察すべきであると思えます。そして、か
れらがなにごとか意味のあることを語っていることが明らかになったら、われわれ
は、もう一方の人々から逃れようとしながら、自分たち自身の立ち位置をかれらの
側に寄せるようにするでしょう。その一方で、もし「全体」派の「パルメニデスに
近い」人々のほうがいっそう真実のことを語っているように思われるなら、動かし
えないものを動かしてしまうようなもう一方の人々から、かれらのほうへと、われ B
われは逃れてゆくでしょう。また、他方、両方ともなにも適切なことを語っていな
いと判明するときでも、われわれとしては、自分たちは劣った人間であるのになに

か意味のあることを語っていると考えつつ、昔の完全に知恵のある方々を失格とみなす、といったことをすべきではありません。そんな考えをもてば、そのわれわれがばかげた者に成り下がってしまうでしょうからね。

では、テオドロス、このように大きな危険に向かって進むことがよいのかどうか、考えてください。

テオドロス　……ええ、あの方々のそれぞれが何を語っているか、考察しないというのは、耐えがたいことですとも。

72　プラトンは『テアイテトス』の直前の『パルメニデス』において、パルメニデスと、その弟子で「飛ぶ矢は飛ばない」「アキレウスと亀」などの運動否定のパラドクスを考案したゼノンが、若い頃のソクラテスと対話したという設定の下で、その対話の議論を書き記している。また、『テアイテトス』を書き終えた後、つぎの『ソフィスト』二四三B以下で、ここの予告どおり、エレア派と流動説を同時に考察してゆく。

二八

ソクラテス　あなたがそのようにやる気満々なのですから、考察しなければならないでしょう。では、わたしには考察の端緒は、動きについて[73]、かれらがいったいいか C なることを語って「すべては動いている」と主張しているのか、ということだと思われます。

ここでわたしは、つぎのようなことを言いたいと思います。すなわち、かれらはなにか一つの種類の「動き」を語っているのでしょうか、それとも、わたしにあらわれるところではこうなのですが、二つの種類を語っているのでしょうか？　しかし、この厳しい論争で両派からなにかの攻撃をこうむらなければならないのならば、われわれが一緒にこうむるために、わたしだけにそう思われるというのではなく、あなたにも加わっていただかなければなりません。

わたしに答えてください。あなたは、なにかが場所から場所へ移動するとか、同じもののうちで回転するというとき、それが「動く」と言いますか？

テオドロス　はい、そう言いますとも。

ソクラテス　それでは、これがまず一つの種類であるとしましょう。他方、なにかが同じもののうちにあるが年老いるとか、白から黒になるとか、柔 D
らかいものから硬くなるとか、あるいはほかの質の変化をこうむる場合、これには別の種類の「動き」という言い方をするのが、適切ではないでしょうか？

テオドロス　ええ、たしかにそれは、そう言わなければなりません。

ソクラテス　そこで、これら二つ、つまり［質の］変化と［場所の］移動とが、動きの二種類であるとわたしは言います。[74]

テオドロス　それが正しい言い方ですね。

73　「動き」については、75頁注11参照。

74　プラトンのこの箇所は「運動変化の分類」の歴史上初めての試みのひとつ。アリストテレスは『自然学』第五巻第一章などにおいて、「動き（kinēsis）」として、ここで分類された「変化（性質変化）」と「移動（場所移動）」のほか、「量的増減」を加え三種類とした。かれはその上で、実体そのものの生成と消滅をも、これらとともに広義の「生成消滅、運動変化（metabolē）」の種類とみなした。

ソクラテス　それでは、このように分けたのですから、さっそく、「すべては動いて
いる」と主張する人々と対話し問答して、こう質問しましょう。
あなたがたは、すべてがこの両方の仕方で動いていると、つまり「移動しつつ変
化もしている」と主張しているのですか、それとも「両方の仕方で動くものもあれ E
ば、片方だけのものもある」と主張しているのですか？

テオドロス　神に誓って、このわたしは、自分で答えることができません。でも、思
うに、かれらは「両方の仕方で、なのだ」と言うことでしょう。

ソクラテス　そうでしょうね。実際、もしそうでないとすれば、お仲間、かれらに
とっては、明らかに、動いていて、しかも同時に静止しているということになり、
「すべては動いている」と語ることが、「すべては静止している」と語ることに比べ
て、正しさの点で全然まさっていないことになってしまいます。

テオドロス　ええ、あなたが語っているのは、この上なく真実のことです。

ソクラテス　それゆえ、すべてが動いているのでなければならないのであって、「動
いていないこと」は、なにもののなかにも成り立ってはならないのだから、それで 182A
すべてはつねに、すべての動きをしている、というわけです。

テオドロス　はい、そうでなければなりません。

ソクラテス　では、かれらのこの点を考えてください。温かさや白さや、ほかの任意のものの生成を、かれらはなにかつぎのように主張しているとわれわれは語りましたね？[75] これらのそれぞれは知覚と同時に、作用するものと作用されるものの中間で移動します。ここで、作用されるものは、知覚するものになるのであって、知覚にはならず、作用するものは「一定性質の」なんらかのものになるのであって、「性質（いかなるものであるかということ）[76]」になるのではない。

——さて、おそらく、「いかなるものであるかということ」は、一種異様な言葉

75　一五三D〜一五七C。

76　原語は poiotēs で、ここ以後「性質」を意味する術語となった。疑問詞 poios「いかなる？」からつくった抽象名詞で、原語を直訳すれば、「いかなるものであるかということ」程度の意味である。ラテン語でも対応する語源関係から、qualis「いかなる？」→ qualitas「性質」という術語が使われた。そしてこれが、quality などの「質」「性質」を意味する現代欧米語の語源である。

に思われるでしょうし、このように全部を一般的に語られても、お分かりにならないでしょう。そこで、いくつかの例により話をするので、聞いてください。 B

つまり、たとえば作用するものは、温かさにも白さにもならず、温かいものや白いものになるのです。ほかのものでも同様です。あなたはきっと、先ほどの議論でわれわれがこのように語ったのを、つまり、なにものもそれ自体としては一つのものではなく、また「作用するもの」と「作用されるもの」にしてもそのような一つのものではないのであって、これら両者は、互いに一緒になることから諸知覚と知覚されるものを生みだし、一方の「知覚される」もののほうは、かくかくの性質を帯びた「「いかなるものか?」という問いに答える」ものになり、他方のものは「知覚するもの」になるというように語ったのを、記憶しておられるでしょう。

テオドロス　憶えていますよ、もちろん。

ソクラテス　そこで、ほかのことについてかれらが別の語り方をするか、このとおりに語るかは放っておきましょう。われわれの議論の目的となっているものだけに気 C
をつけて、このように質問しましょう。

あなたがたの主張では、すべてのものは動いており、流動しているのですね?

そうでしょう?

テオドロス　はい、そのとおりです。

ソクラテス　すべては移動しており、また変化していて、われわれが分類した両方の動きをしているのでしょうか?

テオドロス　はい、もちろんそうです。いやしくもすべてが完全に動いているのでなければならない以上、そうなります。

ソクラテス　それでは、かりにすべてのものは移動しているだけで、変化していないとしたら、われわれはきっと、それらの移動しているものが、「いかなるものであって流動しているか?」ということを語ることができたはずです。

あるいは、どう言いましょうか?

テオドロス　そのとおりでけっこうです。

ソクラテス　しかし現実には、その点でさえとどまっていないのであって、つまり、 D
流動しているものが、白いものとして流動しているということさえないわけです。
むしろその点で移ろってしまい、その結果、これそのものにも、すなわち白さにも、
流動と、ほかの色への移ろいがあることになります――この「白さの」点で「その

ままとどまっている」現場を押さえられて論破されないためですが。

こうである以上、およそなんらかの色を言って正しい、ということさえ、まったく不可能なのではないでしょうか？

テオドロス　そう言える、なんの方策もありません、ソクラテス。また、ほかにこの種の何かを言うこともできないでしょう。言うその都度「流れてしまう」ので、いつのまにかどこかへすり抜けていってしまうのですからね。

ソクラテス　それなら、知覚については、われわれはどのようなことを言えるでしょうか。たとえば、見ていることや聞いていることの感覚について。これらが、見ていることそのこと、もしくは聞いていることそのことのうちに、或るときじっととどまると言えるのでしょうか？

テオドロス　いいえ、そう言ってはいけません。すべてが動いている以上は。

ソクラテス　したがって、見ていないということ以上に「見ている」とも語るべきではないし、なんらかのほかの感覚で知覚していないということ以上に「そう知覚している」とも語るべきではありません。もともと、すべてのものがあらゆる仕方で動いているのですから。

E

テオドロス　ええ、そうですね。

ソクラテス　しかし、わたしとテアイテトスがともに主張していたところでは、知覚が知識なのでした。

テオドロス　はい、そうでした。

ソクラテス　したがって、「知識とは何か?」と問われて、知識でないもの以上に、知識であるものを、なにもわれわれは答えていなかったことになりますね。

テオドロス　……どうやら、そのようですね。

ソクラテス　「知識とは何か?」へのあの「「知識とは知覚である」という」答えが正しいと判明するように、われわれは「すべては動いている」と論証しようと熱心になっていましたが、その答えは、ものの見事に修正されることになったのかもしれません。

むしろ、もしもすべてが動いているのなら、明らかに、いかなる主題について人が答えようとも、「このようである」という答えも「このようであるのでは、ない」という答えも、すべて同等に正しいということになってしまいました。いや、かれらを言論において静止させないために、お望みなら「このようになる」云々と言う

183A

べきでしょうが。

テオドロス　ええ、おっしゃるとおりです。

ソクラテス　ただし、わたしはまだ、テオドロス、「このようにで
なく」と語ってしまっています。しかし、ほんとうは「このように」とも、語るべ
きではないのです。なぜなら、そう語ってしまうと、「このように」ということが、 B
それでもう、動かなくなってしまうからです。また、逆に「このようにでなく」と
も語るべきでなく、それは、そうすると、その点が動かなくなるからです。
——むしろ、この説を語る人々は、なにか別の言語をつくらなければなりません。
現状ではかれらは、かれらの想定にかなうような言い回しをもっていないのですか
ら。——ただしこのことは、「このようにでなく」で純粋に無限定なあり方を表現
しておき、そのことにより、あるいはひょっとしてかれらの調子にもっとも合うか
もしれないということを、今のわれわれの議論から除外してのことですがね。[77]

テオドロス　ええ、きっとその言い方こそ、かれらの説にもっとも適した特殊な言い
方ではあるでしょうね。

ソクラテス　それではこれで、テオドロス、あなたの仲間のプロタゴラスから、われ

われはお別れします。われわれはかれに、或る人間が知ある人であるのではないかぎり、どのような人間も万物の尺度であるとは、まだ同意できません。また、万物が動いているという考え方を根拠にして、「知識とは知覚である」ということにわ C
れわれが同意することもないでしょう。もしこのテアイテトスが、なんらかほかの意味のことを語っているのでないならばね。

テオドロス　まことによいことを、あなたは言われました、ソクラテス。なぜなら、以上の件の片が付いたので、プロタゴラスの言論についての議論が終わる以上、わたしも約束どおり、あなたに答えることから解放されるべきですからね。

77　ホメロスに由来するとされたヘラクレイトス的流動説は、言語の破壊という結果を招くので受容できないという結論が、ここで出される。

（7）第一定義の最終論駁

二九

テアイテトス　いや、テオドロス、ソクラテスとあなたが「万有は静止している」と主張しているもう一方の人々を、前にお二人で問題にされた[78]とおり、詳しく論じるまでは、あなたは解放されませんよ。 D

テオドロス　おや？　テアイテトス、きみはそのまだ若い身で、年長のわれわれに対して、「同意を破って不正をなしている」と教えてやろう、と言うのかな？　そうではなく、残りの問題をソクラテスに対して説明できるように、自分で準備したまえ。

テアイテトス　はい、かれが望めば、そういたしましょう。しかし、わたしが申し上げていることについて伺えるのであれば、最高だったのですが。

テオドロス　まるで騎兵を平野に招き寄せる「そして議論で圧倒されてしまう」といっ

たことを、きみはソクラテスを議論へと招き寄せておこなおうとしているのだぞ。
それでは質問し、聴きたまえ。

ソクラテス しかしわたしが思うに、テオドロス、テアイテトスが話すよう要望している主題についてならば、わたしはかれの言うとおりには、できないでしょう。 E

テオドロス いったいなぜ、できないのですか？

ソクラテス まず、「万有は静止する一者である」と語るメリッソスやほかの人々に対し、わたしは、われわれがかれらの説を、俗世間の連中の仕方で考察してしまうのではないかと思って、恥を恐れます。が、それでもかれらにかんして尻込みするのは、あの堂々たる「一者」、パルメニデスに対する羞恥の気持ちほどではありません。

パルメニデスはわたしには、ホメロスの言葉を借りるなら、「われにとりて崇めるべきにして」同時にまた「畏《おそ》れおおい」人に思えます。[79] なぜならわたしは、まだ

---

78 一八〇C～一八一Bのやり取りのこと。

79 『イリアス』第三巻一七二行。

ごく若い頃、かなり高齢のあの方とご一緒しました。そして、かれはわたしには、完璧に高貴な精神的な深さといったものをもっている人のように思えたのです。[80] したがってわたしは、かれによって語られたことをわれわれが理解できないのではないかと心配しています。そして、それ以上に、かれがどのようなことを意図してそう語ったかということを、はるかに多く取り逃してしまうのではないかと、心配しているのです。

そして、わたしがもっとも恐れているのは、これです。つまり、われわれの議論がそれに向けて出発した、「いったい知識とは何であるか?」というあの問題が、あとから次々押し入ってくるもろもろの議論に耳を貸してしまうと、それで結局、考察できないままになってしまうのではないかということが心配なのです。とりわけ、今われわれが呼びさましかけている議論は巨大なスケールのものなので、もし人がおざなりに考察してしまうなら、価値に見あうだけの扱いを受けないことになるでしょう。[81] 逆に、もしこれを十分に考察するなら、その議論のほうが長くなって、もともとの知識の議論を見えなくしてしまうでしょう。

しかし、いずれもしてはなりません。テアイテトスが知識について孕んでいるも

184A

ろもろの考えを、助産の技術によって取り上げてやらなければなりません。

テオドロス　いいでしょう。あなたがそう思われるのでしたらそうすべきですとも。

ソクラテス　それでは、テアイテトス、これまでに語られたことについて、つぎのようなことを、さらに考察しなさい。　B

きみは「知覚が知識だ」と答えた。そうだね？

テアイテトス　はい。

ソクラテス　それでは、だれかがきみにこう尋ねたらどうだろうか？

「何によってきみは、白いものと黒いものを見て、何によって高い音と低い音を聞くか？」

わたしが思うに、きみは「眼と耳によって」と答えるだろう。

80　『パルメニデス』における老パルメニデスとソクラテスの対話を指すものと思われる。『パルメニデス』は本書『テアイテトス』の直前に執筆された作品。ただしパルメニデスとソクラテスが会って対話したという歴史的事実はない。

81　ここに書かれた事情から、知識論の『テアイテトス』につづいて存在論の『ソフィスト』が書かれなければならなかったと推測される。

テアイテトス　はい、わたしはそう答えます。

ソクラテス　語句表現について気にかけないこと、精確さにあまり凝らないということは、多くの場合卑しからぬことであり、それどころかこの逆［の細かさ］こそ自由人らしくないことだが、しかし時には、必要なことでもあるのだよ。ちょうど今も、きみの答えを、その正しくない点において捕まえておかなければならないのだ。 C
　考えてみてくれ。われわれが「それにより」見ているものが眼であるという答えのほうが正しいのだろうか、それとも、正しいのは、われわれが「それを通じて」見ているものが眼である、という答えのほうだろうか？　そして、われわれが「それにより」聞いているものが耳なのだろうか、それともわれわれが「それを通じて」聞いているものが耳なのだろうか？

テアイテトス　眼や耳は、「それを通じて」われわれがそれぞれのものを知覚するようなものであると、少なくともわたしには思えます、ソクラテス、「それにより」というよりも。

ソクラテス　うん、そのとおりだ。なぜなら、もし多くの感覚が、トロイアの木馬の D
なかの兵士たちのように[82]われわれのなかに臥《ふ》して入っているだけなら、そして、

「魂」と呼ぼうが、あるいはどんな名で呼ぶべきだろうが、なにか一つのかたちのものへとこれらすべて[83]「の感覚」が結びつき、この一つのかたちによって、いわば道具[84]のようなそうした多くの感覚を通じて知覚されるものをわれわれが知覚する、というのではないのなら、恐るべきことに違いないからね。

テアイテトス　ええ、わたしには先ほどの答え方よりも、今のお答えのほうが正しいと思われます。[85]

82　トロイア戦争においてオデュッセウスの発案でギリシャ軍を勝利に導いた「トロイアの木馬」。敵のトロイアに木馬を贈り、その中に隠れていた兵士たちが城門をあけてギリシャ軍が総攻撃を仕掛け、一気に勝負がついた。「木馬」は複数形であり、その中にそれぞれ多くの「兵士」を含む、いくつかの「木馬」という含みである。「五官の感覚」のような複数感覚を表していると考えられる。

83　原語は mian tina idean で、idea(n) はここでは日常的な「一定種類のもの」という意味。

84　原語は organa（単数形 organon）で、「道具」という意味。ここでは感覚が道具とされるのに対し、アリストテレスとかれ以後、「感覚器官」を意味するようになった。

85　諸経験を一人の人のものとして統合する機能としての「魂」という考え方がここで述べられる。後のカントの「統覚（Apperzeption）の統一」という考えなどの遠い祖先にもあたる。

ソクラテス　以上のことできみに厳密を期してもらったのは、つぎのことのためだ。
つまり、われわれは、われわれ自身に属するなにか一つの同じものにより、眼を通
E じては白いものや黒いものに達していて、ほかのものを通じてはまた別のものに達
しているのではないだろうか？　そしてきみは、問われたならばこれらをすべて、
「身体のもの」とひとまとめにすることができるのではないか？
　そして、たぶん、わたしがきみのためにお節介を焼くよりは、きみがこうしたこ
とを答えて語るほうがよいだろう。そこで、わたしに答えてくれたまえ。きみがそ
れらを通じて「温かい」ものと「硬い」ものと「軽い」ものと「甘い」ものを知覚
するようなものは、それぞれが身体に属するものであるときみはみなすのではない
か？　あるいは、そのようなものは、なにかほかのものに属するのだろうか？
テアイテトス　いいえ、まさに身体に属します。
ソクラテス　ではまた、きみは、或る能力を通じてきみが知覚するものを、別の能力
185A を通じて知覚すること、たとえば、聴覚を通じて知覚するものを、視覚を通じて知
覚したり、[86]視覚を通じて知覚するものを、聴覚を通じて知覚したりするということ
は、不可能だと同意するだろうか？

テアイテトス　はい、もちろんそのように同意しようと思います。

ソクラテス　したがって、この両者についてなにか思考するとき、きみは一方の「道具」だけを通じても、またもう一方の「道具」だけを通じても、両者について知覚することはできない。

テアイテトス　はい、できません。

ソクラテス　そこで、音声と色について、初めにきみはこの両者について、まさにこのこと、つまり双方がともに「有る（ある）」ということを思考するだろう。

テアイテトス　ええ、わたしはそうします。

ソクラテス　また、それぞれがそれぞれと「異なり」、それ自身とは「同じ」であるとも、きみは思考するのではないかね？

B

テアイテトス　ええ、もちろん。

ソクラテス　また、両者が「二つ」であり、それぞれは「一つ」であることも？

テアイテトス　はい、それも。

86　色を聞く、音を見る等のことは、文字通りにはできないということ。

ソクラテス　また、双方が互いに「似ている」か「似ていない」かも、きみは考察することができるだろうね？

テアイテトス　ええ、できるでしょう。

ソクラテス　ではきみは、この両者についてこうした内容すべてを、何を通じて思考するのだろうか？　実際、これらについて共通なものを、[87]聴覚を通じても、視覚を通じても把握することはできない。さらに、つぎのこともまた、われわれが今問題として論じている事柄の証拠となる。すなわち、もし両者について塩辛いか否かということを考察することができるならば、きみは、何によって自分が考察するか、確実に語りうるだろう。そして、それは視覚でも聴覚でもなく、何かほかのものだ　C
と確実に思えるだろう。

テアイテトス　ええ、そうです。舌を通じた能力がそれです。

ソクラテス　立派な答えだ。しかし、それではすべてにおいて共通なものと、この両者において共通なものをきみに明らかにするのは、何を通じての能力だろう？　「共通なもの」とはつまり、「有る」ときみが呼ぶもの、「ありもしない」と呼ぶもの、そしてさらには、この両者についてわれわれが質問した事柄のことだが。

これらすべてに対し、われわれに属する知覚の力がそれぞれのものを知覚するのはそれを通じてであるようないかなる「道具」を、きみは申し立てることができるだろうか？

テアイテトス　あなたがおっしゃるのは、これらについて、「有」と「ありもしないこと」、それから「類似」と「非類似」、「同一」と「差異」、それからさらには、「一」とそのほかの数のことですね？　また、明らかにあなたは、「偶」と「奇」や、ほかのこれらの類いのものについて、いったい身体に属するようなもののうちの何を通じた上で、魂によりわれわれは知覚するのか、とお尋ねです。 D

ソクラテス　じつに見事に、テアイテトス、きみは話についてきている。わたしがきみに問うているのは、まさにそのことだ。

テアイテトス　しかし、神に誓って、ソクラテス、元来そのようなものなどなく、先のものたちに対してあったようには、これらには固有の「道具」はそもそもないの

87　原語は to koinon で、この「共通なもの」をプラトンはここで、諸感覚のいずれかを経由せず、純粋に魂によって認知されると考える。〔解説〕第五節参照。

であって、魂が自己自身を通じて、すべてについてそうした共通なものを考察して E
いるように、わたしには思えますが、このこと以外、このわたしは答えることができません。

ソクラテス　うーん、きみはじつに美しいよ、テアイテトス！　テオドロスが言ったようにきみが醜いなどということは、ないね。なぜなら、美しく語る者は、美にして善[88]なのだからね。

　また、美のことだけでなく、きみはきわめて長大な議論からわたしを解放してくれて、わたしに親切なことをしてくれもした。それは、魂が或るものを、自己自身を通じて考察し、また別のものを、身体に属する諸能力を通じて考察する、というようにきみにあらわれるとしてのことだが。なぜなら、これこそわたし自身にもずっとそう思えていることだったのだから。そして、わたしはきみにもそう思えるよう、望んでいるのだ。

テアイテトス　ええ、そしてわたしにはそう思えるのです。 186A

三〇

ソクラテス　それではきみは、「有」とはどちらに属するものだと考えるかね？　こう言うのも、これがもっともあまねくすべてのものとともに同行するからだが。

テアイテトス　わたしとすれば、魂自身がもっぱら自らの力により向かうもの[89]に属する、と考えます。

ソクラテス　「似ている」と「似ていない」、「同じ」と「異なる」についても、そう

88　原語は kalos te kai agathos で、ギリシャ語では「この上なく立派な人」という意味の讃辞。冒頭の一四二Bに出てきた句と同じ成句である。27頁注3参照。

89　「自らの力により」の原語は kath' hautēn で、「自己自身を通じて（di' hautēs）」というここ以前の言い方とは違っている。「自己自身を通じて」は視覚や聴覚などの感覚「を通じて」という経験と同じように「あること」「同じ」「異なる」「似ている」「一つ」「二つ」などの経験を表現する言い方だが、厳密には魂は諸感覚と同列の「手段」や「道具」のようなものではないということが、言い換えの動機である。

なのかな？

テアイテトス　はい。

ソクラテス　では、これはどうだろうか？　「美しい」と「醜い」、「善い」と「悪い」だが？

テアイテトス　それらもそこに属します。わたしには、これらの事柄のうちにおいて
も、魂はもっともすぐれて、魂自身のうちで過去の事柄と現在の事柄を未来の事柄
との関連において総合的に推理しながら、それらの事柄の「有」を相互関係のなか B
で考察するように思えます。[90]

ソクラテス　ちょっと待ちなさい。魂は硬いものの硬さを、触覚を通じて知覚し、柔らかいものの柔らかさをも同じように知覚するのだね？

テアイテトス　はい。

ソクラテス　これに対して、こうしたものの「有」とこれらが「有ること」と、これら同士の「反対性」とその反対性のまた「有」を、魂自身が相互に顧みながらまとめ上げ、われわれのために判定しようとする。

テアイテトス　はい、まったくそのとおりです。

ソクラテス　それゆえ、まず一定のものは、生まれてすぐに人間にも獣にも、これを知覚できる力が自然本性的にすでにそなわっている。身体を通じて魂に届くかぎり C
のもろもろの体験がそれだ。しかし他方で、有（存在）と有益さ（善）という観点にてらしてのこれらの事柄にかんする総合的な推理は、そうした推理がそなわるような生き物にも、長時間かけて、また多くの困難と教育を経て、やっとのことでそなわるのではないだろうか？[91]

テアイテトス　はい、まったくそのとおりです。

ソクラテス　それでは、有にも行き当たらないものが、真理にうまく行き当たることがありうるのだろうか？

90　以前の議論においてソクラテスは、「善」「有益性」などが表す価値は、未来に向けて特殊な特質をもち、絶対的知識の有無が問題になる領域だとした。そしてその点を、プロタゴラスの相対主義にソクラテスたちが反論を述べる際の最終根拠としていた（一七七C～一七九D）。

91　推理能力がある人間の場合でも、有と善は、能力の長い鍛錬の末に十分に把握される、とする主張。『テアイテトス』の以後の議論と、『ソフィスト』などの前提となる主張である。

テアイテトス　不可能です。

ソクラテス　しかし、或る事柄の真理に人が行き当たらないときに、その人がその事柄を知る者になるのだろうか？

テアイテトス　いいえ、そんなことは、まったく不可能ですよ、ソクラテス。 D

ソクラテス　したがって、知識はもろもろの体験[92]のなかには内在せず、それら体験をめぐる推理[93]のうちに内在する。なぜなら、この領域では有と真理にふれることが可能だが、あちらの領域では、それは不可能だからである。

テアイテトス　はい、そう思えます。

ソクラテス　それでは、両者にこんなにも差異があるのに、きみは、あれとこれとを、同じだと言うかな？

テアイテトス　いいえ、そんなことは全然正しくありません。

ソクラテス　それではあれに、つまり見ること、聞くこと、嗅ぐこと、寒く感じること、熱く感じることに、きみはどのような名をあてるかな？

テアイテトス　わたしは「知覚する」と呼びます。ほかの名はありませんから。 E

ソクラテス　するとそれ全体のことを、きみは「知覚」と呼ぶのだろうね？

テアイテトス ええ、そう呼ばなければなりません。

ソクラテス まさにそれこそ、われわれの主張では、真理にふれえないものなのだ。なぜなら、知覚は有にもふれえないからだ。

テアイテトス はい、そのとおりです。

ソクラテス それゆえ知覚は、知識にもふれえない。

テアイテトス はい、ふれえません。

ソクラテス したがってこうして、テアイテトス、知覚と知識とはけっして同じになりえないのだ。

テアイテトス ええ、そのようにみえますね、ソクラテス。そして、今とくに知識は知覚とは別であることが、もっとも明瞭になりました。

92 原語は pathēma。一回的な体験でこうむる事柄。

93 原語は sullogismos。諸体験にかんする人間に特有の知的な推論、推理のこと。

第二部　知識の第二定義「知識とは真の考えである」の提示と批判

一　第二定義と、「虚偽は不可能である」とする難問

(1)第二定義の提案、および知と不知の二分法に基づいて「虚偽は不可能である」とする議論

ソクラテス　しかしわれわれは、知識とはいったい何でないかを見つけ出すということのために対話を始めたのではけっしてなく、何であるかを見つけ出すために始めたのだ。けれども、われわれは少なくともここまでは、前進した。すなわち知識を、知覚のところではいっさい探さず、あの名称、つまり魂がさまざまな有るものをめぐってもっぱらそれ自体の力でかかわるという場合に、魂がもつなんらかの名称を目当てにして探し求める、というところまではね。

テアイテトス　ええ、そうです。そしてソクラテス、それはわたしが思うには「判断

187A

することと」と呼ばれています。

ソクラテス きみ、その考えは正しいよ。それでは、初めからもう一度、ここまでのすべてを消し去って、ここに進んできた結果、きみがよりよくものが見極められて B
いるかどうか、調べてみよう。

それでは再度、知識とはいったい何か、答えなさい。

三一

テアイテトス 虚偽の考えというものもありますから、考えの全体が知識だと語ることは、ソクラテス、不可能です。しかし、真の考えであれば、きっと知識でしょう。わたしの答えはこれにしておきます。先に進んで今のようには思えなくなったら、そのときにはほかの答えにすることもできるわけですから。

ソクラテス そうそう、そのようにあくまで前向きに答えようとすべきなのだ、テアイテトス。初めのように答えをためらうよりは、その態度でゆくべきだな。なぜなら、われわれがこのやり方で進める場合、つぎの二つの場合のいずれかだからだ。 C

つまり、われわれは、自分が目的としてそちらに向かっているところのものを首尾よく見つけるか、あるいはそうでなくとも、自分が全然知らないものを、知っていると思うことが少なくなるか、このどちらかである。そして、後の場合のようなことだって、だれも非難しようのない立派な報酬だろう。

それでは、今きみが主張していることは何だろうか？　考えには二つの種類があって、一方は真であり、他方は虚偽であるが、これらのうち真の考えが知識である、ときみは定義しているわけだね。

テアイテトス　はい、わたしとしてはそうです。今回はわたしには、それが知識であると思われますから。

ソクラテス　それでは考えについて、今のこの機会にもなお取り上げるのがふさわしいのかどうかだが、……

テアイテトス　あなたが言おうとしたことは、いったいどういうことですか？

ソクラテス　今もほかの機会にも、しばしばそれがわたしの心をかき乱して、自分ひとりで考えているときにも、ほかの人との対話においても、猛烈に厄介な難問に悩まされているほどなのだよ。われわれのもとにある、あの状態がいったい何であり、 D

それはいかにしてわれわれの心に生じるのかということを説明することが、できないものでね。

テアイテトス　いったい、どのような状態のことで、あなたはお悩みなのですか？

ソクラテス　なにか虚偽を判断する、ということの問題なのだ。わたしは今もなおきめかねていて、考えているのだ。その難問を論じないまま放置しようか、それとも、少し以前[1]とは別の仕方で、それを考察しようかでね。

テアイテトス　もちろんそれを考察すべきですとも、ソクラテス。とにかくなんらかの点でそうすべきであるとあなたが考える以上、そうすべきです。なぜなら、先ほどあなたとテオドロスが暇について、この種の事柄においてはなにもわれわれを急かせてはいないと言われたのですが[2]、あのご発言は正しいからです。

ソクラテス　ほほう、よく思いださせてくれたね。そうだな。前に自分で走った走路 E

1　一六七A～B。
2　一七二B～一七七Cの脱線議論の際の、一七二B～C、一七三B～Cにおける対話者二人の態度のこと。

に戻るようにするのも、今はおそらく、時期外れではないだろう。なにしろ、わずかのことを立派に仕上げることのほうが、たくさんのことを不十分にしか仕上げないよりも、すぐれているに違いないのだからね。

テアイテトス　はい、そのとおりです。

ソクラテス　それでは、どのようにしようか？　そもそも虚偽の考えというものについて、われわれはいったい、どのように語っているのだろう？

——われわれが主張するには、「虚偽の考え」というものがその都度存在するのであり、われわれのうちには、虚偽の事柄を判断する者もいるし、また真の事柄を判断する者もいる、そして、そうであるのは、これらが、「約束や、ただの取り決めの問題ではなく」そもそも自然本性からして真と虚偽になっているからである。——こんなところではないだろうか？

テアイテトス　はい。それがわれわれの主張ということで、間違いありません。

ソクラテス　それではすべてをめぐって、また個別にも、われわれにおいて、知っているか、知らないかのどちらかである、というようになっているのではないだろう
3 か？　このように言うのは、この二つのあいだには「学ぶこと」と「忘れること」

188A

があるけれども、今のところわたしは、これらを無視するからなのだ。というのも、
これら二つのことは、現在のわれわれの議論には、まったく関係しないからである。

テアイテトス　ええ。しかも、ソクラテス、判断の個々のケースを取ってみれば、知っているか、知らないかということ以外、ほかにはなにも残ってはいません。

ソクラテス　それでは、判断する人は、かれが知っているもののどれかを判断するか、あるいはそうでなければ、知らないもののどれかを判断するかのいずれかであることが、ただちに必然となるのではないか？

テアイテトス　はい、必然です。

ソクラテス　しかるに、或ることを知っていながら同じそのことを知らないということも、知らないで知っているということも、不可能である。[4]
B

テアイテトス　ええ、もちろんです。

3　「（或る特定の事柄を、或る特定の人は、或る特定の時点と観点で）知っているか、知らないかである」という主張は、「排中律」と呼ばれる原則の適用例である。

4　「同じものを（同時に、またまったく同じ観点において）知っていながら、知らないということは不可能である」という主張は「矛盾律」の適用例。133頁注7参照。

ソクラテス それでは、虚偽を判断する人は、（1）自分が知っているもののなにかを、その当のものではなく、これまた自分が知っている、それとは別のなにかであると思い、こうして両者を知っていながら、その一方で両者とも知らないのかね？

テアイテトス いや、そんなことは不可能です、ソクラテス。

ソクラテス するとかれは（2）自分が知らないなにかが、これも自分が知らない、それとは別のなにかだと考えるのだろうか？ このことはつまり、テアイテトスもソクラテスも知らない人が、ソクラテスはテアイテトスだ、あるいはテアイテトスはソクラテスだといったことを、自分の考えに入れるということなのだが？

テアイテトス いいえ、そのようなことは絶対にありえません。 C

ソクラテス その一方で、（3）人がいやしくも知っているものであれば、それを、その人が、自分で知らないなにかだとはきっと思わないし、逆に（4）自分がそもそも知らないなにかを、自分が知っているなにかだとも思わないだろう。

テアイテトス はい、だれかがそのようなことを思うとすれば、それこそ驚異でしょうね。

ソクラテス それでは、虚偽を判断することは、この上、いかにして可能だろうか？

なぜなら、いやしくもすべてのことについてわれわれが、知っているか、知らないかのいずれかであるならば、以上の場合以外に判断をおこなうことは不可能なのであり、しかもその一方で、これらの場合のどれにおいても、虚偽を判断することは不可能だと思われるからである。

テアイテトス　ええ、まったくおっしゃるとおりです。[6]

5　これは、「判断する人は、自分の判断に入る項を、すべて『知って』いなければならない」という、判断や考えの形成にかんする原則の適用例である。

6　以上の議論は、つぎの場合分けによる。
（1）知っている何かを、別の知っている何かだと思う
（2）知らない何かを、別の知らない何かだと思う
（3）知っている何かを、別の知らない何かだと思う
（4）知らない何かを、別の知っている何かだと思う
（3）もしくは（4）は可能だという指摘が後になされる（一九一B）。しかしプラトンは最後に、この場合分けによる虚偽不可能論は有効に反論されなかったと言うので（二〇〇A〜C）、かれ自身の態度は、四分類によるこの議論には根本的な問題点が隠されている、というものだろう。解釈の問題については、〔解説〕第六節参照。

（2）人は「ありもしないもの」に心でかかわれないがゆえに、虚偽は不可能であるとする議論

ソクラテス　そうすると、われわれが探究しているものを、以上のように、つまり「知っている」ことと「知らない」ことの区別を手掛かりにして進んでゆくという D
やり方で考えるべきではなく、むしろ、「有る」ことと「ありもしない」ことの区別を手掛かりにして考察すべきなのではないか？

テアイテトス　そうおっしゃるのは、どのような手掛かりのことでしょうか。

ソクラテス　いかなるものについても、「ありもしないこと」を判断するならば、その人の思考にかかわる事情がそれ以外の点でどれほどまともであろうと、虚偽を判断することにならざるをえないというのが、単純な事実ではないのかね。

テアイテトス　ええ、それもまた、非常にもっともな考えに思えます、ソクラテス。

ソクラテス　では、どうだろうか？　だれかがわれわれにこう尋ねたとしたら、テアイテトス、われわれはどう答えようか？

「しかし、今言われたこと、つまり、人間のだれかが有るもののどれかについてであれ、それ自体においてであれ、『ありもしないものを判断する』などということが、人間にとって、そもそも可能なことなのかね？」

この発言に対して、われわれはきっと、「いや、思っていて、真でないことを思っているときには、人はまさにそのような判断をしているのです」と主張するだろう。それとも、どう答えようか？ E

テアイテトス そう答えるでしょう。

ソクラテス どこかほかの事例でも、これに似たことは、あるだろうか？

テアイテトス どのようなことでしょうか？

ソクラテス つまり、人がなにかを見ていながら、なにも見ていないといったことだが。

テアイテトス そんなことは、ありえません。

ソクラテス そのようなことはありえなくて、むしろ、もし人が一つのなにかを見ているならば、かれは有るもののうちのなにかを見ているのだ。それともきみは、「一つのもの」が、ありもしないものに属すると思うのかね？

テアイテトス　いいえ、そうは思いません。

ソクラテス　したがって、一つのなにかを見る人は、なにか有るものを見ている。

テアイテトス　はい、明らかにそうです。

ソクラテス　それゆえまた、一つのなにかを聞いている人ならば、有るものを聞いてもいるわけだ。

テアイテトス　はい、そのとおりです。

ソクラテス　したがって、一つのなにかにふれている人なら、一つのものにふれているからには、有るものにふれてもいるのだね？

テアイテトス　はい、それも、そのとおりです。

ソクラテス　それでは、判断する人だが、この人もまた、判断するなら、一つのなにかを判断するのではないだろうか？

テアイテトス　そうでなければなりません。

ソクラテス　しかし、一つのなにかを判断する人なら、なにか有るものを判断するのだね？

テアイテトス　ええ、わたしもそのように思います。

189A

ソクラテス　それゆえ、ありもしないものを判断する人は、なに［一つ］も判断しないのだ。[7]

テアイテトス　はい、そう思われます。

ソクラテス　しかし、なに［一つ］も判断しない人は、そもそも判断すらしていない。

テアイテトス　ええ、それは明らかです。そう思えますね。

ソクラテス　したがって、もろもろの有るものについても、それ自体においても、ありもしないものを判断するということは、ありえないのだ。[8]　B

7　「太郎が一つのものを判断するならば、有るものを判断する」が成り立つとき、「太郎が有るものを判断しないならば、一つのものを判断しない」も成り立つ。ギリシャ語では「有るものを判断しない」は「ありもしないものを判断する」に近いと感じられた。さらに「なに［一つ］も（oud'hen）判断しない」という、つぎの発言に現れるギリシャ語単語 oud'hen ないし ouden は英語の nothing にあたり、この句の直訳は「なにも判断しない」だが、ギリシャ語ではこの組合せは成句的に「無意味なことを判断する」「判断になっていないのに、判断したつもりである」という意味になる。

8　「もろもろの有るものについて」と「それ自体において」については、〔解説〕第六節437頁注31参照。

テアイテトス　はい、そのように思われます。

ソクラテス　それゆえこうして、虚偽を判断することは、「ありもしないものを判断すること」とは別なのである。

テアイテトス　はい、別に思えます。

ソクラテス　したがって、この進み方においても、また、少し前にわれわれが考察した仕方においても、虚偽の考えはわれわれには、内在していないということになる。

テアイテトス　はい、まったく内在していません。

(3)「思い違い」として虚偽を考えるが、これにも無理があること

三二

ソクラテス　そうすると、むしろわれわれは「虚偽の考え」という呼称を、心のなかでつぎのような仕方で成立する事柄の名として、使っているのではないだろうか？

テアイテトス　どのように成立する事柄ですか？

ソクラテス　われわれは、考えが「別のものを思うような、思い違い」であるときには、それを虚偽と言っているのだ。

C つまり、人が有るもののうちのなにかを自分の思考過程[9]において取り違えてしまって、その結果、有るもののうち、それとは別のなにかであると主張する場合が、それだ。なぜなら、このような経過の場合、その人は、その都度その都度有るものを判断してはいるのだが、しかし今回は或る有るものの代わりに、それとは別のものを判断している。そして、このように自分が狙ったものを外したのだから、この人は「虚偽を判断している」と呼ばれるのが正しいことになるからだ。

テアイテトス　わたしにはあなたが今、まったく正しいことをおっしゃったように思えます。なぜなら、だれかが美しいものの代わりに醜いものを判断したり、醜いものの代わりに美しいものを判断したりするとき、そのときこそその人は、真実ほんとうに虚偽を判断しているのですから[10]。

9　原語は dianoia で、以下の一八九E～一九〇Aにおいて、心のなかの無言の対話問答の過程として規定される。そして、その過程の結果出される心の結論が、考え（doxa）とされる。

ソクラテス　ふむ、明らかにきみは、テアイテトス、わたしを軽く見ていて、怖いと思っていない。
テアイテトス　え？　どんなところがとくにそうだと言われるのですか？
ソクラテス　わたしが思うに、きみはわたしが、きみが言った「真実ほんとうに虚偽の事柄」に対して、文句を言えない、と思っているようだね。そしてきみは、わたしが「『遅く速い』とか『重く軽い』とか、あるいはこれ以外にも、自己自身の性 D
質［速さなど］によってではなく、自己と反対のものの性質［遅さなど］によって反対のほかの状態になる［遅くなる、など］ことがありうるか？」と尋ねることはない、と思っているようだ。
だが、せっかくきみがやる気を出しているのに、そのやる気が無駄に終わらないように、今は、この点についてこれ以上はふれないようにしよう。
ともあれ、きみが言うには、虚偽を判断するとは、「別のものを思う、思い違い」のことだとする説明は、気に入った、というわけだね？
テアイテトス　はい、そのとおりです。
ソクラテス　するときみの意見では、なにか或るものを、そのものとしてではなく異なるものとして思考において想定することは、可能なのだな？

テアイテトス　はい、もちろん。

ソクラテス　それでは、或る人の思考がそのように想定するとき、思考はこれらの取 E
り違えられる二つの項の両方を思考するか、さもなければ片方のみを思考するかのどちらかであることが、必然ではないだろうか？

テアイテトス　はい、それは必然です。事実、同時に両方を思考するか、さもなければ順番にその都度片方のみを思考するか、しかないのですから。

ソクラテス　きみのその答えは非常に立派だ。しかしきみは、「思考すること」を、わたしと同じ意味で語っているのだろうか？

テアイテトス　では、あなたはどんな意味で語っているとおっしゃるのですか？

ソクラテス　わたしは、思考とは、なんであれ自分が考察するものについて、魂が自

10　ここで表明されるテアイテトスの素朴な賛意は、「思い違い」という発想が虚偽の説明として人々の直観に合っていることを示している。同時にかれが、美醜や正・不正などの言い争いこそ、「真偽の問題」が典型的に発生する日常の場面であると考えていることも示唆する。

分自身を相手にかわす言葉[11]である、と言う。ただし、わたしはきみに対してこう態度を表明するが、それはあくまでこの事柄に無知な素人としてのことだ。実際、魂が思考するとき、それは自分に問い、答え、肯定し否定して、対話しているということにほかならないというように、わたしには思われる。しかし、ゆっくりであれ、素早くであれ、いったん魂が或ることにきめてしまい、すでに同じ一つの結論を主張していて、もうためらい迷ってはいないならば、そのときわれわれはこれを、魂の考えであると定める。それゆえ、わたしは判断することとは、語ることだと言う。また考えとは、語られた言葉だと言う。ただしそれは、ほかの人に対して語られる言葉でもなければ、声に出して語られる言葉でもない。むしろ沈黙のうちに、自らに対して語られる言葉なのである。[12] それで、きみのほうは思考を、何であると言うのかね。

テアイテトス　はい、わたしもそう語ります。

ソクラテス　そうすると、人が或るものを、それと異なるものだと判断するとき、その人はまた自分に対して、或るものは、それと異なるものだと言ってもいる、ということになるように思えるね。

テアイテトス　ええ、そうなりますね。

ソクラテス　それでは、きみは、いつか自分自身に対して、美しいものはなんといっ B
ても醜いとか、不正なものは、それこそが正しいとか言った記憶があるだろうか？
考えてごらん。[13]あるいは、もっとも一般的に言えば、かつてきみは、或る一方のものは、そりゃあなんといってもそれと異なる他方のものだ、というように自分に言いきかせようとしたことが、あるかな？　考えてみたまえ。

11　原語はlogosで、この語のもっとも広い、ポピュラーな意味で使われている。

12　「思考dianoia」という心の対話問答の過程の末に心が一つの結論をきめるときに、心のなかにある結論の「言葉logos」が「考えdoxa」である、という説明。『テアイテトス』のこの箇所と一見よく似た主張が、つぎの『ソフィスト』二六三E～二六四Aでも述べられる。ただし『ソフィスト』では、「logos」は「言明」ないし「文」であり、「なにかについて・なにかを・語る」という基本構造のもとで押さえられる。そして、自己との対話のような思考過程を経た「doxa」も、「なにかについて・なにかを・判断する」という主語と述語の構造をもつ「判断」であり、同じ基本構造という限定のもとで「言明logosの一種」だとされている。

それとも、実際にはまったく逆であって、きみは眠っているときでさえ、奇［数］はぜったいにそれこそ偶［数］であるのだなどとも、ほかのこの類いのことも、自分に対して、けっして言おうとしなかったのではないだろうか？

テアイテトス　はい、そうです。そのようなことはまったくありませんでした。

ソクラテス　では、他人の場合はどうなのだろう？　正気にせよ狂気にせよ、他人は C
馬が必然的に牛だとか、二が一であることは必然だとか、まじめにそのように自分に対して言って自分を説き伏せようとすると、きみは思うのだろうか？

テアイテトス　いいえ、神かけてわたしは、そのように思いません。

ソクラテス　すると、もし「自分に対して語ること」が判断することであるなら、両方のもの［AとB］を語って判断し、そのように［AとBの］両方に魂でふれている場合には、だれも或るもの［A］がそれと異なるもの［B］だとは語らないだろうし、そう判断しないのだろうね。

そして、［「或るもの、異なるもの」を使った］この抽象的な言い回しを、今はきみ
も大目に見なければならないよ。わたしはこの言い回しを、ただ単に、だれも醜い D
ものが美しいと判断しないし、またほかのこの類いの事柄をも判断しない、という

一般的な主張をするために使っているだけだからだ。

テアイテトス　ええ、大目に見ます、ソクラテス。そしてわたしには、あなたがおっしゃるとおりであると思われます。

ソクラテス　したがって、まず「AとB」両方のものを判断している場合には、或るもの［A］がそれと異なるもの［B］であると判断するなどということは、不可能である。

テアイテトス　そう思えます。

ソクラテス　しかしつぎに、一方［A］のみを判断し、もう一方［B］を全然判断しない場合には、その人は或るもの［A］がそれと異なるもの［B］だとは、けっして判断しないだろう。

テアイテトス　おっしゃるとおりです。なぜならその場合、「そう判断するとすれば」

13　ここでは或る人が思い浮かべる考えを、その人の心にある言葉だけでなく、客観評価をおこなえる外部の人が扱える言葉によっても描写している。ここから、それをそのとき本人が考えるのは不可能だという結論も当然になる。しかし、太郎が「あの行為は美しい」と考えその行為は醜いという場合、太郎は「美は醜だ」という言葉では判断していない。

その人は自分が判断していないもの［B］にも、ふれざるをえないからです。

ソクラテス　したがって、両方のものを判断する人も、片方のみを判断する人も、「別のものを思う、思い違い」の余地がないことになる。だから、もし人が、「異なるものを思うこと」が虚偽の考えであると定義しようとするなら、その人はなにも E
意味のあることを語っていないことになる。なぜなら、この方向の説明によっても、前に検討した説明によっても、虚偽の考えはわれわれのうちに、明らかに存在しないからだ。

テアイテトス　はい、存在しないように思えます。

三三

ソクラテス　しかし、テアイテトス、もし結論としてその虚偽の考えが明らかに存在しないということになれば、われわれは多くの奇妙なことにもまた同意せざるをえないことになるのだ。[14]

テアイテトス　いったい、どのようなことに同意しなければならないのでしょう？

ソクラテス　まあ、わたしのほうであらゆる面から考察して試し終わるまでは、それが何か、きみには言わないでおく。というのも、今われわれはまだ、難問の困惑の渦中にあるのにすぎないのに、わたしが言い出した「虚偽の完全な不可能性が最終結論となった後の」事柄にわれわれが同意を与えざるをえないなら、「まだ戦いが終わらないのに、そのさなかに勝負をあきらめた」自分たちの不面目を、わたしは恥じることになるからだ。

さて、もしわれわれがうまく解決を見いだして自由になったなら、他人の嘲笑から晴れて解放された者として、まだ困惑に陥っているほかの人々についても、かれらがじつはどのような状態に陥っているのか、語ることができるだろう。だが、その逆に、われわれのほうがあらゆる意味で困難に陥ってしまうならば、わたしが思うに、われわれはすっかり意気地をなくして、まるで船酔いした人々のように、

14　虚偽が存在しないとすれば、絶対的な真理も存在しないことになり、真理を目指す「探究」「問答」「吟味」など、ソクラテスやほかの人々の営みを、正当化することも困難になって、プロタゴラスの相対主義の主張のほうが説得的に思えるようになる。

「虚偽は不可能」とする難問の」議論にわが身を差し出して、踏みつけにされるとか、その議論が望むとおりのほかのことをされることになるだろうね。

（4）記憶と知覚の照合による虚偽の説明を試みるが、うまくいかないこと

ソクラテス　それでは、こんな状況でもなおわたしが、どこかにわれわれの問題のなんらかの解決案を見いだすことができるか、聞いてほしい。

テアイテトス　ぜひそれを言ってください。

ソクラテス　われわれは先ほど、人が知っている当のものを、知らないものだと判断して誤ることは、不可能であると同意したのだ。しかし、あのときわれわれは正しく同意したわけではない、とわたしは今言おう。じつはなんらかの仕方では、その B ようなことは可能なのだ。

テアイテトス　わたしも、われわれがそれはたとえばこのようなことだと言ったときに、自分で、じつはこうではないかな、と思ったことがあるのです。あなたは今、そのことをおっしゃっているのでしょうか？

つまり、わたしはソクラテスを知っているのですが、それでも時としてわたしは、遠くから自分が知らない別の人を見て、その別の人を、自分が知っているソクラテスだと思う、といったことがかつてありました。実際、このような場合には、あなたのおっしゃる類いの事柄が現実に起こっているわけです。

ソクラテス　うん、われわれはその場合、われわれが知っているものを知っているにもかかわらず知らない、ということにしてしまうからと言って、そうした事例からは遠ざかったのではないかね？

テアイテトス　ええ、そうでしたね。

ソクラテス　今はそうならないように、その論じ方をするのではなくて、問題への入り方を変えるのだ。われわれが直面している困難は、われわれのそうした言葉をなんとか聴き入れるかもしれない。逆に、そうではなく、頑《かたく》なかもしれない。しか C
し、それでもやってみよう。実際、われわれは今、すべての議論のやり方をひっくり返してでもあれこれ試してみるほかない、そんな困難のなかにいるのだからね。

15　一八八C。

それでは、わたしがなにか意味のあることを語ることができるか、考えなさい。以前には知らなかったが、後に学ぶということがあるね？

テアイテトス　はい、そのようなことは、たしかにあります。

ソクラテス　次々別々の事柄を学んでゆくということも、あるだろうね？

テアイテトス　ええ、もちろんあります。

ソクラテス　そこで、どうか議論のために、今、われわれの魂のなかに蜜蠟《みつろう》のかたまりがあるというように、想定してくれたまえ。そして、或る人のかたまりは大きく、別の人のかたまりは小さい。或る人の蜜蠟は純度が高いが、また或る人のものは濁っていて硬い。他方、別の人々の蜜蠟は柔らかい。また、人によって、ちょうどよい具合の蜜蠟の人々もいる。――このように想定しなさい。 D

テアイテトス　はい、そのように想定しましょう。

ソクラテス　それではわれわれは、これが女神のムーサたち[16]の母親にあたる、ムネモシュネからの贈り物だ[17]、と言おう。見たものや聞いたものや自分で考えたもののうち、われわれが記憶して（ムネーモネウエイン）おきたいものを、印章付きの指輪の印[18]で蜜蠟に刻印する場合のように、蜜蠟をもろもろの知覚ともろもろの考えの下にあてがって、そこのなかに形を写し取っておくためである。そして、刻印されたものを、それの像が内在するかぎり、われわれは記憶しており、知っている。これに対し、刻印はされたが後で輪郭がかき消えたものや、印がはっきり刻みつけられるに至らなかったものを、われわれは忘れてしまい、知らない。——こう言おう。 E

テアイテトス　ええ、そう言いましょう。

ソクラテス　そこで今、これらを一方で知っている人が、他方で自分が見ているものや聞いているもののうちのなにかを考察しているとしよう。このとき、つぎのような仕方で虚偽を判断できるか、それともできないのか、考えなさい。

テアイテトス　それはいったい、どのような仕方でしょう？

16　音楽・文芸の女神たちで、ムネモシュネとゼウスの娘たち。

17　ムネモシュネは神ウラノス（天空）と女神ガイア（大地）の娘の女神で、その名は「記憶」を意味する。

18　西洋で古代から用いられてきた、指輪印章をもつ指輪で行う封印。指輪の一部の、印章を示す鋭い凹凸を、蜜蠟（封蠟）など形を保存できる素材に押し付け、自分固有の印を押し封をして、長期間の保証とすることができる。

ソクラテス　自分が知っているものを、場合により、或る時には自分が知っているなにかだと思い、また別の時には自分が知らないなにかだと考えることがある、という仕方のことだよ。というのも、そのようなことは不可能だと以前われわれは同意したのだが、あのわれわれの同意は適切ではなかったからだ。

テアイテトス　で、今あなたは、どのようにおっしゃるのですか？

ソクラテス　それらについて初めからきちんとした規定をして、つぎのように語らなければならない。すなわち、

（1）人がそれの記憶を魂のうちにもっていて知っているが知覚していないものを、同じように印ももっていて自分が知っているが、知覚していないもののうちの異なるものだと思うこと、これは不可能である。

また、

（2）知っているものなのにそれを、知らないしそのものの刻まれた印ももっていないような別のものだと思うこと、これも不可能であるし、

さらに、

192A

（3）知らないものを、知らない別のものだと思うことも不可能であり、
（4）知らないものを、知っている別のものだと思うことも不可能である。[19]
また、
（5）自分が知覚しているものなのに、それ［P］が、自分が知覚しているそれ［P］と異なるもの［Q］だと思うことも不可能であり、
（6）自分が知覚しているものを、自分が知覚していない別のものだと思うことも不可能である。
そして、
（7）自分が知覚していないものを、自分が知覚していない別のものだと思うことも不可能で、

B

19　以上の（1）～（4）の四つの場合は、二つの対象をPとQとするとき、これらについて知か不知かの場合分けをおこなったものである。（1）P知Q知、（2）P知Q不知、（3）P不知Q不知、（4）P不知Q知。以上四つの場合、知覚がなく、知の有無のみによる単純な場合分けなので、虚偽が起こると想定されている「知と知覚の照合」が起こらない。そのため、四つともそれだけでは虚偽が発生する場合とは言えない。

(8) 自分が知覚していないものを、自分が知覚している別のものだと思うことも不可能である。[20]

さらにまた、

(9) 自分が知っており知覚していて、知覚に基づく印をもっているもの［P］が、自分が知っており知覚していて、知覚に基づくこれの印ももっている、それ［P］とは異なるもの［Q］だと思うことも——そんなことがありうるとしての話だが——ここまでのさまざまな場合よりもさらに「いっそう不可能」である。

そして、

(10) 自分が知っており記憶像を正しくもっていて知覚しているものが、自分が知っている別のものだと思うことは不可能である。

そして、

(11) 自分が知っており、以前と同様に印をもっていて知覚しているものが、自分が知覚している別のものだと思うことは不可能である。[21]

そしてまた、

（12）自分が知らないし知覚もしていないものが、自分が知らないし知覚もしていない別のものだと思うことも、不可能である。　C

そして、

（13）自分が知らないし知覚もしていないものが、自分が知らない別のものだと思うことは不可能である。

また、

20　以上の（5）〜（8）の四つの場合は、知覚しているか知覚していないかという観点で場合分けをおこなったものである。（5）P知覚Q知覚、（6）P知覚Q不知覚、（7）P不知覚Q不知覚、（8）P不知覚Q知覚。単に知覚の有無で場合分けしている。そのため、「知と知覚の照合」における虚偽の発生の場合にはならない。

21　以上の（9）（10）（11）の三つの場合では、（9）「知覚に基づく印をもっている」、（10）「記憶像を正しくもっていて」、（11）「以前と同様に印をもっていて」というそれぞれの条件により、虚偽の余地がなくなっている。思考が狙う一方の対象Pについて知も知覚も問題ないものなら、もう一方のQが（9）「知＋知覚」であろうと（10）「知」であろうと（11）「知覚」であろうと、Qとの取り違えによる虚偽は生じない。狙う対象の記憶と知覚の照合になんらかの問題があるときに虚偽が生じる。

(14) 自分が知らないし知覚していないものが、自分が知覚していない別のものだと思うことも不可能である。[22]

これらすべては、これらのうちで虚偽を判断することは不可能であることが、明らかなケースである。したがって、そのように判断することが、まだほかのどこかの領域で成り立つのなら、つぎに述べるようなどこかの領域において、虚偽を判断することが成り立つということが、残されている。

テアイテトス いったい、どのような領域においてですか？ その点を言っていただければ、わたしはそこから少しはよく理解できるでしょう。というのも、今のところわたしはうまく理解できていないからです。

ソクラテス つまり、まず、

(15) 自分が知っているもののうちで、それ［P］が、自分が知っていてかつ知覚している、それ［P］とは異なるもの［Q］だと思うこと。

これが、それなのさ。あるいは、

(16) ［自分が知っているもの［P］が］自分は知らないが知覚している、異なるもの〔Q〕だと思うこと。

これが、それだな。あるいはまた、

（17）自分が知っていて知覚しているもの〔P〕が、自分がこれまた知っていて知覚している、それ〔P〕とは異なるもの〔Q〕だと思うこと。　D

これもまた、それなのだよ。[23]

テアイテトス　あらあら？　わたしは今や、先ほどよりはるかに後方に置いてきぼりになってしまいました！

22　以上の（12）（13）（14）の三つの場合では、狙うべき一方の対象Pの知も知覚もない場合なので、（12）Q不知かつ不知覚でも（13）Q不知でも（14）Q不知覚でも、そもそも考えを形成することができない。

23　ソクラテスはここでは、253頁注19、255頁注20・21と本頁注22で解説した多くの事例とは対照的な事例として、過去の経験で知っていて記憶をたどれるものを、現在の知覚の場面で遭遇している別のものと取り違えることとして、虚偽を説明しようとしている。

三四

ソクラテス　それなら、このように［具体例によって］改めて話を聴きたまえ。このわたしはテオドロスを知っていて、心のなかでかれがどのような人なのか、記憶している。そしてその点は、テアイテトスについても同様である。ただし、わたしは、或る場合にはきみたちを見ているが、別の場合には見ていないし、また、或る場合にはきみたちに接触しているが、また或る場合には接触していない。またわたしは、聞いたりほかの感覚で知覚したりすることもあるが、或る場合にはきみたちについてなんらの知覚ももっていないこともある。しかし、それでもきみたちをちゃんと記憶しているのだし、心のなかできみたちを知っているのだ。そうだね？

テアイテトス　はい、まったくそのとおりです。 E

ソクラテス　それではこれを、わたしが示したい第一のこととして、理解しておきなさい。すなわち人は、自分が知っているものを、知覚しないこともあるし、知覚していることもあるということが、それだ。

テアイテトス　はい、おっしゃるとおりです。

ソクラテス　それでは、自分が知らないものを、知覚さえしないことも多いけれども、これについてもしばしば、知覚だけはするということが、あるのではないだろうか？

テアイテトス　ええ、そういうこともありますね。

ソクラテス　では、今きみが少しは話についてこられるようになったか、みてみよう。ソクラテスはテオドロスとテアイテトスを知っている。しかし今は、いずれをも見てはいないし、きみたちについてのほかの知覚もかれにそなわっていない。このとき、かれが心のなかでテアイテトスはテオドロスだと判断することは、けっしてないだろう。

わたしはなにか意味のあることを言っているだろうか、それとも、そうではないのかな？

テアイテトス　いいえ、正しいことをおっしゃっています。

ソクラテス　じつはこれが、先ほどわたしの語っていたさまざまな場合のうち、第一のこと「(1) の場合」なのだよ。

テアイテトス　ははぁ、なるほど。

ソクラテス　そこで、第二に「(2) および (4) の場合」、きみたちの片方をわたしが知っており、もう片方を知らない、かつ、いずれをも知覚していないという場合、この場合もまた、わたしが自分の知っている人を知らない人だと思うことは、けっしてないだろう。

テアイテトス　ええ、そのとおりです。

ソクラテス　また、第三に「(3) の場合」、いずれの人をも知らないし、知覚もして B
いないならば、わたしはけっして自分の知らない人が、自分の知らないだれか別人だと思わない。そして、以前に出てきたこれ以外の選択「(5) から (14) までの場合」を、すべてこのように、順に聞いたものと考えなさい。

以上のような場合に、両方を知っていようと無知だろうと、また、どちらか片方のみ知っていてもう片方は知らないとしても、わたしはきみについてもテオドロスについても、けっして虚偽を判断することはないのだ。

そしてこれは、知覚を問題にする場合分けでも同様である。きみがここまで議論についてきているなら、分かることだがね。

テアイテトス　はい、もちろんついてきております。

ソクラテス　すると、残っているのは、この場合に虚偽を判断するということだ。つまり、わたしがきみもテオドロスも知っていて、あの蜜蠟のうちに印章の形付きの指輪の刻印のようなきみたち二人の印をもっているが、遠くからであり、また C
わたしには両者が十分にはよく見えていないのだ。

わたしは、それぞれの人に固有の印を、きみたちそれぞれに固有の視覚経験に対して割り当てた上で、再認が生じるように視覚経験をそこに当てはめて、それ自身の昔の痕跡《こんせき》へと、なんとか適合させようとする。しかしその後、わたしはこれに失敗してしまい、まるで靴を左右履き違える人々のように、双方を取り違えて、それぞれの人の視覚経験を固有の印とは異なる印のほうに当てはめる結果となる。あるいは、鏡のなかで視覚において右を左に入れ替えてしまってこうむる取り違えの状態があるが、あれと同じ状態に陥ってしまい、それで誤るのである。

したがって、こうした場合「（17）の場合」であれば、異なるものを思うような思 D
い違いも、虚偽を判断することも、事実成り立つのだ。

テアイテトス　はい。事実そのように思えますね、ソクラテス。人の考えがこうむるその状態を、あなたはじつにすばらしい仕方で説明しています。

ソクラテス　そして、さらに、両者をわたしが知っていて、一方の人［Q］を知っていると同時にまた知覚してもいるが、もう一方の人［P］については知覚していないで、しかもその一方の人［Q］のその知を知覚に基づいてはもっていないという［(15)の］場合も、虚偽を判断する。これを、以前にわたしはこのとおりに言ったのだが、あのとき[24]きみは、わたしが言うことを理解できなかったのだよ。

テアイテトス　ええ、そうでしたね。

ソクラテス　しかし、わたしはあのときもこのことを語っていたのだ。すなわち、一方の人を知っており知覚もしていて、知覚に基づいてかれの知をもっているとき、 E
人はかれが、自分が知っており知覚もしていて、知覚に基づくその人の知をもっている別のだれかだとは、けっして思わないだろう［(9)の場合］。そうではなかったかな？

テアイテトス　そうでした。

ソクラテス　しかし、今わたしによって語られたものは、きっと残っているのだ。すなわち、そこではわれわれの主張では虚偽の判断は、両方の人を知っており、また両方の人を見ているかほかの感覚で知覚している人が、両方の人の印を、それぞれその人の知覚に合わせてもたず、下手な射手が矢を放つようにして的を外してしくじることとして生じる。
194A
そして、これこそ、事実「虚偽」と呼ばれてきたものにほかならない。

テアイテトス　はい、それがもっともなことです。

ソクラテス　そして、事実、もろもろの印のうち、或る印にはそれに応じて現在の知覚がそなわっているが、別の印にはそなわっていないのである。それにもかかわらず、きみが、欠けている［(15)のPの］知覚の印を、現にある［(15)のQの］知覚に合わせてしまう［(15)の］場合、このような場合にはすべて、思考は誤るのである。

つまり、一言で言って、自分が知らない、また自分がかつて知覚しなかったものについて、今われわれがなにか健全なことを語るとすれば、だれも誤ることもなけ

24　一九二C～D。なお、(16)についてプラトンは説明していない。

れば、虚偽の考えもないように思える。 B

しかしこれに対して、われわれが知っており、かつ知覚もしているものについて言えば、まさにこれらの対象の場合に、考えは、曲がりくねりながら、虚偽にもなり、真にもなる。すなわち、考えが結局、まっすぐ直線的に、固有の過去の経験の印章と固有の現在の印とを一つに合わせる場合には、真になるし、斜め方向に逸れた場合には虚偽になるのだ。

テアイテトス　ソクラテス、あなたはすばらしい仕方で語られたのではないでしょうか?

ソクラテス　いや、きみにそう言うつもりがあるのなら、つぎのことも聞くと、さら C
にもっとそう言いたくなるよ。つまり、真を判断することは立派なことであり、誤ることは醜悪なことである。

テアイテトス　はい、たしかにそうです。

ソクラテス　人々はこのことが、つぎのような事柄に由来すると言っているのだよ。つまり、人の魂のうちにある蜜蠟が厚みのあるもので、多量で、滑らかで、ほどよく練られている場合、もろもろの感覚を通じて入ってくるものは、ホメロスが蜜蠟

（ケロス）との類似をほのめかして言った言葉を使えば、魂のこの「胸（ケアル）」のなかに刻印されているが[25]、この人々のうちには印はきれいな状態で生じ十分な深さをもっているから、長時間残るものとなる。そこでこの種の人々は、第一に学習能力が高く、第二にそれだけでなく、記憶力がすぐれている。そしてそのようなわけで、かれらはもろもろの知覚に由来する記憶のもろもろの印を、相互に合わせそこなうことなく、真を判断するのである。なぜなら、印が鮮明であり、胸には印の余地もたっぷりあるため、かれらはそれぞれのものを、今経験しているそれぞれのもの自身に対応するように、すでにかれらの胸の「蜜蠟」のなかに刻み込まれていた印へと、素早く割り当てることができるからである。そして、この「それぞれのもの」が「有るもの」と呼ばれており、こうした人々のほうは、「知恵がある人々」と呼ばれている。 D

あるいは、きみにはそう思われないだろうか？

テアイテトス　いや、まったくそのとおりであると思われます。

25　『イリアス』第二巻八五一行および第一六巻五五四行。

ソクラテス　だが、よろずのことに知恵ある詩人[26]が讃美して言った「胸が毛深い」人 E
のとき、あるいは胸に汚れがあり、その蜜蠟もきれいでないとき、あるいはまた、
ゆるい程度に柔らかいとか、ひからびて柔らかさが足りないとき、ゆるく柔らかい
蜜蠟をもつ人々は学ぶ力は強いが忘れやすくなるし、ひからびた蜜蠟の人々はその
反対になる。また、「毛深く」、表面がざらざらに荒れた胸をもつ人々、つまり石の
ような材質の「胸」や、土や汚泥がいっぱい混じった「胸」をもつ人々は、不鮮明
な印をもつ。ひからびて柔らかさの足りない蜜蠟の持ち主の印も、不鮮明である。
なぜならそこでは、印に深い刻み込みが欠けているからだ。また、ゆるいほど柔ら
かい蜜蠟をもつ人々も、不鮮明な印をもつ。蜜蠟が合流を起こして、形ににじみが
出るため、それぞれの印の形が早くぼやけてしまうからだ。また、或る人の魂が小 195A
さいときには、これらのことに加えて、印を受け入れる場所がそもそも狭いために、
印同士で互いの上にかぶさるということになる。このような場合には、印はこれま
での場合よりもさらに不鮮明になるものである。

したがって、こうした人々は全員、虚偽を判断しがちな者になる。なぜなら、か
れらがなにかを見たり聞いたり、考えるとき、かれらは、それぞれのものを刻み込

まれたそれぞれの印へと素早く割り当てることができない。それゆえこの人々は、鈍重であり、場違いの割り当てをして見間違い、聞き間違い、考え違いをすることがはなはだしいからだ。そして、先ほどの知恵ある人々に対してこの人々のほうは現に、有るものについて「誤っている」と言われ、「無学である」と言われているのだよ。

テアイテトス　人間に可能なかぎりもっとも正しいことを、あなたは言われました、 B
ソクラテス。

ソクラテス　したがって、われわれには虚偽の考えがある、と言おうか？

テアイテトス　ええ、ぜひそう言いましょう。

ソクラテス　また、真の考えもある、と言うのだね？

テアイテトス　はい、真のものもあります。

26　ホメロスのこと。一九四E二は底本および旧版OCTのpassophosに代えて写本どおりpanta sophosと読む。プラトンが「よろずのことに知恵ある」ことはありえない、という皮肉を込めていると解釈する。

ソクラテス そこで、これら両方の考えが何にもましてあるということは、すでに十分な同意を得たとわれわれは考える。

テアイテトス はい、まったくそうです。

三五

ソクラテス ……真実恐ろしいものでもあり、また不愉快なものでもあるのは、テアイテトス、「おしゃべり野郎」だろうね。

テアイテトス え？ そうおっしゃるのはまた、なぜですか？ どのようなことを念頭に置いて今のようにおっしゃったのですか？

ソクラテス いや、なに、自分自身が愚かであり、真におしゃべり野郎であることに、 C わたしはつくづく嫌気がさしたものでね。実際、人の頭が鈍いため、自分で確信を得ることができなくて、その理由から言論を上の方へ下の方へと引っ張り回して、しかもいかなる言論からも身をもぎはなしがたいとき、その人間を、これ以外のどんな名で呼べばよいのだろうか？

テアイテトス　しかし、あなたほどの人が自分に嫌気がさしたというのは、いったいなぜでしょう？

ソクラテス　いいや、わたしの気持ちは、単に嫌気がさすといったものでもないのさ。だれかわたしにこのように尋ねたとき、その相手にどう答えたものかと、わたしは心配してもいるのだよ。

「ソクラテス、するときみはすでに、虚偽の考えを見つけたのかな？　虚偽は、もろもろの知覚の領域の、知覚相互の関係において成り立つものではなく、またもろもろの思考の領域の、思考の相互関係のところにもなく、もっぱら知覚と思考と D
の結びつきのうちにある、というようにね？」

わたしが思うには、わたしは、われわれがすばらしいものを発見したと自慢しながら胸を張って、「そうですとも、そこに見つけたのですよ」と言うだろう。

テアイテトス　でも、少なくともこのわたしには、ソクラテス、今示された事柄は、少しも恥ずかしくないことのように思えるのですが。

ソクラテス　「それではきみは」とその人は言うのだ、「われわれが思考しているのみで見てはいない人間とは、これまた、われわれが見てもいなければふれてもおらず、ただ思考するのみで、それについてなんら知覚していないような、馬［という種類のもの］なのだとわれわれが思うことは、けっしてありえない、とも言うのだね？」
　これに対してわたしは、自分が「そう、そのとおりなのです」と答えると思うのだ。

テアイテトス　ええ、そうでしょう。しかもその答えで正解です。

ソクラテス　「では、どうだろうか？」とその人は言うのだ。「そうすると、この説明からは、人が［知覚される十一個の事物でなく］思考以外はしない十一［という数］を、その人は、これまた自分が思考するのみの十二であるというようには、けっして思うことができない、ということになるのかな？」
　それではさあ、きみが答えたまえ。

テアイテトス　そうですね。……人が見たりふれたりしているときなら、十一個が十二個だと思うことは、できます。しかし、人が思考のうちにもっている十一や十二についてそのように判断することは、けっしてできない。――このようにわたしなら答えるでしょう。

E

ソクラテス　では、どうだろう？　きみは人が、或る場合に自分ひとりで心のうちで、
196A 五と七を考察することがあると考えるかな？　わたしが言うのはつまり、五人と七人の人間を挙げたり、ほかの「数えられる」ものを挙げたりして考察するというのではなく、われわれの主張ではあの「蜜蠟のかたまり」というもののうちで印され記憶されているものであり、それらのうちでは虚偽を判断することはないような、五そのものと七そのもののことなのだ。これらそのもののことを自分に向かって語り、これらがいったいいくつになるかと問いながら考察するということを、人間のうちのだれかがこれまでしたことは、けっしてないのだろうかということなのだ。そして、或る人はそれらが十一だと思ってそう答え、別の人は十二だと思ってそう答えるということは、なかったのだろうか？

それとも、全員がそろってこれらは十二であると語り、またそう思ってもいるのだろうか？

B **テアイテトス**　いいえ、神に誓って、そのようなことはありません。多くの人が現に十一であるとも答えます。また、より大きな数で考察するなら、大きくなればなるほど、もっと間違えます。なぜなら、わたしが思うに、あなたは全部の数について

語っておられるからです。

ソクラテス　そう、きみの思っているとおりだよ。そしてその場合、蜜蠟のかたまりのなかの十二そのものが十一であると思うということ以外、何も起こっていないのではないかな？　よく考えてみなさい。

テアイテトス　はい、そのことが起こっているようですね。

ソクラテス　すると、議論はふたたび、初めの議論[27]に戻るのではないだろうか？
なぜなら、この状態に陥った人は、自分が知っている当のものを、これまた自分
が知っている別のものだと思うのだが、われわれは、こうしたことは不可能だと
言っていたからである。しかも、まさにそれゆえ、虚偽の考えは存在しない、とせ
ざるをえなかったのだ。[28]つまり、同じ人が同じものを知っていながら同時に知らな C
いと強いられないために、というので。

テアイテトス　ええ、まったくおっしゃるとおりです。

ソクラテス　そうするとわれわれは、虚偽を判断するということは、「思考の知覚に対する不適合」ということとは、とにかく別のなにかだ、と宣言しなければならないね。というのも、もしこれだったなら、思考の対象そのもののうちではわれわれ

はけっして誤らなかったはずだからだ。しかし現実には、「思考のほかに知覚も問題になるケース以外では」虚偽の考えがないか、さもなければ、人が自分の知っているものを知らないということが、ありうるかである。

それではきみは、これらのどちらを選ぶだろうか？

テアイテトス　あなたが差し出されたその二者択一は、どちらにもきめかねる選択です、ソクラテス。

ソクラテス　いずれにせよ、この両方を議論が許すことはないのだろう。けれども、 D
今はあらゆることを試さなければならないのだから、この際「敢えて恥知らずにふるまう」ということをわれわれがするとしたら、どうだろうか？

テアイテトス　どのようにして、そうふるまうとおっしゃるのでしょうか？

ソクラテス　知っていることとは、いったいどのような何かということを語ってみることによって、恥知らずにやってみるのさ。

27　一八七E～一八八Cの議論。
28　一八八A～B、一八八C。

テアイテトス　それで、それがどうして「恥知らず」なのですか？

ソクラテス　ふむ、どうやらきみは、われわれの初めからの議論が全体として、知識についてそれがいったい何であるか、われわれが知らないものとしての探究だったということに、気づいていないようだな。

テアイテトス　いいえ、気づいていますが。

ソクラテス　ええと。それでも、知識を自分で知らないくせに、知っているとはいかなることか、説明してみせることは恥知らずではないと、きみには思えるのかね？

E　しかしまあ、テアイテトス、われわれは実際にはずっと前から、不純な仕方で対話することに、どっぷり浸かっていたのだよ。なぜならわれわれは、何回も繰り返し「分かった」とか「分かっていない」とか「知っている」とか「知らない」とか言ってきたからだ。まだ知識に無知な状態のくせに、まるで互いに何かを理解しあえているかのようにね。

　おや？　これは？　今のこの場面でもわれわれは「無知」と「理解」を、またしても使ってしまったではないか！　あたかも、知識がわれわれから奪われている場合でも、これらの言葉を使用することが正当であるかのようにしてね。

テアイテトス　でもソクラテス、あなたはこれらの言葉から遠ざかって、どのように対話するのでしょうか？

ソクラテス　現にわたしはわたしのような者だから、それはとても無理な注文だな。しかし、かりにわたしが反対言論の徒[29]であったなら、そのような話もできただろう。あのような人が今ここに居合わせたなら、自分はこれらの言葉から遠ざかっていると言ったことだろうし、わたしが今語っているあれこれの発言をやり玉に挙げて、われわれをこっぴどく叱りつけたことだろう。しかし、われわれは弱い人間なのだ。だから、どうか、知っているとはいかなることか、わたしに敢えて語らせてほしい。そこから有益なことが生じるように、わたしには思えるからだ。

テアイテトス　ええ、どうぞそのようにおやりください。また、あなたがこれらの言い回しから遠ざからなくとも、われわれはみな、むしろ大目に見ますよ。

197A

29　129頁注5参照。

（5）「知識の所有」と「知識の把握」の区別に基づく虚偽の説明を試みるが、挫折する

三六

ソクラテス　それではきみは、人々が現在、知っていることとは何であると言っているか、聞いたことがあるかな？

テアイテトス　ええ、おそらくあるはずです。しかし、今は思い出せません。

ソクラテス　かれらはそれが、「知識をもっていること」であると言っている。 B

テアイテトス　はい、人々はそう言っていますね。

ソクラテス　ここでわれわれとしては若干修正して、「知っていること」とは知識の所有であると言おう。

テアイテトス　それであなたは、いったいどんな点で、今の答えが先ほどの答えと異なると言うつもりなのでしょうか？

ソクラテス うん、なにもないかもしれない。しかし、そのようななんらかの点についてのわたしの考えを聞いた上で、きみも一緒に調べてくれ。

テアイテトス はい、わたしにそれが可能ならばそうしましょう。

ソクラテス わたしには、「所有していること」と「現にもっていること」は、同じではないように思えるのだ。たとえば、人が衣服を買って、これを所有していながら着ていないとき、かれはそれを「身につけ、現にもっている」わけではないが、それでも、少なくとも「所有している」とわれわれは言うだろう。

テアイテトス はい、そのように言うのは、正しいことです。

30 原語は hexis で、ekhein（英語の have におおむね相当する動詞）の抽象名詞。ここは哲学用語としての用法の始まりの箇所の一つで、以後アリストテレスたちにより「状態」「性向」等の意味で術語的使用がなされる。ラテン語では habitus。以下の議論では「もっていること」という意味だが、「かつて獲得して、今所有していること」との対比で使われている。なお、hexis と ekhein には「服を着ている」「手にもっている」など現に身にかかわっていてその活用ができるという含みがあり、この含みから、買ってすぐに衣装棚にしまい込まれた服や、ただ単に鳥小屋で飼っている自分の鳥を「もっている」とは言わない。

ソクラテス　それでは、知識についても、それを同じように「所有している」が、 C
「現にもっているわけではない」と言うことが可能なのか、考えなさい。
　人が、鳩やほかの野生の鳥を狩猟し、鳥小屋をこしらえて家で飼育する場合、
きっと或るなんらかの意味において、その人は鳥を「つねにもっている」と言って
かまわないだろうね。なぜなら、その人はその鳥を、すでに所有しているからだ。
そうじゃないかね？

テアイテトス　ええ、そのとおりです。

ソクラテス　しかし、また別の意味においては、この人は、どの鳥をも「現にもって
いるわけではない」のだ。ただし、自宅の囲いのなかに捕獲されたままにしている
以上、これらの鳥をめぐって、望むならばその都度、好みのものを追いかけて「手
に取り」、「手にもつ」力も、そして再度「放す」力も、さらには、これらのことを D
自分が望む回数だけ繰り返しできる権限も、その人にはそなわっている。――この
ようにわれわれは言えるだろうね。

テアイテトス　はい、そのとおりです。

ソクラテス　それでは、以前の議論においてわれわれが、われわれの魂のなかに一種

の蜜蠟のかたまりの仕掛けをこしらえたように、今度はまた、それぞれの魂のなかに、ありとあらゆる種類の鳥を入れる一種の鳥小屋をつくろう。或る種の鳥はほかの種類の鳥から離れて群れをなしており、また別の種類の鳥は少数で組となっているが、さらにいくつかの鳥は、すべての鳥のあいだを単独に一羽きりですり抜けながら、それぞれ自分の好みのどこかに向かって飛び回っているわけだ。

テアイテトス　はい、つくったものとしましょう。しかし、それからどうなるのでしょう？ E

ソクラテス　人々が子どものとき、この入れ物は空っぽであると言わなければならない。[31] ただし、今は各種の鳥をそこに入れる代わりに、知識を入れると考えなければならない。人がなんらかの知識を獲得した後でそれを囲いに閉じこめるという場合、その人はその知識の内容を「学んだ」もしくは「発見した」と言わなければならな

31　一八六C「有（存在）と有益さ（善）という観点にてらしてのこれらの事柄にかんする総合的な推理は、そうした推理がそなわるような生き物にも、長時間かけて、また多くの困難と教育を経て、やっとのことでそなわる」参照。

い。そして、これはその人が「知っている」ということである、と言わなければならない。

テアイテトス　そうなっているとしましょう。

ソクラテス　そこで、その鳥小屋で知識のうち望むものを改めて追いかけ、現に手に 198A
取ってもち、また放すということ、これはどのような名で呼ぶべきことなのか、考えたまえ。初めに獲得したときと同じ名だろうか、それとも、別の名だろうか？　以下のことからわたしが言おうとしていることを、より明確に理解しなさい。きみは、算術という技術があると言うだろうね？

テアイテトス　はい。

ソクラテス　そして、算術とは「すべての偶数と奇数の知識の狩猟」である、と考えなさい。

テアイテトス　ええ、そう考えます。

ソクラテス　そこでわたしの考えでは、まさにこの技術によって人は、もろもろの数
の知識を手元で自在に使えるようにしてもっており、また、それを教授する者も、 B
この技術によってそれらの知識をほかの人に教授するのだ。

テアイテトス　はい。

ソクラテス　そして、われわれは、知識を教授する者は「教える」と言っており、教授される者は「学ぶ」と言っている。他方、あの鳥小屋のうちに知識を所有していてもっている者は「知っている」と言っている。

テアイテトス　はい、たしかにそのとおりです。

ソクラテス　さあそれでは、ここからのことに、とくに注意を向けなさい。

人は、算術家であるなら、完全にすべての数を知っているのではないだろうか？

なぜなら、かれの魂のうちには、すべての数の知識があるからだ。

テアイテトス　はい、そのとおりです。

ソクラテス　では、この種の人が或るとき、自分相手にひとりでそれらの数を数えた C
り、数をもつような外部対象のどれかを数えたりすることが、あるのではないだろうか？

テアイテトス　ええ、そうしたことはもちろんあります。

ソクラテス　だが数えることとは、ちょうどいくつかの数であるのかを調べる、ということだとわれわれは考えるだろう。

テアイテトス　はい、そのとおりです。

ソクラテス　したがって、この算術家は明らかに、自分が知っているものを、あたかも自分が知らないかのようにしながら調べているのだ。かれこそ、すべての数を知っていると、われわれは同意していたのにね。きみも、このような論争を、きっと聞いたことがあるだろう[32]。

テアイテトス　ええ、わたしも聞いたことがあります。

三七

ソクラテス　そこで、鳩の「所有」と「狩猟」に喩えて、われわれとしては、狩猟に D
は二種類あると言うのだ。一方の狩猟は、獲得以前におこなわれる、所有のための狩猟である。そしてもう一方の狩猟は、すでに所有している人がおこなう、自分がはるか前から所有しているものを、じかに手に取って両手にもつことのための狩猟である。

そして、これと同じようにして、昔学んだために自分にその知識が宿っていてすでに「知っている」その同じ事柄自体を、その人自身がもういちど「学ぶ」ということは、可能なのである。すなわち、その人はその場合、昔からすでに所有しているのだが、思考をするときに手元にもっていたわけではないようなそれぞれの事柄の知識を、ふたたび手に取り戻して、手でもつわけだ。

テアイテトス　はい、おっしゃるとおりです。

ソクラテス　だから、今もわたしはきみに、まさにそこのところを質問したのだよ。
E
「算術家が、今から数を数える」とか、「読み書きのできる文法家が、今からなにかをしっかり読む」とかの場合、これらの行為についてどんな呼び名を用いて、どう語ればよいか、とね。このような場合、知っている者なのに、自分のもとからその自分の知っている事柄を今からふたたび学ぶと言うべきなのだろうか？

テアイテトス　いいえ、そんなことは奇妙ですよ、ソクラテス。

32　『メノン』八〇D～Eでは「探究のパラドクス」が述べられ、知っているものにかんしては、もう探究の必要がなく、知らないものについては探究のしようがないと論じられた。このようなパラドクスは、ソフィストや弁論家が当時の人々相手にしばしば論じたものである。

ソクラテス　そうではなくむしろ、かれは自分が知らないものを読むことになり、数えることになると言うべきだろうか？　ただし、すでにわれわれは、一方の人がすべての文字を知っていると認めており、他方の人がすべての数を知っていると認めているのだが。 199A

テアイテトス　いや、それもまた不合理です。

ソクラテス　それでは、このように言ってはどうだろうか？

呼び名については、「知っている」ことと「学ぶ」ことを人が好みのどこにもってきて呼ぼうが、その点については、われわれはいっさい気にしないが、知識を所有していることと、それを現にもっていることは別だとわれわれは定めたのだから、「人がかつて所有したものを、所有していない」ならば、たしかに不可能であるとわれわれは主張する。したがって、われわれの主張では、自分が知っているものを知らないという結果も、けっして導けない。それにもかかわらず、その知っているものについて、虚偽の考えを得ることのほうは、可能であるとわれわれは主張する。 B
なぜなら、このものの知識を現にもっているわけではなく、その知識の代わりに別のものの知識を現にもっているということは、ありうるからだ。それは、もろもろの知識が飛び回るなかで、どこかでなにかの知識を追い求めていて、異なる知識を或る知識の代わりに、間違えて手に取るという場合だ。この場合に人は、十一が十二であると思うことになった、というわけである。鳩の代わりにジュズカケバトを手に取るように、十二の知識の代わりに、自分のなかの十一の知識を手に取ったためにね。

テアイテトス　はい、今のお話はすっきり筋が通っていますね。

ソクラテス　これに対し、自分が手に取ろうとしている知識をうまく現に手に取るとき、人は欺かれずに、真理である有るものを判断している。そしてこのようにして、
真の考えも虚偽の考えも、存在するのだ。そして、以前の議論でわれわれが自分に C
嫌気がさしたあの困難[33]のうちのどれ一つも、じつは障害とはならないのである。——このようにわれわれは主張するのではないか？　きみもたぶん、わたしに同意してくれるだろうね？　あるいは、どうするのかね？

テアイテトス　ええ、同意します。

33　一九五C。

ソクラテス　それでいいのさ。なぜなら、われわれは人々が「自分の知っているものを知らない」という「難儀となる」事柄には、もう別れを告げたからだ。というのも、所有したものを所有していないといったことは、なにかについて虚偽を思う場合であろうと、それ以外だろうと、もはやいかなる場面でも結果として出てこないからである。

……しかしわたしには、それとは別のより恐ろしい難儀が、いまここに露わになりかけているように思える。

テアイテトス　え？　それはいかなる難儀でしょうか？

ソクラテス　かりにも「さまざまな知識の入れ替え」が虚偽の判断である、ということになるとすれば……

テアイテトス　あなたがおっしゃりたいことは、何ですか？

ソクラテス　第一に、なにかの知識をもっている人が、まさにそのなにかに無知であ D
り、しかも、未知ということによって無知なのではなくて、自分がもっている知識によって無知であるということだ。第二に、そのものを異なるものと判断し、異なるものをそのものと判断するということは、たいへん理不尽なことではないだろうか？　知識がそなわっているときなのに魂がその肝腎なものを何も知らず、すべてに無知であるということなのだから。なぜなら、この議論の筋から行けば、知識が、人が無知であるようにするというのだから、無知がそなわって何かを知るようにしてくれるとか、盲目性がそなわって何かを見えるようにしてくれるとかにも、何の差し支えもない、ということになるからだ。[34]

テアイテトス　なるほど。

……それはおそらく、ソクラテス、われわれがもろもろの知識だけを想定して鳥 E
のことを考えたのが、よくなかったからで、魂のうちあらゆる場所で、もろもろの無知もまた、一緒に飛び回っていると考えるべきだったのです。そして、狩猟する人は、或るときには或るものの知識を現に手に取るが、別のときには同じものの無知を現に手に取るため、無知によっては虚偽を判断し、知識によっては真を判断す

34　「知識」は、基本的に、それを得てなんらかのことが「ポジティブに」できるようになるものである。他方、虚偽は真理との対比において、「ネガティブな」ものである。このギャップをどう埋めるかという、初歩的だが根本的な問題が、ここまでの説明では押さえられていなかった。ソクラテスはここでその事実を指摘している。

る——このように考えるべきだったのです。

ソクラテス　きみを褒めないでいる、というのは、テアイテトス、難しいよ。しかし、自分が言ったことを、もう一度考えてみてくれ。

きみの言うとおりだとしよう。そして、その場合、無知を手に取る人は虚偽を判断することになると、きみは主張するのだな。そうだね？

テアイテトス　はい。

ソクラテス　しかし、きっとその人は自分が虚偽を判断しているとは、みなさないだろうね。

テアイテトス　はい、もちろん。

ソクラテス　そうではなく、自分ではむしろ、真を判断しているとみなすことだろう。そして、自分が虚偽を思っている事柄にかんするかれの態度は、それをあたかも知っているかのような態度だろう。

テアイテトス　ええ、そうでしょう。

ソクラテス　だから、かれは自分が知識を狩猟できて現に手にもっていると思うだろうね。無知を現にもっている、とは思わないだろう。

200A

テアイテトス　はい、それは明らかです。

ソクラテス　すると、われわれは長い回り道をしたけれども、その挙句、また初めの難問[35]のところに戻ってきたわけだ。なぜなら、あそこにいた論駁家は、にっこり笑ってこう言うだろうからね。

「もっともすぐれた人々よ、知識と無知の両方をだれかが知っていて、自分が知っているその当のものを、自分が知っている、それと異なるものだと思うのだろうか？　それとも、いずれをも知らないで、自分が知らないものを、自分が知らない、別のものだと判断するのだろうか？　それとも、一方を知っていて他方を知らずに、自分が知っているものを自分が知らない別のものであると判断するのだろうか？」それとも、自分が知らないものを自分が知っている別のものであるとみなすのだろうか？

B

あるいはそうではなく、きみたちはわたしに、もろもろの知識ともろもろの無知にもまたそれぞれ、それらの知識があり、これらを所有している人は、別のなんら

35　一八七E〜一八八C。

かの滑稽な『鳥小屋』や『蜜蠟の仕掛け』のうちに閉じこめていて、これらを所有しているかぎりは、たとえ魂のなかで手元にもっていないとしても、知ってい C
る……というように言うのかね？

　そして、このようにしてきみたちは、全然積極的な成果を生めずに、数限りない回数ぐるぐる回り、同じところへと戻らざるをえない[36]のではないかな？」

――これに対してわれわれは、テアイテトス、どのように答えることができるだろうか？

テアイテトス　うーん、そうですね。神に誓って、ソクラテス、わたしのほうではどう答えたらよいか、分かりません。

ソクラテス　そうすると、きみ、議論はわれわれを見事に非難して、われわれが知識を放っておいて、虚偽の判断を知識よりも先に探究していることは、正しくないと D
示しているのではないかね？　実際には人は、知識とはいったい何であるかを十分に把握するまでは、これを知ることは不可能なのである。[37]

テアイテトス　現在のところ、たしかにソクラテス、あなたがおっしゃるように考えるほかありませんね。

二　第二定義の論駁

三八

ソクラテス　それでは初めに戻って、人は、知識とは何であると語るのだろうか？　まさかわれわれは、降参するわけではないだろうからね。

テアイテトス　いえいえ、そんなことをするなんて、とんでもありません。あなたのほうでやめようとおっしゃるのなら、話は別ですが。

ソクラテス　それなら、それが何であると語れば、われわれは自分自身に矛盾するこ

36　第二部の大部分を占める虚偽不可能性の難問の検討は、結局このように、最初の議論の根本解決をしなければ成功しないと診断されて、ひとまず終わる。

37　ここのソクラテスの真意を理解することは難しい。知識にかんしても『テアイテトス』は、最後まで積極的な結論を出せないからである。ただし、なんらかの推測をすることは可能である。〔解説〕第九節参照。

とをできるだけ言わなくとも済むのか、言いなさい。

テアイテトス　以前の議論においてわれわれが試みた答えがそれです、ソクラテス。 E
実際、わたしのほうではほかのなにも言えません。

ソクラテス　それはどんなものだったかな？

テアイテトス　真の考えが知識だ、というものです。
なぜなら、真を判断することは、たしかに誤りがないことなのですし、そのような真の考えに基づいてなされる事柄は、すべて立派で、善いものとなるからです。

ソクラテス　かつて危険な川の説明をしていた人が、テアイテトス、まあそのものが教えてくれるだろうさ、と言ったものだよ。[1] 201A
今のこの場合も、われわれが足を踏み出して前に進みながら吟味するならば、おそらく探し求められているものそのものが自分の足にふれて、姿を明らかにするだろう。その一方で、もしわれわれがじっと立ち止まってしまうなら、なにごとも明らかにはならないのだ。

テアイテトス　おっしゃるとおりです。さあ、前に進みましょう。そして、考察しましょう。

ソクラテス　では、これなら短い考察でよいだろう。というのも、一つの技術が全体として、きみの言うことが、知識ではないということを、きみに示してくれるからだ。

テアイテトス　あなたはいったい、どういう意味のことをおっしゃっているのでしょう？　そして、その「技術」とは、どのような技術のことですか？

ソクラテス　人々が「弁論家」と、また「訴訟の専門家」と呼ぶ、知恵においてもっともすぐれた人々の技術のことだよ。あの人々はたしか、自らの技術により、自分が望む事柄を、教えることによるのではなく、思いこませることにより説得するからだ。

それともきみは、お金を盗られるとか、なにかほかの暴力を加えられるとかのとき、その現場にだれも居合わせなかったような人々のために、だれかこの頭のよい人々が、［法廷の弁論時間を限る］水時計のほうを向いて弁論の残り時間を気にしな

B

1　古注によれば、旅人に「この川は深いのか？」と尋ねられた案内人の回答。自分で渡ろうとすれば、水そのものが教えてくれて深さが分かるということ。

がら、裁判員に、起こった事柄の真実を十分に教えることができる、それくらい凄腕の教え手である、と思うかな？

テアイテトス　いいえ、わたしはそのようには、全然思いません。あの人々は、説得であれば、するとは思いますが。

ソクラテス　それできみは、「説得すること」とは、判断させることだと言うのかな？

テアイテトス　ええ、もちろんそう言います。

ソクラテス　それでは、どうだろうか？その裁判員たちが、じかに目撃した者のみが知りえて、ほかの仕方では知りえないような事件について正しく説得された場合、かれらは耳から聴覚によって聞く言葉だけでその事件を判定する以上、よい判決を下したからには正しいことを説得されたわけである。したがって、この場合かれら C
は、真の考えを得ており、しかも、知識なしに判定したのではないだろうか？

テアイテトス　はい、まったくそのとおりです。

ソクラテス　もし真の考えと知識が同一であったなら、友よ、もっともすぐれた裁判員も知識なしには、正しいことをけっして判断できなかっただろう。しかし現実には、双方は、互いに別としか思えないのだ。

2　この文は目撃が知識の条件になるような事例を挙げていて、伝聞では事件の真相を知りえないと前提している。ここには、いわゆる「伝聞的知識」との関係で、プラトンの知識観をめぐる問題がある。〔解説〕第七節参照。

3　底本に従って、二〇一C五の kai dikastēria を削る。

第三部　知識の第三定義「知識とは真の考えに説明規定が加わったものである」の提示と批判

一　第三定義と、「ソクラテスの夢」

（1）新定義と「ソクラテスの夢」の内容紹介

テアイテトス　……そうそう、そう言えばわたしは、或る人が話していたことをこれまで忘れていましたが、今思い出しました。その人は説明規定つき[1]の真の考えが知識であり、説明規定がないものはおよそ知識になりえないと言っていました。そし D
て、説明規定がないようなさまざまなものは、「知られるもの」──という名称でその人は呼んでいたのです──ではないが、説明規定をもつものは知られるものであると言っていました。[2]

ソクラテス　これはすばらしい。ところで、その「知られるもの」だが、これをその人は、どのように知られないものから分けていたのか、言ってくれたまえ。
　きみとわたしが同じところから話を聞いたかどうか、確かめたいのだ。

テアイテトス　そうですね。……わたしには、自分がその区別のポイントを首尾よく見いだせるかどうか、分かりません。しかし、ほかの人に説明してもらえるなら、自分でもそのお話を聞いて理解できるのではないかと思います。

三九

ソクラテス　それでは、ひとつの夢に代わるもうひとつの夢を聞きたまえ。[3] なぜなら、わたしのほうでも或る人々から、それらから、われわれも合成され、またほかの対象 E

1　「説明規定」は logos の訳。ほかに「言論」「説明」などの訳語候補がある。英語訳では account が標準的。

2　「知られるもの」の原語は epistēta で、「知識」の原語 epistēmē から新たにつくられた形容詞（の複数形の名詞化）である。

3　この表現から、以下の理論は「ソクラテスの夢」ないし「夢の理論」と呼ばれる。

も合成されている第一のものは、いわば字母[4]のようなもので、説明規定をもたない
と聞いたように思えるからだ。なぜなら、そのもの自体としてそれぞれを、名指す
ことができるだけであり、「有る（ある）」とも「ありもしない」とも、なにもほか
の規定を付加して語ることは、できないからである。というのも、そのようなとき
には、すでにそれに有と非有[5]を付加してしまっているのだが、しかし、いやしくも
かの第一のものそのもののみを語るべきである以上、そうしたなにものをも、適用 202A
してはならないからである。実際、「今の説明の中に言葉として出てきた」「そのも
の」も「かのもの」も「それぞれ」も「のみ」も「それ」も、そして、ほかの多く
のこの種の言葉も、字母のような第一のものに、適用すべきではないのだ。なぜな
らこれらは、走り回ってあらゆるものに適用されるのだが、それが付加されるまさ
にその当のものとは、異なっているからである。[6] むろん、もし第一のものそのもの
をずばり語って説明することが可能であり、そして、そのものが自分固有の説明規
定をもっていたなら、その説明規定は、ほかのあらゆる規定ぬきに語られるべき
だっただろう。しかし現実には、第一のもののどれ一つとして、説明規定によって B
は語ることができない。なぜなら、そうしたものは、「名指される」ことのみ可能

なものだからである。実際、そのようなものは、名のみをもつのである。

これに対し、第一のものから合成されているものは、それ自身、織り合わされている。そしてこれに応じて、その名もまた同様に、織り合わされ、説明規定となっているのである。というのも、「もろもろの名の織り合わせ」が説明規定の本質だからである。[7]

このようにして字母とは、説明規定のないものであり、知られることのないものだが、知覚されるものである。[8] これに対して音節とは、知られるものであり、語ら

4　原語は stoikheia（単数形 stoikheion）で、一般的な意味は「要素」だが、アルファベットの「字母」「文字」の意味が原義である。字母からなる「音節」（sullabē、複数形は sullabai で、一般的には「束」という意味）とペアで使われる。

5　原語は mē ousian で、「有」「あること」を意味する ousia（111頁注44参照）に否定辞がついた句。ただし「非有」といっても、「非存在」という意味にかぎらず、「……である」の意味の否定の「『あるもの・こと』ではないこと」も含めて理解する。

6　たとえば、「音節そのもの」と「赤そのもの」を比べると、「そのもの」という言葉は、音節の特性も、赤い色の特性も反映せず、両者に無差別に適用されて、なんらかの非常に一般的な意味を表示しているだけだ、ということ。

れるものであって、真の考えによって判断されるものなのである。

それゆえ、人が説明規定ぬきに或る事柄の真の考えを手に入れるならば、かれの魂は、その事柄をめぐって真を語りはするが、知ってはいない。なぜなら、自分で C
説明規定を与え、他人から説明規定を受け取るということができない者は、その事柄にかんして無知な者だからである。これに対し、説明規定をもその上、手に入れるならば、その人はこれら［知る者、説明規定を与え受け取ることができる者、真の考えをもつ者］すべてになって、知識にかんして完全な状態になることが、可能である。

――きみは、このように夢を聞いたのだろうか、それとも違ったように聞いたのかな？

テアイテトス　はい、たしかにそのとおりでした。

ソクラテス　それではきみには、この説は、気に入ったのだね？　そしてきみは、「知識とは、説明規定つきの真の考えである」と定めるのだね？

テアイテトス　はい、非常に気に入りました。

ソクラテス　今や、このようにしてわれわれは、テアイテトス、今日のこの日に、昔 D
から知恵のある多くの人々が探し求めながら、見つける前に老いさらばえてしまったものを、手に入れたのではないだろうか？

テアイテトス　はい。事実このわたしには、ソクラテス、今語られたことは、すぐれた言葉で語られたように思えますね。

ソクラテス　そうとも。だが、それだけのことでもなく、事柄そのものも、そのとおりであるようにみえるね。なぜなら、説明規定と正しい考えを離れては、いかなるものも知識でありえないからだ[10]。

7　ここでは説明規定（ロゴス）は「もろもろの名（onoma、複数形onomata）の織り合わせ」、と定義されるが、『ソフィスト』では「言明」という意味の「ロゴス」が、「名（onoma）」と述《い》べ（rhēma）の織り合わせ」として定義される。そして「述べ」は主語に対する動詞のように理解される。

8　第一部一八四B〜一八六Eで、視覚・聴覚などの感覚を通じた知覚経験と、「共通なもの」の知性的推理による魂自身の経験が分けられた。音節は後者の経験に関係して知られ、説明規定をもち、字母は前者の知覚経験の対象であると、ここでは主張される。

9　直訳で「説明規定を与える」となる didonai logon は「定義する」を意味する成句。

（2）「ソクラテスの夢」の批判的検討

ソクラテス　しかしじつは、語られた事柄のうち一つだけ、わたしの気に入らない点があるのだ。

テアイテトス　いったい、どの点のことでしょうか？

ソクラテス　それは、もっとも工夫が凝らされているように思える点だ。つまり、そ
れは、字母のほうは「知られない」が、音節の種類のほうは「知られる」という、 E
あの肝腎の点なのだ。

テアイテトス　その点なら、正しいのではありませんか？

ソクラテス　そこのところを、ぜひ確かめておかなければならないのだよ。というのも、われわれはあの議論が例として用いて話のすべてを語ったものを、議論の「人質」として、手元に取っているからだ。

テアイテトス　いったいどんな例でしょう？

ソクラテス　文字の字母と音節が、その問題となる例だ。それともきみは、われわれ

が語っている議論をもともとわれわれに話してくれた人が、どこか、これとは別の事例に注目して言ったと思うかな？

テアイテトス　いいえ、そうは思いません。それらに注目してのことですとも。

四〇

ソクラテス　それでは、これらをふたたび取り上げて、吟味のためのテストをすることにしよう。いや、むしろわれわれ自身を吟味することにしよう。先の説明のとおりにわれわれは文字を学んだのか、それともそのとおりではないのか、というようにね。

さあそこで、まずこの点だ。音節は説明規定をもつが、字母は説明規定のないも

203A

10　『メノン』九七E〜九八Aで「真の考えに原因推論が加わり、しっかり縛りが入って安定したもの」が知識 epistēmē であるとされた。事柄の「説明規定」ならば原因を言い当てるという考えは、プラトンの基本的前提であり、初期のこの考えが、『テアイテトス』のここの議論につながっている。

のなのだろうか？

テアイテトス　はい。きっとそうなのに違いありません。

ソクラテス　うん、わたしにもまったくそうだと思われる。実際、わたしソクラテスの名の初めの音節について、人がこのように問うたとしよう。

「テアイテトス、ΣΩとは何か、[11]言ってくれ」

きみはどう答えるだろうか？

テアイテトス　ええ、わたしは「シグマとオメガです」のように答えます。

ソクラテス　するときみは、この音節を説明する、そうした説明規定をもっているというわけだね？

テアイテトス　はい、そうです。

ソクラテス　では、先に進もう。そのようにして、シグマの説明規定をも言いたまえ。 B

テアイテトス　でも、いったい「字母の字母」を人がどうして言えるでしょうか？

実際、ソクラテス、シグマ（Σ）は無声の字母に属し、音だけであり、言ってみれば舌が擦《こす》れているだけのようなものです。またベータ（B）にも、声も音もありませんし、大多数の字母もそうです。したがって、これらが説明規定のないものであると語られたことは、まったく適切なことです。これらのなかでもっとも明瞭な七つ［の母音の字母］さえ声をもつのみで、なんらの説明規定ももたないのですからね[12]。

ソクラテス　したがってこの点では、友よ、われわれは知識について、うまくやり遂げたわけだ。

テアイテトス　はい、そのように思われます。

ソクラテス　だが、これについてはどうだろうか？　字母が知られないということ、　C

11　Σ（シグマ）はsの音、Ω（オメガ）はoの長母音。「ソクラテス」を母音の長短込みで表すと「ソー・クラ・テース」になり、「ソー」が名前の第一音節に当たる。

12　「もっとも明瞭な七つ」とは、母音を表すA、I、Y、E、H、O、Ωの七つ。

音	ア	イ	ユ	エ	オ
長母音	A	I	Y	H	Ω
短母音				E	O

テアイテトスのここの説明は、各字母の「本質」を或る意味で語っており、したがってそれら字母の学問知識的な説明規定に近いとも言える。

その一方で音節は知られるということ、この点をわれわれは正しく論証したのだろうか？

テアイテトス　ええ、そのようにみえますが。

ソクラテス　では、先に進もう。つぎのどちらだろうか？

（Ⅰ）音節は両方の字母である、あるいは、字母が二つ以上の場合ならそのすべてである、とわれわれは言うだろうか、それとも、

（Ⅱ）複数の字母が組み合わせられるときには一つのかたちが生じていて、そのかたちが音節なのだろうか？[13]

テアイテトス　「すべての字母である」（Ⅰ）とわれわれは答えるのではないかと、わたしは思います。

ソクラテス　それではその点を、シグマとオメガの二字母で調べなさい。わたしの名の第一音節はこれら両方である。この音節を知っている人は、これら両方を知っているのではないかね？

テアイテトス　ええ、もちろんそうです。 D

ソクラテス　すると、シグマとオメガを知っているのだね？

テアイテトス　はい、そうです。

ソクラテス　すると、どうなるのだろう？　その人はシグマとオメガそれぞれに無知であり、いずれをも知らないのに、それでもその両方を知っているのだろうか？

テアイテトス　いいえ。そんなことは、空恐ろしくも理不尽なことですよ、ソクラテス。

ソクラテス　いや、しかし、両方を人が知っているためには、それぞれを知っていなければならないわけだから、もしこのとおりなら、これから音節を知る人にとって、その字母をあらかじめ知っておくことは、絶対の必然になる。したがってこうして、あのわれわれの美しい言論は、われわれのもとから逃亡してしまって、どこかに消え去ってしまったのさ。

テアイテトス　はい。それも、きわめて突然に。[14]

ソクラテス　うん、それというのも、われわれが、議論をよく見守ってあげなかった

E

13　（Ⅰ）と（Ⅱ）に場合を分けて、いずれにしても「ソクラテスの夢」の主張は成り立たないとするジレンマ論法による反論が、ここから始まる。「かたち」の原語は idea。

からなのだ。なぜなら、きっと
（Ⅰ）音節とは字母である
のではなく、
（Ⅱ）複数の字母から一つの種類のものとして生じており、そして、それ自体の
一つのかたちをもっていて、字母とは異なるものである
と定めておくべきだからである。

テアイテトス　ええ、そうなのでしょう。おそらく、先のようであるというよりは、このようなのでしょう。

ソクラテス　偉大にして神聖な説を考察しなければならないのだ。そのように男らしからぬ態度で譲ってしまっては、いけないぞ。

テアイテトス　はい。そうですね。

204A **ソクラテス**　では、今われわれが言ったとおりだとしよう。つまり、（Ⅱ）それぞれ調和しあう字母の和合から、一つのかたちとして、音節ができあがっている。文字においても、ほかのすべての事柄においても、これは同様である。

テアイテトス　はい、まったくそのとおりです。

ソクラテス そうだとすると、音節には複数の部分があってはならない。

テアイテトス いったい、どうしてそうなるのですか？

ソクラテス なぜなら、諸部分があるような全体ならば、それは、そのすべての部分でなければならないからだ。それともきみは、諸部分からなる全体も、自分のすべての部分とは異なるような一つの種類のものとして生じている、と言うのかな？

テアイテトス はい、そのように言いますとも。

ソクラテス しかし、それでは「全部」と「全体」だが、きみはこの二つのものを同

---

14 （Ⅰ）からの議論が、ここで比較的簡単に終わる。もし音節「ΣΩ」がΣとΩそれぞれである（つまり、このそれぞれと同一で、それぞれに還元される）ならば、ΣΩを知るためにはΣとΩをまず知らなければならない。

15 「種類のもの」と訳した原語はeidosであり、「かたち」と訳した原語はここでもideaである。いずれもプラトンのイデア論では、多くの美しいものや多くの正しいものの上に立つ美や正義のイデアを指す言葉として頻出する。以下の（Ⅱ）からの議論は、音節を、多くの字母に還元されない独自の「同一性」ないし「個性」をもつ「一つの全体」とすると、初めの期待に反して、その「全体」がもつべき「諸部分」との関係が失われて、まったく孤立した単独者になってしまうという趣旨である。

じものと呼ぶだろうか、それとも、それぞれ異なるものと呼ぶだろうか？[16] B

テアイテトス ……わたしはなにも明確には理解しておりませんが、あなたが前向きに答えるよう命令されるので、ここでは敢えて「異なる」と答えてみましょう。

ソクラテス その前向きの姿勢は、テアイテトス、正しいのだよ。答えも正しいか、調べなければならないね。

テアイテトス ええ、もちろんそうすべきです。

四一

ソクラテス そうすると今の話では、「全体」は「全部」と相違するのだね？

テアイテトス はい。

ソクラテス では、どうだろうか？「すべてのもの」と「全部」だが、これらに違いがあるだろうか？

たとえば、われわれが数を数えて「一、二、三、四、五、六」と言うとき、あるいは「三かける二」、あるいは「二かける三」、あるいは「四たす二」、あるいは C

「三たす二たす一」のように言う場合、これらの場合すべてで、われわれは同じ一つの事柄を語っているのだろうか、それとも、その都度別のことを語っているのだろうか？

テアイテトス　同じことを語っています。

ソクラテス　それは六以外の何ものでもないね？

テアイテトス　はい、まさに六です。

16　「全体」の原語はholonで、「全部」の原語はpan。「pan」には数えられるものの総計、総和を指す用法があり、ここではその用法が活用されている。この前後の議論はつぎのように進行している。

〔大枠〕ここまでに予告済み

（1）音節に諸部分はない。

（2）なぜなら、全体に諸部分があるなら、全体は諸部分（と同一）である。

（3）しかし全体は、諸部分ではありえない。ゆえに（1）音節に諸部分はない。

〔（2）の正当化〕ここからの議論

（4）全体は全部である。

（5）しかし全部は諸部分（と同一）である。ゆえに、（2）全体は諸部分である。

ソクラテス　すると、それぞれの言い方においてわれわれは、すべてのものは六である、と言っていたのだね？

テアイテトス　はい、そうです。

ソクラテス　しかし、それならわれわれは、言葉で「全部」と言うとき、まったく意味のないことを言っているのだろうか？

テアイテトス　いいえ、意味のあることを言っているのでなければなりません。

ソクラテス　その意味とは、六のこと以外の何かだろうか？

テアイテトス　いいえ、まさにそれです。

ソクラテス　したがって、およそ数からなるものにおいては、[17]われわれは「全部」と D
「すべてのもの」を、同じものとして語っている。

テアイテトス　ええ、そう思えます。

ソクラテス　それではそのようなものについて、つぎのように言おう。［長さを示す］プレトロン[18]の数とプレトロン［自体］は同じである。そうじゃないか？

テアイテトス　ええ、同じです。

ソクラテス　スタディオンの数も、同様に、スタディオン［自体］と同じである。

テアイテトス　はい。

ソクラテス　そしてまた、軍団の数と軍団［自体］も、この種のすべても、同様なのではないか？　なぜなら、総数とは、「この種類のものそれぞれの、全部となるもの」だからである。[19]

テアイテトス　はい。

ソクラテス　そして、こうしたものそれぞれの数は、まさかもろもろの部分と別のも

E

17　この限定は重要である。315頁注19参照。

18　ここでは長さの単位としての「プレトロン」で、一プレトロンは約一〇〇フィート。つぎに出てくる「スタディオン」も長さの単位で、一スタディオンは六プレトロン。「六プレトロン＝四プレトロン＋二プレトロン」という計算を考えてみよう。ここの「六」「四」「二」は自然数そのものというより、単位となった「プレトロン」の数である。他方、その「六」も「四」も「二」も、それぞれ一定の長さのものについて、「これの長さは、何プレトロンか？」と質問されたときの答えだから、この意味で、「プレトロン」であると言える。したがって、本文のように、「プレトロンの数とプレトロンは同じ」と言えることになる。

のではないだろうね？

テアイテトス　ええ、数はまさにもろもろの部分です。

ソクラテス　それゆえ、もろもろの部分をもつものは、その諸部分からなるということになるね？

テアイテトス　ええ、そのように思えます。

ソクラテス　しかるに、すべての部分が全部である、ということがすでに同意されている。総数が全部でなければならない以上は、そうなるのだ。

テアイテトス　はい、そのとおりです。

ソクラテス　したがって、全体はもろもろの部分からならない。なぜなら、もし全体がもろもろの部分からなるのなら、それは、すべての部分であるはずなので、ゆえに［テアイテトスの選択に反して］全部であることになってしまうからである。

テアイテトス　はい、そのように思えます。

ソクラテス　しかし、部分は、まさにそれの全体との関係においてのみ、部分なのではないか？

テアイテトス　……いいえ、そうではなく、全部との関係において、あるものです。

205A **ソクラテス**　ふむ、これはまたきみは勇ましく、テアイテトス、歯向かってきますね。しかし「全部」と言えば、「それから何も欠けない場合の、それそのもののまるごと」というものではないか？

テアイテトス　はい、そうでなければなりません。

ソクラテス　また「全体」について言うと、同じ「それから何もいかなる観点においても欠けないような、それそのもののまるごと」こそ、全体なのではないだろうか？　だが、ひとたびなにかがそこから欠けると、もはや全体でも、全部でもなくなる。

19　たとえば、測る単位にかんして、「五メートル全部」はメートルの数の「五」と同じで、「一メートルと四メートルのすべて」と同じである。軍団も単位として考えられるときには、「七軍団全部」は軍団数の「七」と同じで、「四軍団と三軍団のすべて」と同じである。したがって、「単位的なもの」にかかわる「換算」や「言い換え」としては、本文のような議論は成り立つ。それでは数と単位を離れても、さらにこのような「全体＝全部＝すべて」という無条件の等しさが言えるかということが問題になる。

20　テアイテトスはここで、二〇四Bの自身の発言「……わたしはなにも明確には理解しておりませんが、あなたが前向きに答えるよう命令されるので、ここでは敢えて『異なる』と答えてみましょう」に忠実な態度で答えようとしている。

そして、このことはつまり、同じ原因から同じ結果が、同時に生まれることになった、ということではないだろうか？

テアイテトス　……今やわたしには、全部と全体は、なにも異ならないように思えるようになりました。

ソクラテス　ところでわれわれは、もろもろの部分がその部分であるような「全体」も「全部」も、すべての部分であることになる、と言おうとしていた[21]のだね？

テアイテトス　ええ、そのとおりです。

ソクラテス　それでは、先ほどわたしがその点から論じようとしていたことだが、ふたたびそこに戻って言うと、音節が字母ではないならば、それはその部分として、 B
字母をもたないということが必然だろう？　そうでなければ、音節が字母と同じになってしまい、字母「が知られるものであるの」とまったく同じように知られるものにならざるをえないのだ。

テアイテトス　はい、そのとおりです。

ソクラテス　そうならないためにわれわれは、そもそも音節とは、字母とは異なるものだと定めたのだったね？

テアイテトス　ええ、そうでした。

ソクラテス　では、どうだろうか？

もし字母が音節の部分でないなら、きみは、音節の「部分」ではあるが、音節にとっての字母ではないようなほかのなにかを、挙げることができるかね？

テアイテトス　いいえ、全然言えません。なぜなら、ソクラテス、音節のなんらかの「部分」ととにかく言えるものをわたしが認めるとして、字母に向かわないでそれ以外のものに向かうならば、それは滑稽なことに違いないからです。

ソクラテス　そうすると、テアイテトス、今の議論では完全に、音節は部分をもたな C
いような、一つのなんらかのかたちである、ということになるだろうね。

テアイテトス　はい、どうやらそのようです。[22]

ソクラテス　それでは、きみ、少し前の議論においてわれわれは、ほかのさまざまなものがそれらから合成される第一のものには、説明規定がない——なぜなら、第一

21　二〇四A。

22　音節は「全体」なのに、それと諸部分との関係を論ずることができなくなる、ということ。

のものそれぞれは、それ自体として非複合的だから——[23]ということ、そして、それについて「有る（ある）」を適用して語ることも「それ」を適用して語ることも、ずばりそのものとは異なる、それに不相応なことを語ることになるので正しくないということ、そしてさらに、まさにこの理由から、それは説明規定のないもので、知られないものになるということを、見事なことが語られていると考えながら、受け入れたのだ。

今もきみは、そのことを記憶しているだろうか？

テアイテトス　はい、憶えています。

ソクラテス　では、第一のものが「単一」であり[24]「部分のないもの」であることに、 D
いったいこの理由以外、なにかほかの理由があるだろうか？　というのも、わたしにはほかの理由など、なにも見えないからだ。[25]

テアイテトス　ええ、そうです。そんなものがあるようには、思えませんね。

ソクラテス　そうすると、音節は部分をもたずに一つのかたちである以上、むしろ、あの字母と同じ種類のものになったのではないだろうか？

テアイテトス　はい、まったくそのとおりです。

ソクラテス　したがって、一方でもし音節が多くの字母でありなんらかの「全体」であって、音節に部分があるなら、音節もそして字母も同じように知られ、同じように語られるものなのである。なぜなら「この仮定では」、すべての部分が全体と同一であることは、明らかだからである。[26]

テアイテトス　はい、そのとおりです。 E

ソクラテス　他方、もし音節が一つのものであり、部分のないものなら、音節は音節

23　原語は asuntheton で、非複合的なものならば解体されないという考えから、中期初めの『パイドン』ではこのことが、イデアが生成消滅を免れて永遠に自己同一性を保つことを保証する特徴とされる（『パイドン』七八C～D）。

24　原語は monoeides で、イデアについて言われた特徴。前注の「非複合的」と同じ観点による議論が『パイドン』七八D、八〇B、『饗宴』二一一B、Eにある。

25　「ソクラテスの夢」の「第一のもの」ないし「字母」的なものは、説明規定を欠くものとされた。その理由は、第一のもの固有の名の織り合わせがないということだ（二〇二A参照）とここで断言される。

26　これは、ジレンマの（Ⅱ）の選択肢を選んでいろいろやってみた末に、ジレンマの（Ⅰ）の選択肢と変わらない結果になった、ということである。

で、また字母は字母で、互いに同様に説明規定がなく、知られないものなのである。なぜなら、［この仮定では］同じ理由がこれらをともに、そのような特徴をもつものにするからである。[27]

テアイテトス　はい。わたしにはそうとしか、言えません。

ソクラテス　したがって、人が「音節は知られうるし、語られうるが、字母はその反対である」と言うなら、われわれはそのことを受け入れないようにしよう。

テアイテトス　ええ、以上の議論をわれわれが納得するかぎりは、そのようにしましょう。

ソクラテス　では、今度は逆に、この点はどうだろう？

つまり、以上の主張の反対の主張を語る人の説のほうが、文字の読み書きの学習過程においてきみ自らも経験してよく知っているような事柄から、きみには、いっそう受け入れやすいのではないだろうか？

テアイテトス　わたしもよく知っている、どのような経験のことでしょうか？

ソクラテス　それはつまり、きみは学ぶ場合に、綴りのなかで語られ、書かれた字母があらわれる位置によって混乱させられないように、一つひとつの字母を、視覚に

206A

おいても聴覚においても、それぞれそのもの自体として識別しようと徹頭徹尾努めつづける、ということ以外のなにも、おこなってはいなかった、ということだよ。[28]

テアイテトス　ええ、それは、まったくおっしゃるとおりです。

ソクラテス　また、キタラ奏者のところで「完全に修得した」ということは、いかなる弦からその音がきているかと考えながら、それぞれの音を追いかけることができるようになったということのほかには、なかったのではないだろうか？　そして、これこそ音楽術の「字母（要素）」と言われると、だれもが同意することだろう。

テアイテトス　はい、まさにそれが、要素です。

ソクラテス　したがって、われわれ自身が経験のある「字母」と「音節」から始めて、それからほかのものへと推理すべきであるとすれば、字母のほうが音節より、はる　B

27　音節も諸部分の全体ではなくなって、ここで想定される字母や一般の要素のように、説明規定と本質のない、学問的に知られないものになるということ。

28　「識別する」の原語は diagignōskein。学習過程の識別の努力が実を結び、領域全体のことが学問的に理解されたとき、文字や音階などの事柄の識別能力も確立する。諸知識と諸技術の学習で、人々の「物の見方」「聞き方」「感じ方」も更新される。

かに明瞭な知をもっていて、しかも、各学習事項を完全に把握するために役立つような、より力のある知をもっていると、われわれは主張することができるだろう。そして、もし人が「音節は知られるような自然本性をもつが、字母は知られないような自然本性をもつ」と主張するなら、その人は、本意にせよ、不本意にせよ、冗談を言っているとわれわれはみなすだろう。

テアイテトス　はい、まったくそのとおりです。

二　第三定義の批判的検討

（1）「声に出して発話された言葉」という意味の「ロゴス」に基づく論駁

四二

ソクラテス　まあしかし、これについてはまた別の論証もあらわれるだろう。そのように、わたしには思える。他方、目前の問題については、この「ソクラテスの夢にかんする議論の」ために調べるのを怠ることがないようにしよう。 C

「真の考えとともに、説明規定がこれに付加される場合に、もっとも完全な知識が成立しているのだ」と言われるが、その意味は何か？　これがその問題だ。

テアイテトス　はい、その点を調べなければなりません。

ソクラテス　では、先に進もう。いったい「ソクラテスの夢」の論者はわれわれにとって、「説明規定」が何を意味すると言いたいのだろう？

というのも、わたしには、三つのうちの一つを語っているように思われるからだが。

テアイテトス　その三つとはいったい、どのようなものでしょう？

ソクラテス　第一のものは、「語句や名を伴う声を通じて、考えを、ちょうど鏡や水に映し出すようにして、口を通る流れの中へと映し、それを外に出して、自分自身 D
の思考を表現すること」だろう。それとも、きみにはこの種のものは「ロゴス（説明規定）」とは思えないだろうか？

テアイテトス　いいえ、もちろんそう思えます。実際、そのことをおこなう人は「説明している（レゲイン）」とわれわれは言っているのですからね。

ソクラテス　けれども、そのことなら、つまり、それぞれのことについて自分にどう思えるか示すということならば、生まれつき耳が聞こえないとか、言葉を発声できないとかでなければ、だれでも遅かれ早かれ、おこなうことができる。そして、それゆえ、およそなにか正しいことを判断する人であればみな、明らかにそれを「『ロゴス』つきで」もっていることになるのだ。それで、もはやどんな場面でも、 E
知識と別の正しい考えになることは、ないということになってしまう。

テアイテトス　はい、そのとおりです。

（2）「本質を要素の組で表す記述」という意味の「ロゴス（説明規定）」に基づく論駁

ソクラテス　それでも、今われわれが考察しているように知識を申し立てている人が、なにも意味のないことを語ったとして、容易に軽んじないようにしよう。なぜなら、先の定義を語る人は、おそらくそのことを言っていたわけではなく、「それぞれのものが何であるか？」と問われて、その質問者に一つひとつの字母を通じて答えを言うことができるということ[1]、これを言っていたのかもしれないからだ。

テアイテトス　あなたがおっしゃるのは、たとえばどんなことでしょうか？

ソクラテス　たとえば、ヘシオドスが四輪の車について、「車には百個の木工品があ

207A

1　これは「……とは何か？」をめぐる、プラトン的な問答法（dialektikē）への言及である。したがって第二の意味はプラトン自身にとって重要な「説明規定」である。

る」と語ったようなことだよ。[2]その「百個のもの」を、わたしは列挙することができないだろうし、きみにしてもできないと思う。しかし、「四輪の車とは何か?」と問われて、「車輪、車軸、車体、横棒、軛《くびき》」というように語ることができれば、われわれとしては十分だろう。

テアイテトス　はい、おっしゃるとおりです。

ソクラテス　しかし、いまわれわれがきみの名を問われ、おおよそ音節に従って答えているとしよう。このときわれわれは、自分が語っているものを、正しく判断し、かつ語っている。しかし、そのときわれわれが、自分は文法の知識をもち、文法家という資格つきでテアイテトスという名の説明規定をもっていて語っていると思うとするなら、あの定義を語る人は、「知識と知識でないものを混同した」われわれのことを、ばかげた人間だと考えることだろう。実際にはむしろ、真の考えとともに、それぞれの事柄を、人が厳密に「字母」を通じて完成するという段階までは、知識をそなえてなにごとかを語ることは不可能だと、かれは考えているのである。このように、たしか前の議論において語られていたのだ。[3]

テアイテトス　はい。実際、そのように語られていましたね。

B

ソクラテス　そこで、かれの意見では、その点は四輪の車についても同様であり、われわれのほうは正しい考えをもっているが、先ほどの「百個のもの」を通じて四輪の車の本質を詳しく記述できる人のほうは、この「百個の」要因を付け加えて手に入れているから、真の考えに説明規定を付加しており、四輪の車の本質について、 C 単なる考えの次元にとどまる心の状態を脱して、すでに技術的に通じている人間になっており、知っている人間になっているのである。なぜならこの人は、一つひとつの字母を通じて、全体を完成したからだ。

テアイテトス　するとあなたには、これがよいと思われるのですね、ソクラテス？

ソクラテス　きみにはそれがよいと思われるかな、仲間よ？　そしてきみは、「それぞれのものについての字母を通じた記述」が説明規定であり、「単に」音節に従った記述や、さらに大きな単位における記述は、説明規定を欠いたものであるという点を、受け入れるのだろうか？　われわれはそこのところを考察したいので、きみ

2　『仕事と日々』四五六行。

3　二〇六A。

がわたしに答えてほしいのだ。

テアイテトス　はい、わたしはその点を受け入れます。

ソクラテス　そう答えるのは、きみが一般に、同一の事柄が或るときは或るものに属 D すると思えるが、別のときにはそれと異なるものに属すると思えてしまうという場合でも、あるいは、同一のものに、場合によって別々の事柄が属すると思えてしまうという場合でも、そのように思ってしまう人が「その事柄を知っている人」であると考えるからかね？[4]

［むしろきみは、このような場合なら、その人はまだ問題の事柄を知らないと考えるのではないかな？］

テアイテトス　もちろん神かけて、そのような人が知っている者だとは、わたしは考えません。

ソクラテス　それでは、文字の学習で初めのうちは、きみもほかの人々もそういった種類の間違いをやっていたものだが、きみはそのことを思い出さないかな？

テアイテトス　あなたがおっしゃっているのは、同じ音節に、或るときには或る字母が属すると考え、また或るときには別の字母が属すると考えたり、同じ字母を、或 E

るときには適切な音節に当てはめ、また或るときにはそれと異なる不適切な音節に当てはめたりする、といったことでしょうか？

ソクラテス　そうだ、わたしはそのことを言っているのだよ。

テアイテトス　いいえ、神かけて、思い出さないなどとは、とんでもありません。まして、このような状態に陥っている人々が「知っている」などとは、わたしはけっして考えません。

ソクラテス　では、どうだろう？　そのような学習の場面において人が「テアイテト

4　子どもが「テアイテトス」のつづりをアルファベットの字母から一回か二回正しく書けたとする。たまたまそうできたとしても、この子どもの状態は、「知識としてはまだ十分ではない」と言われるかもしれない。たとえば「テオドロス」のつづりがまだいい加減ならば、「テアイテトス」も知識に基づいて書いたとは言えないと判定されるだろう。ふつう、類題が全部できて基本単語のつづり字理解の段階を完全に修得したときにはじめて、学習途上の子どもは「知識に基づいて『テアイテトス』も『テオドロス』も、この種の名前全部も、正しく書けるようになった」とされる。プラトンがこれから述べる「知っていること」は、このような領域全体にかかわる、関係諸項目の完全修得の意味における「知識」である。

ス（ΘΕΑΙΤΗΤΟΣ）」と書くとき、テータ（Θ）とエプシロン（Ε）を書くべきだと思い、かつ現実にそう書くとする。そして今度は「テオドロス（ΘΕΟΔΩΡΟΣ）」と書こうとして、タウ（Τ）とエプシロン（Ε）を書くべきだと思い、現実に「ΤΕΟΔΩΡΟΣのように」書くとする。このとき、われわれはかれが、きみたちそれぞれの名の第一音節を「知っている」と言うだろうか？ 208A

テアイテトス　いいえ、先ほどわれわれは、このような状態の人は、まだ知らないと同意しました。

ソクラテス　そうすると、第二音節について、また第三、第四の音節についても、この同じ人がそのような状態にあることは、ありうるね？

テアイテトス　ええ、むろん可能です。

ソクラテス　それでは、このような状態であるとして、その人が順番にきちんと書く場合、正しい考えをもっており、しかも一つひとつの字母を通じて記述していくという仕方で「テアイテトス（ΘΕΑΙΤΗΤΟΣ）」と書くのだろう？

テアイテトス　はい、明らかにそうです。

B **ソクラテス**　ただその人はそのとき、無知なのであり、しかし正しく判断はしていると、われわれは言っているのだね？

テアイテトス　はい。

ソクラテス　この人は、少なくとも正しい考えとともに、説明規定をもってはいるのだがね。なぜなら、この人は字母の枚挙を通じて綴りを踏破した上で書いたのであり、われわれはそうした踏破が「説明規定」であると同意していたからである。

テアイテトス　おっしゃるとおりです。

ソクラテス　したがって、仲間よ、まだ「知識」とは呼ぶべきでないような、「説明規定つきの正しい考え」があるのだ。

テアイテトス　どうもそのようですね。[5]

5　第二の意味の議論は、全体としてプラトン自身の「知識（epistēmē）」の理解の特徴をよく表している。〔解説〕第八節参照。

（3）「対象を、この世に唯一あるものとして確定する記述」という意味の「説明規定」に基づく論駁

四三

ソクラテス　そうなると、われわれは知識のもっとも真なる説明規定をもったと思ったのだが、まさに夢のなかで金持ちになっていたのにすぎないようだ。
　それともまだ、失敗だと自分たちを責めないでおこうか？　なぜなら人は、「説明規定」をこの意味のものとは定義せず、三つのうちの残っている種類であると定義するかもしれないからである。「知識とは、説明規定つきの正しい考えである」 C
と定義する人はこの三つのうち、少なくとも一つを「説明規定」と考えるのだろうと、われわれは主張したのである。

テアイテトス　はい、よく思い出させてくださいました。そのとおりでしたね。まだ一つ残りがありました。

一つは、声に映し出された、思考の像のようなもの、もう一つは、「字母を通じて事柄の全体に至る踏破」と今言われたばかりのもの。それではあなたは、第三のものとは、何であると言われるのでしょうか？

ソクラテス　多くの大衆が語るだろうもの、つまり、「それにより、問われたものがすべてのものと異なるようなしるしを言えること」というものが、それなのだ。[6]

テアイテトス　たとえば、何についてのどんな「説明規定」でしょう？　わたしに教えてください。

ソクラテス　たとえば太陽について、「地球の周りを動く天体のうちで、もっとも明るく輝くもの」ということで、きみには受け入れるのに十分だとわたしは思うよ。 D

テアイテトス　ええ、それで大丈夫です。

ソクラテス　それでは、この話の趣旨をこのようなものとして理解しておきなさい。それは、たった今言った点にかかわる。すなわち、われわれが先ほど言ったことは、

6　「記述」ないし「確定記述」として、唯一の対象をほかのすべてのものから区別できて選別的に特定するような言葉ないし説明のこと。

それによってそれがほかのものと異なるような、それぞれのものの差異をきみが得るならば、人々が言うには、きみは「説明規定」を得ているということだ。ただし、きみがまだほかのものと共通のなにかにふれているかぎりは、きみの説明規定は、共通性がおよぶような複数のものについての規定になってしまうだろう。

テアイテトス　了解しました。またわたしは、このようなものを「説明規定」と呼ぶ E
ことは、すぐれたことであると考えます。

ソクラテス　しかし、そのような場合に対して、有るもののうちのどれについても、正しい考えとともにほかのものとの差異をその上得る人はだれであれ、以前はそれについて「判断する者」にすぎなかったが、今はそれについて知る者となった、ということになるだろう。

テアイテトス　はい。なにはともあれわれわれは、そのように主張していますね。

ソクラテス　……さて今、テアイテトス、このわたしは、あたかも陰影をつけた絵に近づくかのように、今語られたことに近づいてみたのだ。すると、そのほんのわずかの内容さえも全然理解できない。まだ遠くに離れていたときには、なにごとか意味のあることが語られているように、わたしには思われていたのだが[7]ね。

テアイテトス　どのような意味で、また何のことを、あなたはおっしゃっているのですか？

ソクラテス　きみに話すことができるか、やってみようか。今わたしは、現にきみについて正しい考えをもっている。このときわたしは、「説明規定」のこの第三解釈によれば」きみの説明規定をその上得られるならきみを知っており、もしそれを得られなければ、判断しているだけである。

テアイテトス　はい、そうです。

ソクラテス　そして、きみをほかのものから区別してくれる差異性の記述が、説明規定なのだった。

テアイテトス　ええ、そのとおりです。

ソクラテス　それでは、わたしが判断のみしていたとき、それによりきみがほかのものと異なる、そのような特徴のどれ一つにも、思考においてふれていなかったのだ

209A

7　「陰影をつけた絵」は光と影のコントラストにより、形とボリュームがあらわれるようにする技術による絵画。近寄ると、遠くからは一定の形に見えていたものが消えうせる。

ね？

テアイテトス はい、そう思えます。

ソクラテス したがって、そのときわたしは、「きみとほかのものに」共通する諸特徴のどれかを思考していたのであり、それら共通の特徴のどれをも、きみが他者にまさってもっているということはないのだ。

テアイテトス はい、そうだったのでなければなりません。 B

ソクラテス では、神かけて言いたまえ。いったいいかにしてこのような状態において、ほかのだれかというよりとくにきみのことを、わたしは判断していたのだろうか？[8] わたしが「人間であり、鼻と両眼と口と、同様に諸部位のそれぞれをもっている、これがテアイテトスである」というように思考している、と想定したまえ。このときこの思考は、テオドロスというよりテアイテトスを、あるいは「もっとも遠くのミュシア人」[9]というよりテアイテトスを思考させるようなことが、あるだろうか？

テアイテトス いいえ、そのようなことはありません。

ソクラテス しかし、それならわたしが、「鼻と両眼をもっている」と考えるのみな

C らず、「めくれた鼻と出目をもっている」と考えるとき、それでもまだ、わたし自身や似た容貌の人間のだれかというより、きみのことをわたしが判断することには、けっしてならないのだろうね？

テアイテトス　ええ、それはまったく無理なことです。

ソクラテス　そして、わたしが思うには、きみの「独特の」このめくれた鼻にみられる特徴が、わたしのこれまでに見たほかの多種多様なめくれた鼻とは異なるものをわたしのもとで刻印するような記憶像として保存され——そして、とくにきみを際立たせるほかの個性的な特徴も同様に保存されて——この独特のめくれた鼻が、た

8　第三の意味の「説明規定」への反論が、ここから始まる。そもそも、もしテアイテトスをほかのすべてのものから区別できなければ、テアイテトスについてもともと真の考え（判断）をもつことさえ不可能だったはずである。区別できたから、真の考えをもてた。したがって、テアイテトスをほかのすべてのものから区別できる説明規定を真の考えに単純に加えても、同じ真の考えのままであり、その真の考えを「知識」に変えることはできない。

9　ミュシア人は小アジア北東部の人々。ここでは見知らぬ遠い人のことを代表する言い方。

10　本対話篇冒頭のテオドロスによるテアイテトスの容貌描写（一四三E）参照。

とえ明日わたしが遭遇するとしてもきみを思い出させ、きみについて正しく判断させることになるまでは、それ以前には、絶対に、テアイテトスはわたしの内部では、判断されることがない、そうだね。

テアイテトス　はい、それが、この上ない真実です。

ソクラテス　したがって、正しい考えもまた、それぞれの対象の「すべてのほかの対 D
象との」差異性に、かかわりをもつものでなければならない。

テアイテトス　はい、そのように思われます。

ソクラテス　そうなると、正しい考えに加えて説明規定を得るということは、ことさら何であるということになるだろうか？

なぜなら、一方で（I）それが、「どの点でなにかがほかのものと異なっているか？」をさらに考える、ということを意味しているとすれば、この指令は、まったく滑稽なものだからである。

テアイテトス　それは、どうしてですか？

ソクラテス　当のものがほかのものと異なる点についての正しい考えを、われわれはすでにもっているのに、そのような当のものが、ほかのものとどの点において異なるかということの正しい考えを、その上得よとわれわれに命じてしまっているのだ。そして、この意味で、暗号で書かれた巻紙の棒[11]やすりこぎや、どのような名称で語られようがこうしたものを「ぐるりと一回り」回すことでさえ、この指令に対してまだなにもぴったりの比喩ではない。ただし、「盲目の身であって道案内すること」E という比喩なら、かろうじてより正確だと言われるかもしれないな。なぜなら、われわれが判断しているものを学ぶために、現にわれわれがもっているものを付加的に得なさいと命ずることは、じつに気前のよいことにわれわれを、あらかじめ「判断さえできていない状態である」「盲目」にしておいてくださるようなことだからである。

テアイテトス　それなら、あなたがつぎに、「他方で、もし……ならば」とでも言って探究し始めようとする選択肢のほうは、どのようなものでしょうか？[12]

11　スパルタで用いられた軍事用の密書を巻きつけた棒。巻きつけられた紙を開いて読んでも意味不明だが、スパルタの受け手の軍人のみがもっている棒に巻きつけて読むと、伝言内容を読み取ることができた。したがって部外者は、密書付き棒を一度回しても、何度回しても解読法の秘密を見て取ることはできない。

ソクラテス　かれが、（Ⅰ）「差異性を判断するように」ではなく、（Ⅱ）説明規定を、かわいい坊や、「知ることを付け加えて得るように」と命じているとすれば、知識の説明規定にかんするもろもろのことのうち、もっとも美しいものは、まさに愉快なものでもあることになるだろうね。

なぜなら、この「知ること」はきっと、「知識を手に入れること」に違いないか 210A
らだ。そうだね？

テアイテトス　はい。

ソクラテス　そうするとこの説明は、「知識とは何か？」と問われて、「差異性の知識がついた正しい考えである」と答えようとしているように思える。この説によれば、これが「説明規定の付加」になるからだ。

テアイテトス　ええ、実際そのように思えます。

ソクラテス　そして、われわれは今知識［とは何か？という問い］を探究しているのに、差異性であれほかの何であれ、なにかの「知識が付け加わった」正しい考えであると答えることは、まるっきり愚鈍なことなのである。[13]

12　二〇九E六は、底本の読み（ei de ge...ti nundē hōs erōn et' eputhou;）に従う。

13　定義は、定義によって説明される言葉を説明文中に含んで、「循環」してはならない、ということ。

結論　知識は、知覚でも、真の考えでも、真の考えに説明規定が加わったものでもないこと

ソクラテス　したがって知識は、テアイテトス、知覚でもないし、真の考えでもないし、真の考えに説明規定が付加されているものでもないことになる。[1] B

テアイテトス　はい、そのように思われます。

ソクラテス　それでは、今もわれわれは知識について何か孕んでいて、生む苦しみに悩んでいるのだろうか、友よ、あるいはすべてもう、出産したのだろうか？

テアイテトス　ええ、神に誓ってわたしの場合、あなたのおかげで、自分自身のうちにもっていたものより、多くのものさえ出産しました。

ソクラテス　われわれの助産の技術はこれらすべてが、生まれはしたがほんとうの中身はないものであり、養育に値しないと言っているのではないだろうか？

テアイテトス　はい、まったくそのとおりです。

四四

ソクラテス　だが、もしきみがこれらの後で、ほかの考えを孕もうとするのであれば、テアイテトス、孕むときにも現在の吟味のおかげで、よりすぐれた考えでふくれる C だろうし、空っぽであるときにも、居合わせる仲間にとって付き合いにくい者でなくなり、より温和になるだろう。そしてきみは健全な精神を示して、[2] 自分が知らないものを知っているとは、思わないことだろう。なぜなら、わたしの技術はこの程度のことのみをおこないうるのであり、これ以上のことはけっしてできないからで

1　プラトン初期対話篇の「ソクラテス的論駁」のパターンと同じく、ここでも完全に否定的な結論により、相手の無知を自覚させる教育効果が得られたことになる。

2　原語は sōphronōs で、四つの主要な徳（43頁注3参照）のひとつ sōphrosunē（節度、精神の健全さ）に対応する副詞。ソクラテスとの対話によりテアイテトスは、知っていることの内容が単純に増えたというより、自分の状態についてより透明な認識を得て、思いあがることのない人間に近づくことができた、という意味。

ある。またわたしは、現代の偉大で驚嘆すべきほかの人々や、過去のそのようなほかの人々がものごとを知っているようには、そうしたことを何も知りはしないのである。

しかしそれでも、この助産の仕事を、わたしも母も神から授かった。母は婦人たちの助産術を授かったのだし、わたしは、若くて高貴で、そしてだれであれ、美しい精神であれば、そうした男性を介助する技術を、授かったのだ。 D

……さて、今やわたしは、わたしを訴えたメレトスによる告訴のために、バシレウスの柱廊に出かけなければならない。[3] しかし、明日の朝もう一度ここに、テオドロス、集まることにしましょう。[4]

3　「バシレウス」は「王」を意味する言葉だが、王がいなくなった民主制のアテナイでは、「バシレウスの柱廊」は、司法の役所のことである。この一文は、ソクラテスが前三九九年に死刑判決を受け、処刑されることになる裁判への言及である。裁判と刑死にいたる過程の話としては、本対話篇『テアイテトス』（執筆時期としては中期最後の作品）のつぎに、バシレウスの役所前で出会った旧知のエウテュプロンとの、敬虔をめぐる初期対話篇『エウテュプロン』がきて、そのあとに被告ソクラテスの裁判弁論を描いた初期作品『ソクラテスの弁明』、そのつぎに獄中のソクラテスの処刑が迫った日の老友クリトンとの対話を描いた初期作品『クリトン』、そして最後に、処刑当日の親しい仲間たちとソクラテスによる、魂にかんする対話を描いた中期作品『パイドン』、という順番で並ぶ。

4　ここで言及される翌日の一同の集まりでテアイテトスがエレアからの客人とかわす対話が、つぎの後期最初の作品『ソフィスト』の内容になる。

『テアイテトス』解説目次

一　「知識とは何か？」という問いの意味について　350
二　第一部の主要な哲学説の配置　376
三　プロタゴラスの相対主義と、その評価　383
四　ほんものの生成、ほんものの変化とは何か？　402
五　第一部最終議論——知覚は知識ではないこと　407
六　第二部の議論と虚偽不可能性の難問　418
七　裁判員と知識　446

八　第三部の議論——わたしは何を、どのように知っているか？　452
九　結び　474

解説

渡辺邦夫

一　「知識とは何か?」という問いの意味について

『テアイテトス』のテーマは「知識」です。「知識とは何か?」を西洋哲学の歴史ではじめて本格的に研究した書物とされます。この「知識」は、原語のギリシャ語では「エピステーメー」です。「知識」という訳語が一般的であり、本訳でもこの訳語を用いますが、言葉の意味について、初めに説明しておきましょう。

日本語の「知識」ないし「知」、「知る」、あるいは「分かる」などの言葉は、さまざまな意味やニュアンスで語られます。たとえば、

「昨日の会議で会社の来期の経営新方針が決まった。わたしはそれを上司から聞いて、今知ったところだ」

「お兄ちゃんがわたしの分のチョコレートをこっそり食べたこと、わたし、あのと

き見て、知っているの」

「かれは鉄棒のけ上がりができ、け上がりの仕方を知っている」

「彼女は不自由なく育ったしだれからも愛されるので、まだ嫉妬を知らないようだ」

「そんなずるい手を使うなんて。きみは道義を知らないのか！」

「実験からはそのようにも推測できるのですが、理論的証明がまだだから、そうだと知っているわけではありません」

――これらは、個別的な事実の知識であったり、ノウハウであったり、感情の経験であったり、道徳規範の知識であったり、一般法則の理論的知識であったりします。「知る」や「知っている」などの似た言葉が共通なので、なんらかの統一性が見つかるかもしれません。見つからないにしても、ゆるやかなグループをなしてはいるでしょう。しかし現代哲学では、知識（英語のknowledge）について論ずるとき、まずどのような知識なのかに応じて分類しておきます。その上で種類ごとにその種の知識のあり方を見定めてから研究を始めることが、確かなやり方とされます。

こうした現代日本語の「知識」や関連する言葉に比べて、古代ギリシャ人が用いたギリシャ語の「エピステーメー」は、意味上、「学問的」知識、組織的な「理解」というニュアンスを、強く含んでいました。そしてかれらは一般に、意味の統一性を、現代人よりも強く信じていたと思います。プラトンまではこの傾向はつづいていました。したがってたとえば、昨日のサッカーの試合でAチームが勝ったか、それともBチームが勝ったか知っているといった、事実の認識をただ単にそのような細切れの知識として扱うということは、プラトンやかれの同時代の人々の関心の中心には、ありませんでした。一つひとつの項目にかかわる事実の知識であっても、むしろなんらかの知識の「体系」ないし「組織」のなかで位置を占める事柄として、扱っていたと思います。

したがってプラトンは『テアイテトス』で、今日確実なやり方とされるように、「知る」の意味や用法の分類からは、話を始めていません。方向としては逆に、組織的理解・知識すべてについて、その一般的本質をまず問います。問うなかで、「知識」と呼ばれるすべての事柄の内部に重大な違いや隔たりがあれば、おそらくそのいくつかは、発見されてくるはずです。そうした探究として、「知識（エピステーメー）とは何か？」という言葉で導かれる探究を考えることができる、と予想されるのです。——この点を、本解説の結びの部分で、最後にふりかえります。そのとき、現代哲学の分析的な問題意識に或る程度対応する、「知識」の異なる意味の分割と相互関係の発見という、予想通りの成果が上がっていることが、確認されます。

プラトンはたとえば、「三二たす五九は九一であると知ること」を、算数ないし数学の一段階の理解の問題として扱い、「何月何日の夜何時にこの地域で月蝕が見られると知ること」を、天文学に基づく学問知識の問題と考えていました。さらにかれは、「この行為は公正であり、善いと知っていること」もまた、世の中のあり方をよい方向に変える力をもつ、善の体系的理解の問題の一環として考えていました。[1] かれは『テアイテトス』以前の『ポリテイア(国家)』などで、こうした善の体系的理解こそ、全学問をひとつにまとめあげる究極のエピステーメー(知識ないし理解)であるとする壮大な構想を述べていました。そして、『テアイテトス』のなかで脱線的とされる議論(一七二B~一七七C)において、そのような以前の重要理論が『テアイテトス』の知識探究の本線の議論の背景にあることを示唆しています。

つまり、「エピステーメー」という知識にかかわるプラトンの一般的態度は、組織

1 『ポリテイア』第四巻五〇二C~五〇九C。善の学習は「最大の学習」であるとされた。

的理解を重んじるものであり、善と諸価値への積極的荷担を含むものであるという二つの特色をもちます。組織的理解の重視からのひとつの帰結として、プラトンは、専門家や権威による情報を聞いて知っている「伝聞による知識」を、かれの考える「エピステーメー」としては、承認していません。しっかりした伝聞であることは、われわれ現代人にとって、或る事実を自分が「知っていること」の正当化に使える事実です。しかしプラトンは、当時の人々がみなそうであったように、事柄が要求するような説明ができる程度に深い「理解」こそ、「エピステーメー」という知識であると考えました。計算して足し算の答えを知らなければならず、学問的推論によって月蝕の出現を知らなければならないわけです。そこで、その答えや事実をだれかから聞いたり、本で単に見たりした人は、この意味では事柄を「知らない」ことになります。初めに挙げた例でいえば、最初の、会社の新方針を聞いて知った人は、現代日本のふつうの「知る」や英語の knowledge という意味では方針を知っていますが、エピステーメーの訳語としての「知識」としては、その方針をまだ「知らない」わけです。

「知識とは何か？」を主題とするこの作品の対話は、おもにソクラテスと若い数学者テアイテトスとのあいだで進みます（途中、一部の対話はソクラテスと、テアイテトスの数学の師匠テオドロスとのあいだのものです）。テアイテトスは一〇代の天才的研究者ですが、「知識とは何か？」という哲学的な問題を本格的に考えた経験はありません。したがってソクラテスは、かれにまず、知識の哲学的な問いとはどのようなものかということから、説明をはじめます。以下では、その問いの導入の箇所の議論を紹介し、そのあとで『テアイテトス』全体で問いがどのような運命をたどったかということの「粗筋」を示すことにします。

プラトンの「知識」理解の特徴を、かれ自身が『テアイテトス』冒頭部分の一四五C～一四八Eで示しています。この箇所でソクラテスは初めてテアイテトスに、「知識とは何か？」という問いを投げかけます。もっと詳しくみると、かれはつぎのようなステップを経て、「知識とは何か？」を対話に導入しています。

（1）学ぶとは、人が学ぶ事柄をめぐって、より知恵のある者になることである。

（2）「知恵のある者」が、知恵がある（賢い）のは、本人の内部にある知恵の力による。

（3）知恵は知識（と同じ）である。

（4）知識とは何か？

（1）は、「学ぶ」、「学習する」ことが、言葉だけのことでなくて、文字通り現実に、人間を変え、進歩させることを意味するという場合に、その人は学習以前の状態よりも「より知恵がある」状態になるというわれわれのふつうの言い方、考え方を、そのまま書き記したものです。

たとえば、「増加する」という動詞の意味は、なにかが現実に「より多く」なることです。また、「凝固する」という動詞の意味は、なにかが実際に「固体」状態になることです。他方、「知恵がある」という言葉は、人間として無条件にすぐれていて、徳があるという意味合いをもっていました。ギリシャでは知恵は、つねに代表的な徳でした。「徳」の原語の「アレテー」は一般に、はたらきがあるもののはたらきがすぐれているという意味の言葉です。馬のアレテー、手のアレテー、斧のアレテーなどは、馬として、手として、また斧としてすぐれているという「卓越性」です。人間のアレテーは「徳」と訳すのが自然であると思います。プラトンの議論以来、勇気、正義、節度と並んで、知恵は四つの代表的な徳のひとつとされました。以上のことから、

（1）ではプラトンは、真の意味で「学ぶ」ことは、人間が知恵の徳の点で現実に進歩を遂げるということだと主張していることが分かります。

つぎに、（2）の部分でソクラテスは、そのような変化の原因の話に移行します。なにかを学ぶときにわれわれは「より知恵がある者」になりますが、われわれがそのようによりよい方向へと現実的に変化をすることの原因として、われわれの「知恵」が問題になっていると確認しています。この知恵の徳は、本格的な教育と学習の過程が裏打ちしてくれる徳です。ギリシャ人が知恵をとくに重視したことは、かれらがもろもろの古代文明のうちでも際立って教育熱心な民族であり、教育と学習の方法についてさまざまな工夫を重ねた人々であった、ということのひとつのあらわれです。なお、「知恵」にあたるギリシャ語原語「ソフィア」は、人間としての端的な優秀性を示すような、抜群の「賢さ」ないし「知恵」という語義のほかに、「専門家（エキスパート）の知識」という意味をもっていました。『テアイテトス』ではこの二つの意味は、連続的に捉えられています。[2] われわれが検討している冒頭付近の「知識とは何か？」の導入議論では、専門知をもつ「知識の持ち主」が経験した学びは、真の知恵という「知識」の学びの健全な土台であると同時に、重要な専門知や事柄の理解である場合には、そうした学びの一部ともなるものだとみなされていたと思われます。

したがって、「人間としてすぐれた、知恵のある人にどのようにしたらなれるのか?」という問いが、(1)と(2)のなかに、すでに理解されているということが分かります。そして、これらにつづく(3)では、その「知恵(sophia)」こそ、本作品の主題の「知識(epistēmē)」と言い換えてかまわないものだと主張されます。最後に(4)で「知識の問い」が立てられることになり、ここが、『テアイテトス』の主題を確定する重要箇所です。この問いの意味は、すでにだいたい明らかになっています。それを、いまかりに、つぎのように表現できるでしょう。

「もしも或る能力の修得によって人間を『進歩』させてくれる、そうした能力――『知識』とも『知恵』とも呼ぶことができる能力――が存在するなら、その能力とは、一般的に言って、どのようなものだろうか?」

この問いは、(1)から(4)までの議論において、人が現実に進歩して、よく(あるいは、すぐれた者に)なるということと結びついて立てられています。そしてこのことが、ソクラテスやプラトンなどの古代ギリシャ哲学における、「知識」（あるいは「知」）の問題の特色です。その特色は、知識の問いが、人間であることの問題と連続する問いと考えられていた、と表現することができるものです。なぜなら、知識は人間の徳としての「知恵」と同じものとされており、この知恵の学びにより活動の可能性自体を増やしながら生きていけるのは、動物のなかでもとくに人間に固有な「生き物としての特徴」だからです。自然界における一見「不思議な」パワーとしての、人間の「知識」とは、いったい何でしょうか？

テアイテトスは「知識とは何か？」というソクラテスの問いに、知識の例を列挙することで答えようとします。「それでは、わたしには、テオドロスのもとで人が学びうる事柄も、つまり、幾何学も、また先ほどあなたが挙げたもろもろの事柄の知識も知識であるし、それに靴作りの技術も、またそれ以外の職人のもろもろの技術も、知

2　この連続性は従来の解釈では表現されていない。多くは、おもにエキスパート的知識の問題としてこの箇所の議論を理解する。しかし、テアイテトスは幾何学で「より知恵がある」ようになりつつあるのだが、同時に端的にもより知恵があるようになりたいと思っている若者だ、ということが非常に重要であるとわたしは考える。

識であると思えます。これらの全部が、そしてそれぞれ一つひとつが知識にほかならないとわたしは思います」(一四六C〜D)。しかしソクラテスは、このような多くの具体例の列挙では、問いの趣旨に合わないと答えます。かれは、これは「たったひとつのことを求められたのに多くのことを答えてくれたもの」だと言います。要するに、知識であるものをたくさん答えてほしいのではなく、知識か、それとも知識でないか、をもともときめてくれる一般的規準が知りたかったということです。ソクラテスに言わせれば、「靴作りの技術」は「靴作りの・知識」なのだから、テアイテトスが「知識とは何か?」への答えに使った「靴作りの技術」をほんとうに理解するためには、むしろ、われわれは、「知識」とはどのようなものかを、はじめになんらか理解し、知っていなければならないのです。

一般的規準の追究を、知識の例を単に挙げるという場合と、比べてみましょう。知識の例を、幾何学、天文学……というように挙げるだけのことなら、大学の組織図や、できあがった学問技術名一覧を見ながら答えることができます。しかし、具体例ではだめで一般的規準を言えといわれたとき、技術や知識「と言われるもの」について、すべてに共通で、われわれに「知識特有のすぐれた仕方で為すようにしてくれる」、あるいは「知に基づくというすぐれた仕方で達成することを可能にしてくれる」原因となるものを、ズバリ言えなければなりません。そして、自分が何を知っていて何を知らないか、そのときの知と不知の区別はどこにあるのかということを自分で考えた結果として、言えなければなりません。さらに、成功した学習に共通の「自分の内側の原因」を言うためには、自分を含む人間たちが（ほかの動物とは違って）なぜ「知識」を頼りに生きるのかという問いにも、正面から答えられなければなりません。

言い換えると、「知識とは何か？」に一般的に答えなければならないとき、われわれは一つ二つの実例を挙げるときのようには、楽に思考できなくなり、人間の本質や自然的なパワーまで突き止めなければなりません。テアイテトスという人は、このおもしろいけれども特殊で、難しい研究に向いています。なぜならかれは、$\sqrt{2}$や$\sqrt{3}$や$\sqrt{5}$などの個別的な無理数の列を見て、無理数とは一般に何かという問いに、歴史上初めて答えた人だからです（一四七C〜一四八B）。そしてソクラテスは、この問いの追究をテアイテトスがおこなうとき、最善の問い手として協力してくれます。われわれは「勇気とは何か？」や「美とは何か？」や「徳とは何か？」といった定義の問いにかんして自分のなかに見つかるアイデアを展開しようとすると、ひどい間違いをしがちなのですが、その間違いを一つひとつ正してくれて、まっとうで建設的な探究のコースに戻してくれるパートナーが、かれだからです（一四八E〜一五一D）。

——以上の問いの導入の後にくる一五一Eから結論までの議論が、『テアイテトス』の本論にあたる部分です。そこではテアイテトスは、今度は具体例の例示によらないで、「知識」の一般的な説明規定を考えだします。そしてソクラテスのほうでは、かれのそのつどのアイデアを、まず哲学的な立場として完成するまで展開させますが、一通り「立場」と呼べる哲学の主張ができあがると、今度は、それを容赦なく検討して、結局否認します。

展開の議論も検討の議論も、ときどき細かく（また、場合により難しく）なります。したがって読んでいくうちに、自分が全体としてどのような意味の議論に付き合っていて、議論の大きな流れの中で、その個別的部分からどのような教訓を得るべきか、よく分からなくなるということが起こります。そこで、個別的な箇所を第二節から説明する前に、骨太の「粗筋」を述べておき、読者が議論を読むときに、『テアイテトス』の議論全体のそうした筋を、適宜参照しながら利用できるようにしておきましょう。

――まずテアイテトスは、「知識とは知覚である」という定義の提案をします（一五一E）。ソクラテスはかれの提案を聞いて、この提案は、有名なソフィストであるプロタゴラスの相対主義の主張に近いという感想を述べます（一五一E～一五二A）。知覚が誤りのない「知識」であると認めるということは、「今吹いている風は、温かいか、冷たいか？」などの問いについて二人の感じ方が異なる場合、二人のどちらかが真理を把握していてもう片方は誤りに陥っているとはせずに、各人がそれぞれ感じることはその人にとって確かであり真理であり（つまり、「各人に相対的に成り立っている」真理であり）、他人からの修正を受けないと主張することだ、と解釈できそうだからです。

テアイテトスの発想は、たとえば自分が経験したわけではないことと、現実に自身が経験し、「この目で見た」こととでは、自分で見たことのほうが信頼でき、確かである、といった実感に基づいています。しかし、たしかに知覚は一定の場合にもっとも頼りになるものですが、小さな頃に習った母語の言語能力や推論や推理や計算、あるいは記憶も、場面によっては「これこそ確かな事柄」や「当たり前のこと」だと言えます。言語的知識や初歩の算数の能力も、あるいは簡単な事柄の近い記憶もまた、人々の生活上の活動がそれなしには成り立たない立派な知識であり、基礎です。それゆえ、予断をもたずに言えばこれらのことも、少なくとも知識の「候補」であると言わざるをえません。したがってテアイテトスが、「知識とは知覚である」と一般的に定義し、そう言い切ることができるためには、かれは自分の単なる実感を超えて、なんらかの特別な哲学的立場に荷担しなければなりません。ソクラテスは、プロタゴラスの相対主義が、このテアイテトスの必要を満たしてくれる立場だと考えます。そしてテアイテトスも相対主義を、議論のために受け入れることにします。

一方で数学を熱心に学んできて、一〇代後半で当時の最先端の研究をしているテアイテトスが、そのような学問の「学び」で現実に進歩し、知識ないし知恵をどんどん身に付けているという事実にもかかわらず、知識そのものについてはみな平等に、自分の知覚経験について権威になれるだけであり、他の人の経験には口出しできないというプロタゴラス説に近い説を、自分の提案として出したことになります。

しかしそれでは、そのプロタゴラスの相対主義で、数学の学びや、一般に学問の学びが「知識」にかんしてもつ大きな意味をどのように承認できるのかということは、明らかではありません。じつは数学と学問一般と哲学の積極的意義が、プロタゴラスの相対主義によって解明されることはなく、むしろないがしろにされてしまうこと、そして、絶対的で客観的な真理の追究を保証する反相対主義こそ、学問と学問的討論の意味を承認できる立場であること、これがプラトン自身の考え方です。また、これらの学問は、「知覚」というより「思考」や「知性」の経験を舞台として、そこで学ばれるものと考えるほうが、どちらかといえば自然でしょう。[3] プラトンの哲学的な立場もまた、明らかにそのような知性主義の立場でした。

したがって、テアイテトスの「知識とは知覚である」という定義は、遅かれ早かれソクラテスとプラトンに否認されざるをえない定義であったと言えます。実際、この定義の長い検討（第一部）の後、一八七Aから対話篇の終わりにいたるまでの部分（第二部と第三部）では、テアイテトスにより「知識とは真の考えである」と「知識と

3　プラトンは後の近世の哲学の論争では知覚に基礎を置く経験主義のグループとは遠く、知性主義的な合理主義のグループに近い立場といえる。しかしそれとともに重要なのは、経験主義のバークリや合理主義のライプニッツなど、この一七～一八世紀の大論争に参加した哲学者たちが、『テアイテトス』第一部のもろもろの議論から、知覚経験にかんする哲学的考察の材料を得ていたという事実である。

は真の考えに説明規定が加わったものである」という二つの提案がなされ、ソクラテスによって検討されます。このうち、最終提案の「知識とは真の考えに説明規定が加わったものである」が、初期の作品のころから中期最後の『テアイテトス』執筆時にいたるまでのプラトンの考え方に近いものだということは明らかです。動物と人間が共有するような単なる「知覚」では知識にならず、人間のみがもつ「考え」が知識には必要であること、そして、後に詳しくみるように、「説明規定」と訳した「ロゴス」が「真の考え」に付け加わったとき知識が得られるのではないかということ、これが、登場する三つの定義のうちでプラトンが『テアイテトス』において試みたかった、唯一見込みのある定義候補だったと思われます。

たとえば、「三二たす五九は九一であること」を知っていると示すには、単に真の考えをもっていることに加えて、計算能力に基づくような「説明」を与えることができればよいと考えることは、自然で、説得的に思えます。月蝕の予言をする人が、理由が言えない勘や超人的千里眼によるのではなく、理由に基づいて学問的な段取りと論証の力をそなえてそうするとき、かれは、今晩この地で月蝕が見られると「知っている」と言えそうです。そしてプラトン自身も『テアイテトス』以前の『ポリテイア』などの中期作品で、正しい説明を含むエピステーメー(知識)と、そのような説明のないドクサ(「考え・憶測」)を、互いにまったく違うものとして説明していました。それだけでなくかれは、事柄の説明規定としての「ロゴス」は、まずその事柄を学問的に研究し始めるときに目標となり、研究が進んでその目標のロゴスが得られたなら、それに基づいてただの「考え・憶測」の次元を超えた学問的知識の観点から世界の現象や人々の営みを把握できる、そうした、探究全体の鍵となるものとしました。

それでは、なぜプラトンは、自分では最終的に受け入れるつもりのない第一定義「知識とは知覚である」と、その定義に意味を与えるプロタゴラスの相対主義の主張を長大な議論によって論じて、関係するすべての含意を取りだそうとしたのでしょうか? この問いへの答えは、さまざまな形で提案されてきました。その解釈論争には立ち入らず、ここでは二点の関係する事実を挙げておきます。第一に、『テアイテトス』を書いていたころのプラトンは、相対主義が非常に重大な立場であり若者たちのあいだで影響力をもっていたことと、その相対主義を乗り越えることなしに自分の哲学的立場を守り、展開することも、厳密な意味では不可能であることを、よく認識していたという事実があります。第二に、第一定義の「知識とは知覚である」は、相対主義による補強を受けて、知覚という経験領域に「誤りのない真理」を見ようとします。プラトンは、知覚とは異なるもうひとつの経験領域（これをかれは、「考え（ドクサ）」と呼びます）にこそ「誤りのない真理」だけでなく「真理」と「虚偽」も全体的に含まれると結論づけたいのですが、この結論を得る過程で、プロタゴラスの相対主義哲学は格好の論敵として、プラトンの結論の確立に間接的に貢献してくれるのです。

　第一の点を説明しましょう。プラトンによれば相対主義自体は、永遠に論駁不可能かもしれない、手ごわい論敵です。相対主義のはじめの例は、風が吹いていてAさんは温かいと感じ、Bさんは冷たいと感じるという、知覚における「相反するあらわれ」と呼ばれる事態でした。『テアイテトス』のその後の議論では、実際には現在形でだれかに現在風が温かい（あるいは、冷たい）とあらわれることが、その人にとっての相対的な真理というより、絶対的で客観的な規準から真理か虚偽かに分類できるという趣旨の、「反相対主義」の完成した主張は、なされません。

　むしろ、一見すると小さなポイントに思えるが、未来の事柄のあらわれにおいて、知識の絶対的な優劣の差がある、とする反論のみが述べられます。つまり、ただ単に、未来のあらわれにかんして、ワインが将来甘いとあらわれるかどうかはブドウ農家の人が素人よりよく知っていて、体の発熱にかんしても、医者のほうが素人より、身体がこの先熱くあらわれるか平温にあらわれるかを知っていると論じています。価値や社会制度のあり方のあらわれの問題にもこの点は適用されます。或るポリスは将来有益だろうと思って或る法律を定め、事実有益な法なのに対して、別のポリスでは同じく有益だろうと思って定めた法律が、逆に実際には有害で、国民を苦しめるかもしれず、このような場合には両国の立法家のあいだには、絶対的な知識の差があったと言わざるをえないからです（一七七C〜一七九D）。

このような反論は、中途半端な「妥協」ではありません。たしかにプラトンは、敵の強さを十分認識しています。それゆえ『テアイテトス』では、相対主義との対決を、次作の『ソフィスト』になって最終解決をみるよう「継続審議」にします。しかし、その一方でかれは、『テアイテトス』のこの辺の議論では、知識を探すべき場所を確定するという目標に向かっており、このためには、未来の事柄のあらわれの絶対的差異が用意されれば十分なのです。この論じ方が、先に挙げた第二の点に関係します。

プラトンによれば知識は、知覚ではなく、知覚とともに「人間の心による経験」の二大分類をなす、「考え」のところで探されなければなりません。そして、相対主義が未来のあらわれにかんして間違った主張であるという主張は、相対主義の哲学自体に対してはまだ決定的な反論ではありませんが、「知識とはそもそもどのような経験の内部に見つかるものなのか?」という問いへの答えを得る探究にとっては、絶好の根拠になります。なぜなら、現在の事柄を問題とする「……であるとあらわれる」における個人間の優劣の差については、相対主義に百歩譲って「まったくなし」だとしても、それでも未来にかかわる「有益になるとあらわれる」や「熱が下がるとあらわれる」などの未来の事柄のあらわれは、過去の学習の正しさや学問修業の質が問われるような、絶対的な「知恵の差」がはっきり姿をあらわす場面であることが、判明したからです。しかも、このことが明らかになったので、これと同時に「現在のあらわれ」や「現在の知覚」[4]にさしあたりかかわりなくわれわれは、知恵と知識が適切に問題になる経験領域を別にもっている、と考えることができます。なぜなら、適切な学習により知識が十分に増え、「より知恵のある者」になっても、現在の知覚は学習以前と同じであり、いわば「定数」のままであるのに対し、未来のあらわれのほうは、学びの成果を反映して連動しながら確実性を増す「変数」としてふるまうからです。したがって、ここの議論が与える結論は、『テアイテトス』全体にとって、もっとも重要な教訓のひとつです。

「未来の事柄のあらわれの問題」は、「知識とは知覚である」という定義では、知識を探すべき経験の場所について完全な取り違えが起こるとする第一部最終議論（一八四B〜一八六E）につながります。この最終議論は、二段階からなります。

第一段階でプラトンは、相対主義者やその仲間がそうしがちなように、一時点ごとのだれかの知覚経験をばらばらに扱ってはいけないと指摘します。わたしのもろもろの知覚は、さまざまな時点の経験であっても「わたしのもの」として一定の統一性をもつはずです。したがって、わたしの経験を束ねる何かを「魂」と呼んでよければ、単に「視覚により認識する」とか「味覚によって感じる」と言うより、「魂により感じる・知覚する」と言うほうが、誤解の余地は少ないでしょう。プラトンはこの一般

4 『ソフィスト』にいたると、『テアイテトス』ではまだ規定されていなかった「あらわれ（ファンタシア）」が、「知覚を通じた考え（判断）」と規定される。この規定により、あらわれも考えと同様に、一般に真偽が帰属するものとなるので（二六四A〜B）、「現在の知覚が提供するようなあらわれ」もまた、例外的に相対的真理の問題とされるということがなくなり、未来の事柄のあらわれと同様、絶対的な真偽を言いうるものになる。

的なポイントを明確にするために、人は感覚を通じて魂によって知覚の経験をする、と語法の整理をします（一八四B〜E）。

つぎに第二段階では、視覚や聴覚などの感覚を通じて魂（心）が経験する「知覚」は、「存在や真理が問題になる領域」ではもともとなかったこと、そして存在と真理が属する経験領域は感覚を経ない魂自体による経験（「判断すること（ドクサゼイン）」（一八七A）および「考え（ドクサ）」（一八七B）と、後で総称されます）だから、「知識とは何か？」という問いについては、探究の場所をがらりと変えて、考えのなかでどのような考えが知識か、研究しなければならないこと、この二点を主張します（一八六A〜一八七B）。これらの主張が成り立つことにより、『テアイテトス』の議論は大きな転回点を迎えます。もう、「知識とは、知覚である」という知識定義を捨ててよいことになります。そしてその代わり、「考え」という領域に舞台を移して、「知識とは、真の考えである」ないし「知識とは真の考えに説明規定が加わったものである」といった定義を検討しなければなりません。

なお、今「存在」と簡略にまとめた言葉は、「有・あること（ウーシア）」や「あること（エイナイ）」などです。「エイナイ」という不定詞の動詞は、「存在する」という用法と、「……である」という補完を要する用法の両方を含む、広い意味の動詞でした。プラトンが、これら二用法を含むウーシアは、知覚には関係なく、もっぱら考えに関係すると考えたことの意味は、つぎのようなものです。[5] つまり、知覚ではわれわれは「赤の知覚」で赤を意識し、「甘さの知覚」では甘さを意識します。これに対し、そのように意識される赤や甘さが、実在するのか（存在用法）、あるいはほんとうに赤い（ないし、ほんとうに甘い）のか（「……である」と述部の補完を要する用法）を認識することは、現在の事柄にかかわる「知覚」によるのではなく、過去の事柄の反省や、未来の事柄の予言を含む「考え」によることだ、ということがその意味です。

こう解釈すると、知覚自体は五感によって感覚される、甘さや赤さといった特徴にかんする意識の問題になります。ただし、その代わりにこのような知覚は、知識・存在・真理とは直接の縁をもたない経験領域になります。他方、「考え」のほうは、未来にかかわる予言の用意をしながら過去の反省をおこない、そうしながら現在の知覚

5　この解釈は M. F. Burnyeat, *The Theaetetus of Plato, with a Translation of Plato's Theaetetus by M. J. Levett*, Indianapolis/Cambridge 1990, 61-65 による。

に臨むような、人間特有の認識すべてを網羅する、巨大な経験領域の名前になります。

この最終議論においてプラトンは、相対主義批判の時と同じ材料から、未来のあらわれの問題だけでなく、もっと大きな問題をも引きだしています。つまりかれは、過去の学習が現在の人間の「実力」となり、その実力が、反省と、未来に向かう予言や行為可能性の豊かさとにつながって、そして、こうして生まれた豊かな力は、知識が帰属される人の場合に、実在と「ほんとうにそうであるもの」を事柄どおり正確に把握する力にもなっている、こう考えているのです。これは人間の認識の力の一種ですが、認識の力のなかでも、動物と共有し幼児期からそなわる「知覚」ではなく、成長と学習によって伸びる、人間特有の「考え」です。このなかに「より知恵がある者になること」と知識が属すると、説得的に論じられています。

以上の議論全体の趣旨は、つぎのソクラテスのセリフに集約されます。

> それゆえ、まず一定のものは、生まれてすぐに人間にも獣にも、これを知覚できる力が自然本性的にすでにそなわっている。身体を通じて魂に届くかぎりのもろもろの体験がそれだ。しかし他方で、有（存在）と有益さ（善）という観点にてらして

のこれらの事柄にかんする総合的な推理は、そうした推理がそなわるような生き物にも、長時間かけて、また多くの困難と教育を経て、やっとのことでそなわるのではないだろうか？（一八六B〜C）

このようにプラトンは、「知覚」と「考え」の二大区分をおこない、知覚を知識候補から完全に除外します。そして、考えの領域のどこかの部分に知識を発見するという方向へと一八〇度転換するわけです。読者の哲学的な立場や考え方の傾向によっては、この方向転換への異論もあることでしょう。しかし、少なくとも、「より知恵がある者になるように学ぶ」ことのリアリティに着目したプラトンの「知識とは何か？」という問いの初めの立て方と、「中間の折り返し」にあたるこの箇所における、「考え」へのかれの方向転換は、首尾一貫したものだと思います。

以下、ここまでの粗筋の上で、第一部の主要なトピックを第二〜五節で説明します。第二部と第三部の粗筋については第六節前半で述べることとし、ついで第六節後半〜第九節でその粗筋に沿って、主要ないくつかのトピックを紹介します。

二　第一部の主要な哲学説の配置

第一部の全体は長大な議論ですが、これは、テアイテトスの「知覚が知識だ」という提案が、プロタゴラスの相対主義だけでなく、ギリシャで支持を集めていたもうひとつの有力哲学説である「流動説」とも結びつく内容であったためです。

関係する第一の哲学説は、前節でみたように、ギリシャ北部アブデラ生まれの大物ソフィストのプロタゴラス（前五世紀初め～前四二〇年頃）が唱えた相対主義の主張です。これがテアイテトスの第一提案と直接結びつく哲学説であるとソクラテスは、テアイテトスの提案を聞いた瞬間に答えます。プロタゴラスは著作もあった人ですがその後散逸したので、今日かれの学説を知るには、この『テアイテトス』の記事などから再構成することが不可欠です。

ソクラテスは、つぎの二つの主張が内容的に重なると診断します。

テアイテトス説　知識とは知覚である。
プロタゴラス説　それぞれのものは各人にとってあらわれるとおりに、各人にとって有る。

プロタゴラス説はテアイテトス説で言及される「知識」に一定の解釈を与えることにより、それが「知識」にかんする哲学の主張として有意味で、説得的なものに思えるようにします。テアイテトスが「知識とは知覚である」と言ったことは、一定の哲学的立場に踏み込んで出した答え方として解釈されなければならないからです。

この「踏み込み」は、プロタゴラス説では、「各人にとって有る」の部分で表現されています。「有る」はここでは、「実際にそのとおりである」あるいは「実際に正しい（成り立っている）」といった程度の意味だと思います。各人にとっての真理こそ真理だ、ないし各人にとっての実在のみが実在だ、と主張していることから、テアイテトスの提案をうまく解釈できるように思えます。

ソクラテスが挙げる例では、今吹いている同じ風の「冷たさと温かさ」の感じ方が人により異なる場合に、われわれがおおむね、「きみにとっては温かい。わたしにとっては冷たい」と言って、それぞれの感じ方の違いをそのまま許容する、という事実が、相対主義を積極的に主張するための材料とされます。どちらがほんとうの感じ方かという問題は、存在しない、とするのです。ここからプロタゴラスの立場では大胆に一般化をおこない、あらゆる「感覚」、さらにはあらゆる「認識」は一人一人の個人に相対化される真理なのだとする、「真理にかんする相対主義」と現代哲学で言われる主張の、西洋における最古の表現にいたります。

知識の定義を考えなければならなかったテアイテトスが、「知識とは知覚である」と答えると同時に、プロタゴラスがかつて唱えた相対主義の主張にも荷担することになった事情は、「したがって知覚は、それが知識だといえるように、つねに有るものにかかわり、虚偽のないものである」(一五二C)という一文から明らかになります。知識には、誤りを全面的に免れているという、だれもが同意する特徴がありますが、感覚経験において「見間違い」や「聞き違い」、「勘違い」、「錯覚」、「幻覚」、「ただの夢」などのことが正面から問題になるかぎり、知覚が知識であるという主張を条件ぬきに申し立てることはできません。しかし、かりに相対主義が正しく、各人の知覚はその各人当人にとっての真理である(もっと極端には、その知覚体験をする一時点の当人にとっての真理である）と主張しきれるのであれば、「知識とは知覚である」というテアイテトスの答えもまた、「有望なもの」に思えるわけです（もちろん、ふつうの知識の議論で、「誤りえない」という条件を考えるときには、相対主義的真理だから他人から修正されえないという特殊な意味ではなく、「客観的に成り立つ真理であって、しかも誤りえない」という意味で考えています。テアイテトスが相対主義を受け入れ、つぎにみる流動説も受け入れるとき、知識の哲学的な議論に参加する大多数の立場からはどんどん遠ざかっていく、ということに注意しておいてください）。

しかしテアイテトスはさらに、ほかの学問的で「知性的な」思考的認識もあると通常は考えるはずなのに、なぜもっぱら知覚に「知識の本来の場所」を見いだすのかという問いにも、答えなければなりません。提案した定義を守るには、テアイテトスは知性や思考がさしあたり無視できると論じなければならないからです。そして、知覚だけが誤りのない認識の一次的な経路だと考えることができるためには、「知覚こそ知識」という考え方に深く結びつく、もうひとつの（あるいは、もっと多くの）哲学説が必要です。

対話者ソクラテスは、ギリシャではそのような学説が、ホメロス以来の文化的伝統とも呼べるひとつの強固な考え方としてあったと言います（一五二D〜一五三A）。すなわちそれは、小アジアのイオニア地方、エフェソス出身の前六世紀の哲学者ヘラクレイトスの「（万物）流動説」が代表とされる教説です。

流動説　なにものもそれ自体としては一つではなく、「なんらかのもの」でも「なんらかの性質のもの」でもない。人が「有る」と称しているものとは、移動と、動きと、相互の混合から「生成しているところ」のものである。

この流動説にプロタゴラスとテアイテトスが荷担しなければならない事情は、つまり、こういうことです。たとえテアイテトスのいう「知覚」やプロタゴラスのいう「各人へのあらわれ」が真理と実在の保証だとしても、もしそれが単に「ひとつの保証」にすぎず、ほかにたとえば思考や記憶やなんらかの学問的認識が、確固たる実在の絶対的で公共的な姿を示す「もうひとつの保証」あるいは「よりすぐれた保証」として独立にあるとすれば、プロタゴラスの相対主義もテアイテトスの知識定義も、両方とも自分の身を守ることができない、ということなのです。そこでソクラテスは、ヘラクレイトスやほかの多くの哲学者と知識人が賛同する、「変化や運動や生成こそ、じつは世界の『実在』と呼ばれるものの究極の姿だ」とする流動的世界観が、プロタゴラスの哲学の「秘密の奥義」のようなものでもあった、と発言します（一五五D～一五六A）。一回の知覚体験という出来事以前には（そして、そのような出来事を超えては）、見たり聞いたりする「主体」も持続的に存在せず、見られたり聞かれたりする「もの」あるいは「対象」も安定的な姿で捉えられない、と考えるわけです。そして、知覚体験という出来事自体は、「その場で見られる色に依存しつつ見る眼」と、逆に「見る眼に依存しながら見られる白や赤の色」が、それぞれ単にその場で一回「生成すること」なので、この出来事は「流動」であると同時に、「相互依存的ななにか」にすぎません。ここから、流動説では、われわれが主体の名として「有るもの」を指すとしている「人」なども、また見られる対象の名として「有るもの」の名であるとしている「木」なども、じつはともに、こうした出来事で一度かぎり生成してゆく刹《せつ》那《な》的な特徴の「束」を呼ぶための、かりの呼び名にすぎないと考えることになります（一五六A～一五七C）。

流動説を加味したプロタゴラスの相対主義では、要するに各人各様の知覚が各人の確実性の唯一の源であり、そのほかにこれに匹敵する確実性はいっさい存在しないと考えます。こうして、ほかの種類の記憶や予期や推測や推論や思考はすべて、一度の変化、もしくは一度かぎりの生成である知覚の確実性に比べて、はるかに及ばない確かさしかもたない、劣った認識だと考えるわけです。

このような三つの主張の総合は、一六〇Eまでひととおり完成します。テアイテトスはひとつの「お産」を終え、生み終えた後の助産師ソクラテスの吟味がつぎに待っています。

以上三つの、テアイテトス説、プロタゴラス説、流動説に対するプラトン自身の態度を問題にすることができます。ただし『テアイテトス』のプラトンはプロタゴラスの主張に賛同しておらず、確信的反相対主義者です。知識とは知覚であるというテアイテトス説にも、プラトンは賛成しません。そこで、流動説との関係だけが論争になっています。知覚の対象である「見られるもの」について、たとえば中期はじめの作品『パイドン』では、たえず生成消滅し、確固とした実在性と自己同一性を欠くと主張していた（七九A以下）からです。この主張はこの部分だけ取り上げると[6]、表面上、流動説に似ています。この点については第四節でふれることにします。

三 プロタゴラスの相対主義と、その評価

一六九Dから、哲学史においてこの作品中でもっとも話題となった議論のひとつが展開されます。「相対主義の自己論駁」と呼ばれる議論で、要するにプロタゴラスの相対主義の立場は、自分の立場を表明したその瞬間に自分で自分に反した主張をなさざるをえないという、なにか魔法のような議論です。とくに一七一A～Dが、問題を含んでいて、数多くの解釈が提出されている部分です。簡単に議論の要素を短い文で並べると、つぎのようになります。

(1) プロタゴラスは、人間はつねに真を判断する、と考えている。

6 『パイドン』では「見えないもの」である善や正義や等しさのイデアのほうが実在であり、つねに自己同一性を保つものとされる。この部分は流動説のいかなる部分にも対応しない。

(2)(a)プロタゴラス自身にとってプロタゴラスは、真を判断しているが、(b)ほかの無数の者にとってプロタゴラスは、虚偽を判断している。

(3)(1)より、プロタゴラスは、(2b)のようにプロタゴラスは虚偽を判断していると他人が判断するとき、この他人の判断が真である、と容認する。

(4)(3)より、プロタゴラスは、自分の見解が虚偽である、と容認する。

(5)(2b)および(4)より、プロタゴラスは、だれにとっても、虚偽を判断している。

この議論は相対主義を、いわばねらいすましたパンチ一発でノックアウトしようとする議論です。したがって、このとおり成り立つということは、たぶん期待できません。相対主義は(そこにいろいろな理論的問題をみることは、できるでしょうが)、一個の単純ミスによって思いつかれたような、つまらない議論ではないからです。

この議論の評価をおこなうときに重要なポイントは、(3)から(4)に進むのには、問題があると見抜くことです。まず(3)のなかの「プロタゴラスは虚偽を判断している(と他人が判断するとき……)」という部分は、正確には、「他人にとって、プロタゴラスは虚偽を判断している」という内容でなければなりません。したがって、プロタゴラスのほうでは、(4)を導きたいだれかから、「きみは虚偽を判断しているのだね?」と問われたなら、自分は自分にとって真の判断をしている、と(2a)を繰り返し言っておけば、それでいいのです。ところが(4)では、「或る人にとって」という、相対主義の立場からは必ずつけておくべき限定を外して、無条件に「自分の見解が虚偽である」ことをプロタゴラスに認めさせようとしています。もちろんプロタゴラス本人はこれに同意しないでしょうし、予想されるプロタゴラスのこの態度は、正当なものです。

しかし、その反面でこの議論は、相対主義の「不健全さ」ということであれば、よく表現できていると思えます。実際、多くの人にとって、相対主義の主張を聞いてとくに疑問に思えることは、或る人(やグループ)が自分の説を述べ、ほかの人(やグループ)が「それは絶対に違う」と申し立てるような、深刻で白熱した論争やまじめな討論、あるいは葛藤の状況に、相対主義の主張をもつ人が、まじめに、完全に誠実に対処できるのだろうかという問題なのです。そのような特殊な状況では、だれが結局勝利するにせよ、また、たとえその場のだれも論争の明らかな勝利者ではないとしても、それでも論争や葛藤の当事者はみな、「自分にとっての真理」という「殻」を意識することなく、共通の客観的真理の把握に向かって、それぞれ自説を述べて議論していると考えることが自然だからです。そして、じつはプラトンがこの議論で最後に言いたいことも、相対主義が初歩的な理論的ミスを犯しているということより、「討論や葛藤の存在」を現実の問題と考える場合には相対主義への興味が、そのような討論実践というもののリアリティにてらして、なくなるということだと解釈できます。[7]プラトン自身も一七〇Cで、はっきり「ほかの人は無知であり、虚偽を判断するとはだれも考えない」というところに、万物の尺度は人間である、と語る言論が「必然的にいたらざるをえない」と診断しています。まさにこの内容が議論の成果であると、かれはここで考えていたのでしょう。そして、かれの相対主義批判が、相対主義は深刻な意見対立と白熱した討論が現実に起こっている場面で、そうした対立や葛藤、あるいは討論の、必要性も意義も説明できないという趣旨の批判であるなら、一定の効果（しかも、上々の成果です）を上げたと判定してよいでしょう。

一七二B～一七七Cというかなり長い部分で、プラトンはソクラテスとテオドロスに脱線的な議論をさせます。ソクラテスはここで、『テアイテトス』以前のいろいろな作品でプラトンがしばしば主張していた学問論と倫理観を、簡潔に、しかも印象的な仕方で再現してみせます。この議論は、知識の本質を問う『テアイテトス』の議論からみれば「脱線」ですが、古代から近代までのプラトン愛読者（アリストテレスも新プラトン主義の人々も、そしてキリスト教プラトン主義者たちも、みなこの「神の似像としての人間」という考え方に深く共鳴しながら、ここに、プラトン的な哲学の重要な基本があると考えました）にはとくに愛され、その意味でプラトン主義の一種の「綱領」

7　渡辺「相対主義の貧困」『ギリシャ哲学セミナー論集』Ⅲ（二〇〇六年）、一〜一四頁でここの解釈を示した（ギリシャ哲学セミナーHPで公開）。相対主義に好意的な入不二基義の見解も同号に掲載されている。その論文も収めた、入不二『相対主義の極北』（ちくま学芸文庫・二〇〇九年）が、現代相対主義哲学の本格的研究である。またこれを典型とする「自己論駁の議論」の主題的研究としては、M. F. Burnyeat, 'Protagoras and Self-Refutation in Later Greek Philosophy,' *Explorations in Ancient and Modern Philosophy*, Cambridge 2012, vol.1, 3-26; 'Protagoras and Self-Refutation in Plato's *Theaetetus*,' op.cit., 27-47; L. Castagnoli, *Ancient Self-Refutation*, Cambridge 2010がある。

のようにも考えられた、重要な議論です。

初めにソクラテスによって、法廷などにおける国家の意思決定に勝利するために弁を競う種類の人々の多忙な生活と、「知恵を愛する活動に多くの時間を過ごす」人々の、自由で暇を存分に使った生活が対比されます。一七五B〜Dでは、簡単に日常的で世間的な「問い」から学問的な「問い」への移行が例示されます。

(1)「何の不正をわたしはきみにはたらいているか、あるいは、きみがわたしにはたらいているか？」――要するに、問いながら相手に挑みかかっています。

(2)「正義と不正はそれぞれ何であり、何の点でこれらはすべてのものと異なり、またお互い同士異なるのか？」――倫理と道徳の問いが始まっています。

(1')「王は幸福か？」、「財産家は幸福か？」――これだけなら、好奇心の表現です。

(2')「人間的幸福と悲惨の二つは何であり、人間の本性にとって、いかなる方法でこれらの片方を得て、他方を避けることがふさわしいか？」――ここで、人生の意味と倫理にかかわる問いが始まっています。

こうした問いの発生を描くと同時に、学問を知った者は韻律を合わせて、詩を通して「神々と幸福な人間たちの生の賛歌をつくる仕方」を知っている、とソクラテスは主張します。

一七六A〜一七七Bが、伝統的に重視された「神の似像の議論」です。ここでソクラテスは、なぜ悪いことをしてはいけないか、なぜ悪知恵や巧みな嘘を「知恵」や「頭のよさ」とみなしてはいけないかという問題に、簡潔に答えています。まずかれによれば、神々の世界に悪はなく、逆に人間の世界で人間が全面的に悪を免れるということは望めません。そしてつぎに、そのような悪の現実的可能性のなかで人間が悪いことをしてはいけない理由は、もろもろの不正行為によって、自分が、もっとも悲惨で、神とは対極のものに「似てきて」、もっとも幸福な、神的なものに「似なくなっている」からというものです。ソフィストが政治と司法と国家運営にかかわる弁論の教育を得意にしていたことから、明らかにもともとの相対主義の主張において、「悪い」は、「悪いとあらわれること」ないし「悪いと思われること」を基本として理解され、「体面」や「評判」の問題として、あるいは、人々の現実の「思い込み」に依存した、主導的立場の人間たちによる政治過程の結果として、理解されているのにすぎません（つぎにみるように、この直前の修正版相対主義では「善い」とともに「悪い」もソフィストの絶対的権威の領域となり、そこでは相対性は不成立とされます。しかしこれは、どんなに好意的に解釈しても、ソフィストが経験や博識や長期的結果を読む力や弁舌の力で、結果について「よりすぐれて思い込むこと」ができる、というだけのことでしょう）。

しかし人は、もし自分の幸福を本気で目指すなら、客観的な悪を避けなければならず、悪や不正をもいとわない政治的言説に自分を賭ける「もっぱら結果を求める生き方」から、真に善いこと、真に正しいこと、真に敬虔なことを追求しながら生きる人生へと、はっきり転向すべきだとソクラテスは主張します。

これは、自分に問うてみて、自分の幸福に向けて不正を許容する生き方でよいのかと読者を挑発する言葉です。したがって一種の説得のレトリックであり、厳密な議論ではありません。そしてそのなかで、『ソクラテスの弁明』から『ポリテイア』を経て『パイドロス』にいたるプラトンのさまざまな主張が、独特の仕方でまとめられています。

では、プラトンは『テアイテトス』という、史上初めて「知識」を本格的に検討した画期的な作品において、自分の哲学の読みやすいまとめのように思えるこの脱線議論を、なぜ必要としたのでしょうか？　じつはその点はまだ、よく分かっていないのです。古代ではアリストテレスもプロティノスもこの議論に深い影響を受けたのですが、その一方で、それ以前に比べて『テアイテトス』の本線の議論の理解が飛躍的に進んだ二〇世紀後半の英語圏の解釈では、この脱線議論を軽視しがちでした。[8]今は脱線議論を再評価するいくつかの試みが散発的に出ている状況です。[9]以下では、この点にかんするわたしの解釈を、試みに示したいと思います。

まず、脱線議論の前後の箇所から判断すると、プラトンは、「有益性」と「善さ」の理解をこの文脈で問題にしています。そして読者に向かって、きみは自分たちとプロタゴラス流相対主義とのあいだで善をめぐって、結局どちらに向かうのかと、「決

8　G. Ryle, *Plato's Progress*, Cambridge 1966, 158; McDowell, *Plato Theaetetus*, Oxford 1973, 174 が、この傾向をもつ。なおこの時期のバーニェトの研究では、プラトン流レトリックとして、もう少し大きな意義を承認しようとする（Burnyeat, *The Theaetetus of Plato*, 34）。

9　D. Sedley, *The Midwife of Platonism*, Oxford 2004, 65-86; M. L. McPherran, 'Justice and Piety in the Digression in the *Theaetetus*', *Ancient Philosophy* 30 (2010), 73-94 など。

断を迫る場」を設けたと思われます。

（一）脱線議論直前の一七一D～一七二Bではソクラテスと対話者のテオドロスは、プロタゴラスが相対主義を主張しただけでなく、知恵があり、ソフィストという職業的教師でもあったということに敬意を表して、かれが絶対的な知恵を誇ることができた領域を承認することにします。相対主義の徹底という意味ではもとの立場から一歩退くことを意味しますが、現実に生きていたプロタゴラスの思想の表現としては、今回の修正案のほうがより忠実です。つぎのように、有益さと善さの領域で、プロタゴラスこそ、かれ以外の人々の教師になれる絶対的な知恵があると承認するわけです。

①ほとんどの述語（「熱い」、「寒い」、「正しい」、「敬虔である」……）は相対的である。個人ないし共同体における語の使用について、他人ないしほかの社会から修正されない。だれもほかのだれかに比べて知恵で勝ることはない。

②個人にとっての「健康である」は、医者のみに素人と異なる絶対的な知恵があり、医者こそ権威であるような、例外的述語である。

③国家にとっての「有益である」(「善い」)もまた、ソフィストのみに、素人の市民や諸国の平凡な為政者と異なる絶対的な知恵があり、ソフィストこそ権威であるような、例外的述語である。

しかし、このようにプロタゴラスの言うとおりに、かれの「知恵」のみを特権的な賢者の知恵と認め、その上(一見、問題のない客観的な区別を立てるかのように)述語の区別をするということは、じつはプラトンやソクラテスやテオドロスなど、厳密な学問に取り組んでいる人全員のまじめで生産的な営みの意味を、なんの議論も経ないでいきなり全否定してしまうことにほかなりません。「こんな極端で理不尽な自己否定の局面にまできたら、むしろもう、プロタゴラスの言い分には耳を貸さずに、自分たちの側の言い分を、議論の場に公表できる理由をつけて言っても、よいのではないか?」——これが、この作品のなかで「脱線」が必要になった、第一の動機です。注意すべきは、このような展開で脱線になることは、単純に論理や議論の必然性と

10 価値相対主義と呼ばれる、価値評価にかんする相対主義がここで前面に出てくる。

いうより、対話劇として作品を鑑賞するときに、だれもが「そう対応することは非常に自然だ、よく分かる」と思える（その意味で「必然的な」）展開だということです。

『テアイテトス』は哲学的議論の水準の高さにおいてプラトン全作品中一、二を争う傑作ですが、純粋に対話劇としてみても、劇作の技巧を凝らした一級品なのです。プラトンは、ここで知識論という『テアイテトス』特有の主題にかかわって、プロタゴラスとどのように対決するかという自らの姿勢を示す場を設けました。これは、「互いに党派に分かれて議論している際に、相手方の人々から出されたあまりに理不尽な要求」について知っている人ならだれもが理解でき、是認できる展開です。そして、この展開はおもに、知識と知恵、そして（有益性と善さが議論の焦点なので）知恵と幸福と道徳性にかかわる解明を要求するものでした。したがって、それだけ取り上げれば脱線議論自体は、読者に人生について考えるようにさせる教育的レトリックですが、文脈上は、解明に必要な主張をすっきり印象的に語る、議論の役目も果たしています。

（二）脱線議論直後の一七七C～一七九Dでソクラテスが、ここでの対話の相手テオドロスと同意する有益性（と善さ）の理解は、脱線議論直前のプロタゴラス主義の有益性理解とは、まったく異なるものです。それはおおよそ、つぎのようなものです。

①一般に、述語の現在形の使用：全員が同等に権威で、相対主義が成立する。

例

ワインが甘いかどうか――各人がどう感じるかということだけの問題

法廷弁論が説得的かどうか――各人にどう思われるかということだけの問題

一般に、なにかが有益かどうか――各人にどう思われるかということだけの問題

②一般に、述語の未来形の使用：権威と素人に分かれる。相対主義は不成立。

例

ワインが「甘いだろう」――農夫が権威

法廷弁論が「説得的だろう」――ソフィストが権威

一般に、なにかが「有益だろう」――一般に、絶対的知恵を求めるべき場

脱線議論直前で修正された相対主義では、健康と病気にかかわって医者が「絶対の

権威」であり、善さと有益さにかかわってプロタゴラスたちソフィストが「絶対の権威」であるとされていましたが、脱線後のここの議論では、さまざまな専門知識の持ち主がそれぞれ、未来の甘さや説得性や有益さや善さについて権威となるということが、積極的に承認されています。

なお、法廷弁論の説得性にかんしてソフィストに「権威」の位置を認めていますが、これをプラトンの最終的な本音として受け取ることはできません。もし法廷が当時のアテナイのような多数決原理だけのおおざっぱな決定をするところでなくなれば、そして、たとえば現代先進国の法廷に近い厳密な審判の場になれば、ソフィストがつかの間もっている「(あたかも学問的知識であるかのような)『知恵』の持ち主という印象」など吹き飛んでしまうということが、ソフィストと当時の弁論家にかんするプラトンの究極の評価でしょう。また他方で、ソクラテスとテオドロスが①で、現在の経験では相対主義は成立していると認めていることも、気になるところです。しかしこれも、現在の経験が相対主義者の最強の議論ができるホームグラウンドであるということを考えに入れた、いわば「高度に政治的な判断」によるとりあえずの容認にすぎないものです。現在形で表現される各種の「あらわれ」の相対性の否定という、理論哲学におけるもっとも難しい課題を、プラトンはここでは解こうとせず、このつぎの作品『ソフィスト』の宿題として残しました。[11] このような『テアイテトス』と『ソフィスト』の「分業を含むリレー」によって、『テアイテトス』ではおもに「ソフィストの仕事」を人間の社会におけるその実践的な意味合いにおいて評価し、そしてそのかぎりで論駁すればよい、と考えられています。[12]

脱線議論直後の議論の主要なポイントは、未来について、プロタゴラスのいう相対主義は成り立たない、というものです。この点は、脱線議論における大きな方向転換

11 『ソフィスト』二六四A～Bであらわれ（ファンタシア）に考えが含まれると結論され、そのことを通じて真偽が言えることが説明されること、および、この説明を可能にするためのそれ以前のすべての議論が、この宿題の回答にあたる。

12 反相対主義の徹底を理想とすれば、ほかの点でも、この箇所の議論はやや説明不足である。たとえばプラトンは、これ以前の『ポリテイア』第一〇巻六〇一D～六〇二Aですでに、現在・未来を問わず事柄の知と信を分けるような判定力の優劣の問題を論じていて、笛などのものの作り手と使い手ではどちらがものの性能のすぐれた判定者かという問いに、「使い手である」という妥当な答えを与えていた。

を受けて、初めて主張することができた点だと思います。そして、『テアイテトス』内部では、ここがプロタゴラス流相対主義を論破する決定的議論とされていますから、[13]未来の言明では相対主義は成り立たないというこの点は、対話篇全体のなかでももっとも重要な三、四個の主張のひとつなのです。

その未来をめぐって、ソフィストたちとソクラテス・テオドロスとの対立がもっとも鮮明なのは、各ポリスの立法行為の解釈のところです。「立法するポリスならば、「有益さ」とふつう言う」それを言葉でどう名指そうが、ともあれ『有益』で『善い』ものをきっと目指している」という事実が一方にあり、他方で、そのような目的では同じでありながら誤るポリスもあるとソクラテスたちは認めます（一七七E～一七八A）。この常識的合意に基づき、「未来の時間にもかかわる、そのような事柄です。なぜなら、われわれが法を制定するとき、以後の時間に法が有益で『あるだろう』というように定めていて、この『以後の時間』は、『未来』のように呼ばれるのが正しいからです」（一七八A）と、相対主義が確実に不成立である領域を表現します。表面的にはこれは、現在に対する未来の問題と言えますが、初めに、もっと正確にこの領域の名を表現しておかなければなりません。なぜなら、各国の立法の意図は同じでも、ポリスにより結果は意図どおりにならないことがあるという点の指摘から始まった話なので、問題は単純に「未来のこと」なのではなく、そのつどの時点（そのつどの「今」や「現在」）において各人が未来のことにかかわろうとするとき、どのような、またどの程度大きな能力をもっているか、という観点からみられた「未来」だからです。そして、この「能力」には、やはりたいへん大きな差があって、（知識が確立されている領域では）過去に適切な学習をしてきた者のみが、現在そのような能力をもっており、われわれはそのような者の専門については、未来に向けてこの専門家に特別の信頼を寄せるわけです。「立法の専門家」が、たとえば建築や農業の専門家のようにすでに専門業種として存在しているとまでプラトンは主張していませんが、かれは立法行為の優劣も、基本的にこのような、未来に向けての知識の有無、あるいはせめて、そうした知識にもっとも近いかどうかを、厳しい規準として立てて判定してゆくべきだと考えています。

脱線議論は、このような「時間の、過去と現在と未来の系列」のなかで知識と知恵

13　T. Chappell, *Reading Plato's Theaetetus*, Sankt Augustin 2004, 131.

の問題を考えるべきだという、話のそもそもの原点を示す役割を担っています。脱線議論中のおもしろいエピソードにおいてタレスが、天体を観測していて井戸に落ちたこと（一七四A～B）は、学問や知恵の真の意義を知らない人々からみれば、頭の悪い失敗として嘲笑すべきことでした。プラトンはタレスという、歴代のギリシャの賢者を代表する二〇〇年前の偉人のかつての小事件にここで言及することにより、近年ソクラテスが裁判で被告になったときにも、ふつう人々がおこなう心理作戦や、「助かるためなら（善悪を問わず）とにかくなんでもやる」工夫をせずに、徹底的に正攻法で弁論したために敗訴し、死刑を宣告され処刑された「『頭の悪い』失敗」[14]を読者に思い出させようとしています。ソクラテスが説いた「徳の鍛錬」と「無知の自覚に基づく探究」は、かれに接した若者たちに、人間としてあくまで本格的に自己鍛錬しながら生きるやり方を徹底させようとするものでした。世間的に「間の悪いしくじり」をして死んで、嘲笑されるとしても、そのやり方を貫き通してひとつの完成にいたった点で、逆に完全に誇らしい幸福を意味した――このようにプラトンは読者に訴えています。[15]

そしてこの点で、大きく分けて人間は二種類しかいないこと、そのうちの一種類の人々による、白熱した議論をおこないながら知恵を愛し求める哲学（と諸学問）の道だけが、個人と人間集団の未来に向けて、実質的進歩の原動力となることができ、発展性があること——このようなメッセージが、脱線議論直後のプロタゴラス説への反論の趣旨であると思います。

14　プラトン最初期の作品『ソクラテスの弁明』は、ソクラテス裁判の後、裁判の評価にかんする親ソクラテス派と反ソクラテス派の論争が起こり、その論争を背景に書かれた書物であった。この点について、納富信留訳『ソクラテスの弁明』（光文社古典新訳文庫・二〇一二年）「プラトン対話篇を読むために」（一七八〜一八二頁）、および納富『哲学の誕生』（ちくま学芸文庫・二〇一七年）が詳細な解説を加えている。

15　脱線議論の別の積極的意義は、「つねにどこまでも知識を求め、『事柄全体』を考えうる知的視野の広さ」を特徴とする「教養（パイデイア）」もまた、この議論のなかで知識研究のテーマに明示的に加わったこと（一七四B〜一七五B）である。

四　ほんものの生成、ほんものの変化とは何か?

一七七C〜一七九Dでプロタゴラスの相対主義に対する反論を述べた後、ソクラテスは数学者テオドロスとともに、ヘラクレイトスが唱えた流動説の検討をおこないます。流動説が、ほかの可能な哲学的立場とのあいだでプロタゴラスが相対主義を全面的に展開するためにも、そして、そのことを通じてテアイテトスの「知識とは知覚である」との定義を哲学的に首尾一貫して解釈するためにも必要とされた、「奥義」のようなものだったからです。したがって、この一七九D〜一八三Cの議論で流動説を論駁できて初めて、ぶあつい哲学的教説の支えを取り外されたテアイテトスの第一定義の文字通りの意味を問うことができ、そうしてまた、この定義への最終的反論を述べることができるようになります。

流動説批判の議論自体は、分かりやすい内容です。われわれは「すべては動いている」とか「すべては変化しつづけている」とか「すべてはただ、生成しつつあるだけだ」とかの流動説論者の主張を聞いて、ふだんわりあい気楽に口にしている「安定した実在」、あるいは「一定の期間、自己同一性を保つ実体」、あるいはまた「『これ』で指示できる、時間の幅をもち、一定空間を占める世界の一つの対象」といったものは完全な幻想なのだ、と信ずるかもしれません。しかし、流動説はたいへん強い主張なので、かりにそのような議論で説得される場合、その結果われわれは何をすること、になるのかということを、あらかじめじっくり考えておく必要があります。プラトンによれば、説得されるならわれわれは、自分たちの言語を破壊しなければならないので、したがって流動説を信じてはならないことになります。

プラトンは議論の手がかりとして、「変化」とも「動き」とも訳せる「キネーシス」という広い意味の言葉の二つの意味を区別します。ひとつの意味は、或る地点から別の地点への単純な移動や、円運動で動きつづけるといった「場所の移動」です。もうひとつの意味は、色が白から青になるなどの「性質の変化」です。この意味の区別を道具にして、流動説を論駁できます。つまり、もし場所が動かず、或る場所にあるものとして性質が変わるものを言葉で押さえられるなら、われわれはたとえば、その位置にあるものが「赤から黄色になった」というように言えますし、逆にもし性質が同じなら、たとえば白いものとしてなにかが「台所から居間に動いた」と言うことも可能です。しかし、この二つの、「変化」ないし「動き」を確実に言葉で押さえることができるケースでは、それぞれなんらかのものが「動かない」で安定的に一つのものとして「それ自体で存在する」ことになってしまいます。したがって、流動説を趣旨どおりにあくまで守ろうとすれば、場所の移動も性質の変化も全部同時に起こっているので「およそなにも確固として存在しない」、と言うしかありません。しかし、もしこれが流動説の「最終決定版」であるとすれば、その最終決定版をわれわれが今もっている言語によって表現することは、不可能になると思われます。「変化している」、あるいは「動いている」と言ったり考えたりするために最低限必要な、なに一つのものも、言葉で指示できず、同一指定できないことになるからです。

相対主義と「知識とは知覚である」という第一定義の両方が必要とした、非常に強い説明機能を、ソクラテスたちは流動説にみようとしたのですが、その結果は、この説明のために極端化した流動説は、じつはもはや受容できない説であるというものです。なぜなら、すべてがいかなる意味でも安定せずに動きつづけているという趣旨に解釈するかぎり、われわれは、まさにそうした流動説を適切に表現する言語を、もてないということになったからです。

以上の流動説批判は、プラトン自身がかつて『パイドン』で述べた、知覚されるものの代表としての「見られるもの」が「たえざる生成消滅の過程にある」とする主張と、どう関係するのでしょうか？　『パイドン』と『饗宴』で始まったイデア論の哲学がプラトンの生涯の哲学だった、とする解釈者たちは[16]、『パイドン』の表現は、「見られないもの」としてのイデアが自己同一性を保ち永続するというもう一方の主張と組になっているので、イデアにかんする主張をまったく欠く流動説への批判が成り立っても、『パイドン』の主張内容はなんらの危険にもさらされていない、と考えます。逆に、『パイドン』などの理論は、『パルメニデス』と本書『テアイテトス』と『ソフィスト』において大幅に改定されたとする解釈もあります。また第三に、このようなプラトン哲学内部の「イデア論は生涯の学説か、それとも重大な変更を受けたのか」という論争とはさしあたり独立のものとしてここの流動説批判を解釈する方向もあります[17]。

16　F. M. Cornford, *Plato's Theory of Knowledge*, London 1935, 99.

解釈論争は深刻ですが、少なくともプラトンが『テアイテトス』で確立した、変化も生成も消滅も、そもそも言語的な記述と分類を受け入れる事柄だという論点は、かれの完全に積極的な主張であり、かれを離れても正しいと思われます。『テアイテトス』のこの箇所の議論は、哲学史全体のなかでも重要な発見を含むとわたしは考えます。他方、以前の『パイドン』において「見えるもの」、つまり肉体や物体について言われていた「たえざる生成消滅過程のなかにある」という論点は、「見えないもの」(魂、思考、イデア)との対比において主張されていました。したがって、心的な事柄と物的な事柄、あるいは知性的な事柄と感性的な事柄の対比にかかわる、『パイドン』の主張に対応するなんらかの主張を、『テアイテトス』の新しい観点を取り入れた上でどのように表現できるかということが、プラトン自身のこの(中期の最後の時期から後期初めにかけての)時期以後の、重要課題だったのではないかと推測されます。この問題は、後期の理論的主著である『ソフィスト』、『ティマイオス』および『ピレボス』における、生成消滅、運動と変化を主題とする個別的考察の解釈の問題になると思います。

五　第一部最終議論――知覚は知識ではないこと

わたしが昨日見たことや聞いたことや考えたこと、あるいは今日見たこと、あるいはまた、明日経験することは、全体として「わたしのもの」という共通性をもちます。あなたの経験でもかれの経験でもなくわたしのものであり、われわれ全員に共通のものでも、わたしのなんらかの部分に属するものでもないという意味で、「わたしのもの」なのです。しかし、わたしのバッグや自転車が「わたしのもの」であるのとは違いますし、「持ち物」でなくとも、わたしの恋人がわたしのものであることとも、親がわたしのものであることとも違います。またわたしの住所や性別やほかの「属性」がわたしのものであることとも違っています。一言で言ってわたしは、わたし自身が見たことや聞いていることと、きわめて近い関係にいるのです。否、それは、「近い」

17　Burnyeat, 46ff.

と言うことさえ、もう遠すぎるくらい、それくらいわたしに「固有のこと」であって、わたしのいわば「一部」のようなものだと思えます。

それでは、この関係は「物」同士の関係なのでしょうか？　プラトンは、そうではないと答えます。眼で見るし、耳で聞くけれども、わたしが見ているのは、単に視覚「を通じて」なのであり、見聞きしているわたしの「魂」や「心」によりわたしは感覚的「経験」をしているはずだと言うのです。「なぜなら、もし多くの感覚が、トロイアの木馬のなかの兵士たちのようにわれわれのなかに臥《ふ》して入っているだけなら、そして、『魂』と呼ぼうが、あるいはどんな名で呼ぶべきだろうが、なにか一つのかたちのものへとこれらすべて「の感覚」が結びつき、この一つのかたちによって、いわば道具のようなそうした多くの感覚を通じて知覚されるものをわれわれが知覚する、というのではないのなら、恐るべきことに違いないからね」（一八四D）。知覚は単に物が物に作用することではなく、心的な出来事であり、心的な過程を含んでいるものとして、取り扱われなければなりません。このようなもろもろの心的な出来事は、わたしの諸経験としての統一性を保っているし、隣人の諸経験と合流したり交わったりしないで、それから区別されます。この点は、色を見たり音を聞いたりする場合から各感覚に共通の経験、たとえば「存在すると考える」経験や「同じとみなす」経験、あるいは「二つと判定する」経験などに話題を変えてみれば、はっきりと理解されることです。

プラトンは、音を聞くとか色を見るとかの、各感覚を道具のように使う知覚以外に、重要な経験が「魂により」なされると主張します。かれは、たとえば或る声が聞こえ、或る色が見えるときに、これらのものが「ある」ないし「存在する」ということの認識は感覚経由のことではないが、しかし心的経験であり、その意味で「わたしのもの」であるとします（一八五A〜E）。「同じ」「異なる」「一つ」「二つ」「似ている」「似ていない」「奇数」「偶数」などを考えることもこの種類の経験であり、これらに特有の「感覚」を申し立てることはできず、「魂が自己自身を通じて、すべてについて共通なものを考察する」と言います。

こう考えてゆくと、大きく分けて二種類の経験が、人間にはあることになります。

（1）各感覚を経由する知覚経験。『道具』を通じて・魂により・把握される」。

例——赤い色が見える、塩辛い味がする。

（2）感覚を通じてでない「共通なもの」の経験。「魂自身により把握される」。例――存在する（ある）と考える、二つであると数える。

そして一八六A～Eにおいて、（2）のほうが存在の経験であり「真」と正当に言える領域なので、つねに真であるような「知識」もまた、この（2）のほうに属し（1）には属さない、と論じられます。こうして、「知覚こそ知識である」というテアイテトスの答えは最終的に否定されます。おもな理由は、（1）のほうは、生まれてすぐに全員に可能になるのに対し、素質がある人の場合でも、たとえば有と有益さの観点における総合的な推理の力は、「長時間かけて、また多くの困難と教育を経て、やっとのことでそなわる」（一八六B～C）ということです。

これは、多くの経験の領域において、われわれが初めからものを知っているわけではなく、それなりの学習・教育を経てようやく「真にいたる」「有（あるということ）を掴む」「知る」「有益さ（善）を理解する」という見解です。動物と違って人間は、単に生得的な認知能力としての知覚で世界を知り、世界のなかでふるまっているわけではなく、社会をつくり、共同の知識に頼るという生き方をみなが共有することで、ほかの種類の動物にまず匹敵し、ついでまた、そうした動物をはるかに凌駕《りょうが》したことがおこなえる、そのような生き物であるという発想を採用しています。人間の人間としてのパワーがどこかにあるとすれば、それは、弱々しい存在でありつづけながらの長い学習期間を経て大人になるという、独特の成長過程と無関係ではありえません。赤ん坊でも小学生でも、類似の段階であるほかの動物の幼児期と比べて「なにもできない」のですが、このような「無能性」は、やがてずっと後で、学習したことに基づいてほかの動物には不可能なことをおこないうること（ものを考えて行動できること）と表裏一体のことでしょう。

――このプラトンの第一部最終議論は、重要なだけに、多くの解釈の激しい論争の場となってきました。論争は、（Ⅰ）（1）の知覚されるものと（2）の共通なものの区別が、考え（英語で belief）の内部の区別なのか、それとも（Ⅱ）考えは（2）の共通なもののレベルだけのものかという問いを、ひとつの分岐点にしています。プラトン自身の「考え（ギリシャ語原語で『ドクサ』）」にかんする態度は、真理が全面的に（2）の経験の独占物とされることからみて、（Ⅱ）に近いと思われます。

われわれの日常的な言い回しだけをもとにすると、もっとも単純で初歩的な「考え」（英語の belief でも、ギリシャ語の「ドクサ」でも、「考え」という日本語でも）は、感覚的な局面での「赤」という考えや「甘い」という考えだと言えると思えるかもしれません。しかし、この箇所のプラトンの解釈としては、知覚について、赤を赤として意識でき、硬さを硬さとして意識できること、しかしそれ以上は何もしないこととして押さえておくことがよいと思われます。[18]こう解釈すれば、そこで意識できた赤や硬さが、現に存在もすること、実際にも赤や硬さであることを認識することは、反省や予言を含む「考え」の世界で初めて可能である、と言えます。それゆえまた、「有」の経験も「二つ」やほかの数の経験も「同じ・異なる」「似ている・似ていない」の経験も、すべて知覚ではなく、考えの領域であると言えることになります。したがってプラトンは、（Ⅱ）の路線に沿って説得的で有望な議論をしているのです。

本解説のここまでの説明もこの箇所の議論にうまく合います。「未来の事柄のあらわれ」のところで相対主義批判がおこなわれたのですが、時間における「過去と現在と未来の系列」で生きる人間の場合にのみ、「知恵という力」ないし「知恵の徳」として人に宿る「知識」が真の関連性をもつという観点が、相対主義に最終的に対抗するポイントだった、と言うことができるでしょう。今のプラトンの第一部最終議論の解釈でも「反省」と「予言」の有無という仕方で、同じ時間の観点が、単なるその場の体験としての知覚から、未来への態度の優秀性としての知識につながる「考え」を区別するための、唯一の指針になります。「初めからそなわっている、単にその場で、可能なこと」としての「知覚」ではない力が、つまり過去の学習を反映して未来の事

18　第一節の注でもふれたように、これは Burnyeat, *The Theaetetus of Plato*, 61-65, *esp*.64 の解釈である。バーニェトはほかに二つの解釈候補を検討している。ひとつはかれが「読解A」と呼ぶ解釈で、流動説をイデア論の立場から補うために、流動説の説明する知覚の世界に、中心的な魂とイデアが、ここで外付け的に登場するという解釈である（Burnyeat, *The Theaetetus of Plato*, 56; cf. Cornford, 105）。もうひとつは「読解B」で、「共通なものの考え」とは、判断であるとする解釈である。わたしが本解説で採用するかれの解釈は、Afterthought とかれが呼ぶ第三案であり、「追加の考え」である。一般には第一部のバーニェトの公式解釈は「読解B」なのだが、「追加の考え」は、この箇所における読解Bの根本的欠陥（感覚内容が魂に届く場合と届かない場合の区別を説明できないことと、「動物の知覚」について積極的なことを言えないこと）を指摘し、しかもそれを見事に乗り越えている、画期的解釈である。なお、読解Bでも、本解説で採用したかれの「追加の考え」でも、ここの理論は、『パイドン』や『ポリテイア』における、知覚が判断的な要素を含むと考える態度から、心変わりしたものとバーニェトは考える（Burnyeat, *The Theaetetus of Plato*, 60）。

柄にその人なりに荷担するための「考える力」が、その場の経験における各人の優劣を示す実力になっているので、それで「知覚は知識ではない」とされることになります。これが、われわれが脱線議論後の相対主義への反論でみた、中心論点でもあったわけです。

「共通なもの」はいくつか例示されます。しかし以上の「考え」の特徴づけからも分かるとおり、そのなかでも、「有」が特別の意味をもちます。この点を、一八六A〜Bのつぎのやり取りから、確認することができます。

ソクラテス　それではきみは、「有」とはどちらに属するものだと考えるかね？こう言うのも、これがもっともあまねくすべてのものとともに同行するからだが。

テアイテトス　わたしとすれば、魂自身がもっぱら自らの力により向かうものに属する、と考えます。

ソクラテス　「似ている」と「似ていない」、「同じ」と「異なる」についても、そうなのかな？

テアイテトス　はい。

ソクラテス　では、これはどうだろうか？　「美しい」と「醜い」、「善い」と「悪い」だが？

テアイテトス　それらもそこに属します。わたしには、これらの事柄のうちにおいても、魂はもっともすぐれて、魂自身のうちで過去の事柄と現在の事柄を未来の事柄との関連において総合的に推理しながら、それらの事柄の「有」を相互関係のなかで考察するように思えます。

引用最後の発言において若いテアイテトスは、美醜と善悪にかんして問われ、これらの「有（ousia）」を「相互関係のなかで考察する」、つまり、過去と現在の事柄をもとに未来の事柄に向かう総合的推理をおこないつつ、悪に対する善、美に対する醜のような反対対立の関係において捉えると主張します。（「同じ」、「異なる」の「有」や、「似ている」、「似ていない」それぞれの「有」と同様に）善や悪や美や醜など、問われているこれらの事柄の有もまた魂自身によって考察されるという意味に、この文は理解されなければなりません。[19] つまり、プラトンはここで、そもそも考えには、有にかんする考えの形成、ないし信念の形成がつねに必要であると強調しているのです。

そしてこのセリフは、「善」に関連していると同時に未来への言及をしている点で、一七七C～一七九Dの相対主義への反論に関係します。[20] いくつかの特徴を考慮材料として与えられたときに、それらの特徴は善や悪や美や醜の「有」をもつかという問題、つまり、たとえば或る人や或る法との関連で、その人や法の諸特徴が善の有（人や法における善さの存在や、善さとして意識されたことが真実にも善さであること）をもつかという問題をテアイテトスは念頭に置いており、その上で、このような問題を考えることは、過去と現在を踏まえて未来のほうを向いた推理をすることだと主張しています。立法とは法を定める行為ですが、こうした行為で考えることとは、その時のことよりも先の将来にかかわって、「今後善いもの」に荷担することです。――これが、知覚と対比され、「有の考え」が必ず入る「考え」の典型です。そのような「考えの世界」に舞台を移して知識の探究を進めなければならないということが、第一部最終議論におけるプラトンのメッセージになります。[21]

19　Y. Kanayama, 'Perceiving, Considering, and Attaining Being (*Theaetetus* 184-186)', *Oxford Studies in Ancient Philosophy*, 5 (1987), 29-81, 67; n.64 の解釈による。

20　この段落の説明は、H. Lorenz, *The Brute Within, Appetitive Desire in Plato and Aristotle*, Oxford 2006, 84f. の解釈 (cf. McDowell, 190f.; Kanayama, 70f.) をもとにアレンジを加えたものである。

21　引用最後のテアイテトスの発言のあと、ソクラテスは「ちょっと待ちなさい。魂は硬いものの硬さを、触覚を通じて知覚し、柔らかいものの柔らかさをも同じように知覚するのだね?」(一八六B) と、話題を善悪等の問題から、硬さなど触れられる性質の問題へ戻す。この回り道の後自分の言葉で一八六B〜Cの結論を語る。未成年のテアイテトスが善悪の話をしており、かれがこれらをめぐる深い理解をもつとはいえないことが、その理由である。「同じ」、「異なる」、「数」などの点で、問答の結果、前提が覆ることがある。テアイテトスは「善さ」と「知識」と「あらわれ」と「考え」などの、何と何が同じか、異なるかについて、経験不足による不確かさをもつはずである。ここから、「有」は最重要の共通なものだが、ただ一つ突出しているというわけでもなく、哲学問答の武器となるいくつかの述語(「同じ」・「異なる」、「似ている」、「二つ」、「反対」など) もまた、「有」に次いで重要な「共通なもの」だと思われる。

六　第二部の議論と虚偽不可能性の難問

第二部は「知識とは真の考えである」とする定義を論じます。前節でみたようにこの定義は、第一部最終議論を直接受けて、われわれ人間の二種類の認識のうち知覚は有るものにも真理にも関係できないので、もう一種類の考えのほうで知識を探してみることになり、それで提案されたものです。テアイテトスは、虚偽の考えは知識にならないので、真の考えであれば知識だろうと推測し、これを「知識とは何か?」という問いへの自分の第二の答えとします。しかし、この答えを聞いたソクラテスは、真の考えがほんとうに知識なのかという点の検討をする前に、テアイテトスがあらかじめ排除したほうの「虚偽の考え」について、日頃自分を悩ます難問があるのだと言います。二人は時間がたっぷりあることを理由に、知識の定義の話からいったん外れて、虚偽の考えは可能であると示せるか、いくつかの可能性を試してみます。

真の考えが知識であるという定義が問題なのに、これ自体の検討は最後のごく短い反例提出で済まされます。ここ以外の長い部分は、虚偽の考えが不可能であるという趣旨の作者不明の難問の紹介と、それからの脱出の模索になっていて、このような展開は異例のものです。なぜこのように新しく提案された定義を放っておいて、特殊な問題にみえるこの難問に取り組んだのか、ということが問題です。

そこで、第二部と第三部全体の流れを、初めに簡単に説明しておき、その上で第二部内部の議論の進め方を説明することにしましょう。

まず、「知識とは真の考えである」という第二部で検討する定義は明らかに間違った定義であり、これ自体の検討はさほど重要ではありません。すでにプラトンは、たとえば初期の『メノン』においても、考えが事実真であったとしても、それはまだ知識とは言えず、問題となる事柄にかかわる原因を正しく推測し特定して、その原因からの推論により正しい結論を導き出した「原因の推論」が入ってこないと知識にはならない、というアイデアを提出しています（九七Ａ～九八Ｄ）。このアイデアが（当時の）プラトン自身の確定した結論かどうかは、明らかではありません。しかし、たとえば東京駅から国会議事堂まで歩くとして、途中の道筋についての考え（勘や、ぼんやりとした推測のようなものも含みます）がたまたま当たって（つまり、真であって）、それで国会議事堂まで正しく行けたとしても、原因もしくは正当な根拠（地理に詳しく、しかも確認をしてあるとか、以前に歩いたことがあるとかということ）に基づいて「あらかじめ知っていて」行けた場合とは区別されなければならないと考え、その区別に基づいてアイデアを示していました。つまり、真の考えだけでは知識にならないということは、これより後の作品である本書『テアイテトス』においても、プラトンには初めから分かっていることだったはずです。したがって、この定義の検討ならば、詳しい議論を要しなかったと考えられます。

『テアイテトス』でプラトンが真剣な検討に値する知識定義候補と考えたものは、後の第三部の「知識とは真の考えに説明規定が加わったものである」だけです。ところで、第三部で扱われるこの定義にあらわれる「説明規定」とは、「ロゴス」の訳語です。「ロゴス」は言葉、言明（文）、分別、理由など豊かな意味内容をもつ語ですが、人間がもともと言語生活を営むこと、そしてその言語生活が個人のレベルでも文明の段階でも或る程度発展した形態になったときに学問探究や学問的説明も成り立つということは、明らかでしょう。この語は、そうした、言語的な要素が深くからむ人間の歴史と、言語にかかわる側面が強い学問・知識の成り立ちを、語義に反映する言葉です。

第三部のこの定義が本書『テアイテトス』の最終検討事項であることを念頭に置いて、第二部冒頭で第二定義を提案するテアイテトスと、ソクラテスとのやり取りを、もっと近くから、もっと精確にみるように努めてみましょう。「知覚」から「考え」へと知識探究の大きな舞台が動いたことを受けてテアイテトスは、「虚偽の考えというものもありますから、考えの全体が知識だと語ることは、ソクラテス、不可能です。しかし、真の考えであれば、きっと知識でしょう。わたしの答えはこれにしておきます」（一八七B）と、議論の流れにそのまま乗る形で、じつに楽な気持ちで第二の提案をします。これに対してソクラテスが自分を悩ませる難問として「虚偽の考えは不可能ではないか？」という問題を持ち出すのですが、この議論の進行そのものが、じつは「真理」と「虚偽」、およびこれらに関連するすべての事柄の問題をめぐる、接近方法の大問題を含んでしまっています。

テアイテトスが「真の考え」を虚偽の考えから分けることができると信じているのに対し、虚偽（とともに、真理と虚偽を分けること自体）の可能性を説明するという哲学的課題をソクラテスのほうでつきつけるとき、（『テアイテトス』のここからの議論ではふれられませんが）関連する重要問題がじつはあります。そのひとつは、「『真』と『偽』の『本来の担い手』は何か？」という問題です。『テアイテトス』のこの箇所の進行が示唆するように、「心的なもの」である「考え」や「判断」が担い手なのかもしれませんが、つぎの作品『ソフィスト』も現代のほとんどの哲学者も一致してそう考えるように、「言語的なもの」である「文」や「言明」や「発話」のほうが、本来の担い手なのかもしれません。これに関連するもうひとつの問題は、考えという、個人の心に「座」を占める営みは、人間相互の言語的な営みやコミュニケーションの営みと、一般にどう関係するのかという問題です。さらに、これら二つの関連問題は、『テアイテトス』が知識の探究であるがゆえに、いっそう深刻な問題になると言わざるをえません。相対主義や独我論のような特殊な立場を採用しないかぎり、知識は一方で個人の心に座を占めながら、他方で実在にじかにかかわる、なんらかの公共的な財産であると理解されます。知識にみられる、個人性もしくは私秘性に対するこの公共性（もしくは、主観性に対する客観妥当性）の側面は、そもそも「考え」をどう理解しておけば、生まれてくることができたものなのでしょうか？

——このように、「考え」が知識を探究すべき場であることは第一部最終議論で確立しましたが、そこを場にしたこの先の「知識の探し方」の問いは、じつは「心」、「言語」、「認識」、「存在」をめぐる、現代理論哲学の大半の重要トピックもまたすべてそこに勢ぞろいする程度の、途方もなく大きな諸問題に囲まれた問いです。『テアイテトス』は第一部終了時に、いわば、哲学のもろもろの主題という宝石のつまった箱をひっくり返し、あたり一面きらびやかでありながら乱雑な状態なので、どのようにそれらの宝石を集め、種類ごとに適切な配置で整理するか、考えなければなりません。

したがって、テアイテトスが素朴に真の考えと虚偽の考えを分けて、さしあたり真の考えが知識だと考えたいと言いだすとき、哲学的に洗練されている対話者ソクラテスと著者プラトンの側では、そのテアイテトスの進め方を、（本人にはなにも告げないまま）ひそかに何重もの防御壁で覆うことにより、まっとうな探究として成り立たせてあげている、と考えることが自然です。プラトンによるそのような防御壁の最大のものは、わたしの意見では、『テアイテトス』とつぎの『ソフィスト』という二つの対話篇に問題の取り組みを二分し、関連しあう二つの探究としたことであり[22]、つぎに、『ソフィスト』では本来の哲学的問題として立てられ、解決される虚偽不可能性の難問を、『テアイテトス』第二部の知識探究のなかでは予備的に「あたかも解けないかのような形態」のもとで一度検討してみるという体裁をとっていることです。この二点を、説明しましょう。

まず、素朴ないし純朴であるがゆえに哲学的な「罠」や「先入見」にむしろ囚われやすいテアイテトスを、適切な形で「浄めて」、対話当事者として本格的哲学探究をなんとか自力で遂行できるところまで、その実力を引き上げておかなければなりません。これが『テアイテトス』の残りの第二部と第三部の課題です。そして、テアイテトスの対話の相手は、かれを難問の難しさのなかに放り込んで、無知を徹底して自覚させる、ソクラテスが務めます。他方、そうした対話による魂の浄めがうまくおこなわれた後に、今度はかれの相手を、多くの手助けをしてくれる「エレアからの客人」と呼ばれる架空の人物が務めます。[23] この第二の対話が、『ソフィスト』の対話になります。

『テアイテトス』第二部のテアイテトスの素朴さは、「考え」は、考えという心的な営みだから、あくまで「心的なもの」として分析される、そして考えは事実真と偽に分かれるから、そうした真偽の区別も、たとえばわれわれの心で起こることと世界のなんらかの関係として簡単に見つかるはずだ、といった態度として言い表すことができます。しかし、以下の虚偽不可能性の難問は、じつは「心的なもの」を、「心のなかにつねに埋め込まれている、言語的な原初構造」としての「何かについて・何かを判断する（考える）こと」のもとでみる用意がないかぎり、「虚偽の考え」と、「考えにならない、『考え・意識』の無効な空回り」を適切な形で区別できないという、重要な教訓を含みます。

他方、第三部の「知識とは真の考えに説明規定が加わったものである」という定義は、前の二つの定義候補に比べてはるかに有望であり、後で「結び」でみるように、この第三定義に似た説明をプラトンが自分の哲学の探究で活用していた証拠もあるのですが、しかし定義としては否認されます。この定義の挫折は、ひとつには「知識」

22 両対話篇の密接な関係を主張する解釈は奇妙なほど少なく、わたしがここで述べる理解は、数少ない例外である。以下の解釈は、最新の C. Rowe (ed.), *Plato: Theaetetus and Sophist*, Cambridge Texts in the History of Philosophy, Cambridge 2015, ix-xxxi において主張された、強い関連付けの画期的な論点に多くを負うものである。

23 Cf. Rowe, xxiv-xxix.

り、この原則からただちに、A君かB君（あるいは、両方）をそもそも知らなければ、二人を取り違えることもできないことになります。実際に残るのは、両方の人を知っているケースだけになります。残ったこのケースについては、原則Pは最低限、つぎの条件を守れるように解釈される必要があるでしょう。つまり、結果の考えが虚偽の場合に、その虚偽のもとになったなにかの間違いは、そもそもの考えのもとになっている知識について、これを「知識ならざるもの」に貶《おとし》める結果になってはならない、という条件です。ところが、これに反してこの難問は、A君をB君と取り違えることによって、両方の人を知らないという理不尽な結果を生むと主張しています。

したがって、原則Pの趣旨を生かすように難問を正攻法で解決する方法は、虚偽が結果として出てきてしまった原因の間違いを、そもそもの知識とは別の種類、あるいは別の次元の「外れ」や「失敗」として説明することだと思われます。

---

24 これは現代哲学の「ラッセルの原理」に相当する原理である。バートランド・ラッセルは、判断ないし想定について、判断者は判断の項すべてを知って（be acquainted with）いなければならない、と考えた。

対話のなかでソクラテスもテアイテトスも、原則Pは、虚偽の考えの場合に直ちに全面的に破られると、いとも簡単に考えています。かれらがこう考えるひとつの理由は、直接目的語を取る「判断する」[25]や「考える」、あるいは「知っている」の用法で考えを理解していることにあります。「ソクラテスを（あるいは、ソクラテスと）判断する」、「美しいものを考える」、あるいは「十二を知っている」などの文が、この用法の例です。虚偽不可能性を論じる第二部の議論では、こうした直接目的語を取る構文が頻出しています。そのことがひとつの原因になって、難問の罠にはまってゆくソクラテスとテアイテトスの会話が、あたかも素直で自然であるかのような印象を、読者に与えるのです。しかし、この三つの動詞には、（英文法では「that節」に当たる）従属節を取って、「かれは、遠くに見えるのはソクラテスだと判断する」、「彼女は、テアイテトスは美しいと考える」、「わたしは、七たす五は十二だと知っている」というように表現できる、もうひとつの重要な用法もあります。[26]

この箇所の解釈は、直接目的語を取る「見知り」の知識をプラトン的知識のひな型とする立場[27]と、従属節を取る「命題の知識」をひな型とする立場[28]に分かれて、激しく論争しあいながら進んできました。

なんらかの関係として簡単に見つかるはずだ、といった態度として言い表すことができます。しかし、以下の虚偽不可能性の難問は、じつは「心的なもの」を、「心のなかにつねに埋め込まれている、言語的な原初構造」としての「何かについて・何かを判断する（考える）こと」のもとでみる用意がないかぎり、「虚偽の考え」と、「考えにならない、『考え・意識』の無効な空回り」を適切な形で区別できないという、重要な教訓を含みます。

　他方、第三部の「知識とは真の考えに説明規定が加わったものである」という定義は、前の二つの定義候補に比べてはるかに有望であり、後で「結び」でみるように、この第三定義に似た説明をプラトンが自分の哲学の探究で活用していた証拠もあるのですが、しかし定義としては否認されます。この定義の挫折は、ひとつには「知識」

22　両対話篇の密接な関係を主張する解釈は奇妙なほど少なく、わたしがここで述べる理解は、数少ない例外である。以下の解釈は、最新の C. Rowe (ed.), *Plato: Theaetetus and Sophist*, Cambridge Texts in the History of Philosophy, Cambridge 2015, ix-xxxi において主張された、強い関連付けの画期的な論点に多くを負うものである。

23　Cf. Rowe, xxiv-xxix.

の多義性によるものだと思われますが、挫折のもうひとつの原因は、『テアイテトス』第三部における「説明規定」のひな型が、文字の読み書きや音楽といった、(話され、聞かれる)母語修得以後の初歩的学習からとられていたことにあります。後で説明するように、人間としてこの世に生まれた初めの学習としての母語の修得は、言語の修得であったと同時に、人間の心のあり方の確立という効力もかねていた、とプラトンは考えていたと思います。

しかし、本書『テアイテトス』のこの部分を読む上で、もっとも重要なこととわたしが思うのは、このプラトンの考えを理解すること自体が、テアイテトスとともに以下の第二部と第三部のさまざまな「うまくいかない説明」を自分で一つひとつ考えてゆくときにもっとも効率よく、成し遂げられるということです。

――以上をこれからの議論の粗筋としておけば、それぞれの議論の配置が分かりやすくなると思います。個別的議論の説明に入る前に、あと一点だけ、『ソフィスト』との関係を補足しておきます。『テアイテトス』第二部の、考えにかんする「虚偽は不可能であるという難問」は、初めソクラテスの個人的な悩みの種として導入されます。しかし、やがて、或るタイプの論駁の専門家が考案した難問でもある、という含みも示されます（二〇〇A）。他方、『ソフィスト』のほうでは虚偽不可能論は、言明（ロゴス）にかんするものであれ、考えや判断（ドクサ）やあらわれ（ファンタシア）にかんするものであれ、論駁に巧みなプロタゴラスが、自分たちの相対主義哲学とソフィスト流教育を守るために「絶対的真理と絶対的虚偽の区別」を攻撃する思想的武器として、人々に説く議論とされます（二三六D〜二四一B）。『テアイテトス』第一部について、プロタゴラスの相対主義に対しては、文脈において必要な「未来の事柄のあらわれ」にかんする部分的反論のみおこなって、本格的反論は『ソフィスト』でおこなう、とわたしは説明しました。しかしじつは『テアイテトス』第二部も、『ソフィスト』におけるプロタゴラスへの反撃が成功するための、重要な前段階です。つまり真偽の本来の担い手と、考えと言語のダイナミックな深層の関係について、偏見なく探究を進める用意がない人には、『ソフィスト』は理解できません。『テアイテトス』は、まさにここでの偏見となる素朴な先入見が消える、真の探究の出発点まで、テアイテトスとわれわれを連れていってくれます。

虚偽不可能性の難問について、以下で順を追って個別的な議論を見てゆきましょう。

（一）初めに「知っている・知らない」の「二分法」に基づく虚偽不可能性の難問が紹介されます。つまり、「A君をB君と取り違えることはありえない。なぜなら二人とも『知っていれば』取り違えないし、二人とも『知らなければ』二人にかんして（「A君だ」、「B君だ」などのように）考えられず、また片方だけ『知っていても』、知っている者を知らない者と思うことはありえないから」という内容の難問です（一八七E〜一八八C）。ここで、知っているか、さもなければ知らないかである、という二分法によって場合を分けています。そして、両方の人を知らない場合はそもそもかれらについてなにも考えられないとソクラテスたちが言っていることが、重要です。

プラトンがここで使っている原則は、

P　人が考え（あるいは判断、あるいは信念）を形成するには、その人はその考えに入るすべての項を知っていなければならない。

というものです。[24] ここで問題となるなんらかの「知識」がなければ、考え——結果的に真の考えになろうが、虚偽の考えになろうが——をつくることができません。つま

しかし、まず、従属節を取る命題的な知識がここでもっぱら問題だとすると、対話者ソクラテスとテアイテトスが、なぜこんなにも簡単に「知っているか、知らないかのどちらかであること」を承認するのかということが、理解できなくなります。テアイテトスについてのいくつかの命題は知っているが、残りの命題は知らないということが、むしろふつうの人間の通常の「知識にかんする状態」だからです。つぎにその一方で、見知りという特別の種類の知識が問題だと考えるとき、テアイテトスやソク

25 日本語の「判断する」でもギリシャ語の「ドクサゼイン」でも英語のjudgeでも、われわれはこれらの動詞の意味を、従属節を取る構文の理解から始めると思われる。プラトンたちのこの動詞の意味理解に、省略の多いギリシャ語では直接目的語を取る用法に酷似した語の並びが頻繁にあったことが、影響している。

26 第二部の虚偽不可能論はあらゆる「考え」ないし「判断」にかんするものか、それとも同一性判断に限定した難問なのかという解釈問題がある。多数派解釈（McDowell, 195; Burnyeat, *The Theaetetus of Plato*, 71-73）は同一性判断に限定して解釈するが、わたしは考え一般にかかわるパズルだと解釈する。433頁注29参照。

27 McDowell, 194.

28 G. J. Fine, 'False Belief in the *Theaetetus*', *Plato on Knowledge and Forms*, Oxford 2003, 213-224, 216.

ラテスを知っているか知らないかであることには、さしあたり問題が感じられないのですが、つづく議論で出てくる多種多様な事例を、「見知り」という単純な説明でくくってしまうことは、不自然に思えます。人や草花やほかの身の回りの具体的な物でなく、十一や十二を「見知っている」とは、文字通りにはどのようなことでしょうか？ 美や醜を「見知っている」とはどういうことなのでしょうか？ 対話をしている哲学者ソクラテスと、抽象度の高い無理数論ですでに業績のある若い研究者テアイテトスは、一般名とその意味の問題に取り組むことが多い人でした。したがって、ともにこうしたもろもろの対象の多様性を知らない人ではありません。それなのに二人とも、難問の罠にはまったまま、考えうるすべての対象を主題として、しばらく自然な対話をつづけています。したがってこの解釈もまた、対話の実情に沿わないものだと言わざるを得ません。

　第三の道はないのでしょうか？ わたしの考えでは[29]ここの難問は、たとえば「だれか？」、「どのようか？」という、クイズのような特定の疑問詞を取る問いに答えるという仕方で、しかも、表面にあらわれる表現形式に囚われたままで、判断や考えを考えようとするときに起こる問題です（問いへの最終的な答えとして考えを解釈するということを、対話者ソクラテスは、少し後の一八九E〜一九〇Aで明言します）。そして、当たるか（つまり、真か）、はずれるか（虚偽か）になりますが、ここで「だれか？」――「Xさん」といった問いと答えの単純な表現に囚われると、正答がYさんである「はずれ＝虚偽」のときには、考えることさえしていないと言われるわけです。

このように、そのつど内容的に関連する間接疑問を介在させて解釈してゆくとき、われわれは、「はずれ」の場合にも考えることはしていて、しかしまさに考えとして虚偽なのだと説明すればよいことになります。テレビのクイズ番組であれば、口に出して言わなくとも、たとえばゲストのシルエットを見せて「だれか？」と質問してい

29 渡辺「偽なるドクサの問題について」『理想』一九八五年一月号（六二〇号・理想社）、二五四〜二六六頁の解釈による。考えや判断にはそれぞれ、そこが問われることになる、真偽評価のポイントとなる項があり、そこの「取り違え」をすることが虚偽だ、という理解が背景にあるとわたしは考える。こう考えることができれば、ポイントとなる項にかんする同水準の誤答と正答の取り違えとみなすことから出発して、そのような真偽のポイントで説明すべき虚偽の考えは一般に不可能だ、という難問をつくることができる。また、こうすれば、多数派のように虚偽の同一性判断に話を限定しないで済む。

ます。あるいは、画面に姿を見せなくても、司会者は「飛行機を発明した人」のように回答者が理解できる説明を言葉で与えて、「それは、だれか？」を答えさせます。「だれか？」は、じつは「……なのは、だれか？」なので、それで答えを外すことは「考えにもならない無効な行動、ノイズ」ではなく「考えなのだが虚偽」であると言えるわけです。つまり、考えはいかなる場合であれ、ただ単に漠然と「何かを考えること」ではありません。われわれの考えはふつう、言葉でつくり上げられています。そして言葉は、主語と述語によって意味のまとまりとしての文をつくります。文や、文と同次元の言明や主張が、真と虚偽を担うものだと思われます。——このような筋道で考えてゆくなら、心に浮かぶ考えも、当人がさしあたり意識できることとしては「何かを考えること」であるときにも、じつは言語の構造としての「何かについて・何かを・考える」という仕組みをしっかり保っているということが、重要であることになります。したがってまた、そのような言葉で当初は考えていなかった当人にしても、少しその点に注意を向けさせてあげるだけで、その全員がこの言語的な構造に、ただちに気づくことができ、容易に意識できるようになるでしょう。

（二）つぎにくるのは、ありもしないものを判断できるのかというパターンの難問です。この形の虚偽不可能論の難問は、明らかに『テアイテトス』第一部の知覚の議論と関係します。つまり、見ることとは「なにかを見ること」なので、ありもしないものを見るなどということはありえない[30]。ふれる、聞くでも同様なので、これは、「判断する」でも同様のはずだというのです（一八八C～一八九B）。

これに対しても、われわれは最初の難問のときと似た対応をすることができます。つまり、生まれつき身についた、当たり・はずれの知覚能力と違って、言語修得以後の学習に関係する考えの場合には、なにか有るものについてありもしないもの（事実と異なるもの）を考えるという構造があるから、これを頭に入れて、ありもしないも

30 多くの翻訳や研究では、「あらぬ」という邦訳を用いるが、この訳語は不適切である。かれはあらぬことを口走った、と言うとき、それは日本語で、変なことを言ったという、きまった意味をもつ。その一方で、（正常な日本語で）「あらぬもの・ことを考えた」としても、そこから考えることも不成立だという結果が出るとは、だれも思わない。本訳では、「無」に近い意味をもち、そんなものを「考える」ことが「考え」なのかさえ疑問だ、という含みをもちうる「ありもしない」を訳語に選んだ。

のを考える、ないし判断することの有効性を説明できるとすることが有望です。[31]（じつはB君である）あそこに歩いている或る人を見て「A君だ」と考えたり言明したりすれば、そこのその人について「ありもしないこと」を考えたのです。このように考えれば、考えというものは成り立ってはいるが、考えとして間違っていることになります。

一般に、虚偽の考えの可能性を守るには、心のなかで起こることについて、「考えの基礎にくるもの」と「考えそのもの」とを同列においてしまう「単線的な説明」を、なんとか脱却する必要があるように思われます。[32]なぜなら、有るものを判断すれば真を判断しており、ありもしないものを判断すれば「虚偽を判断している」という単純な説明にとどまるかぎり、「『ありもしないものを見ること』はできないから、同様に『ありもしないものを判断する』こともできない」という攻撃を、防げる見込みはないからです。おそらくだれもが、人間の考えは「見ること」や「ふれること」と違って、その場でただ単に「当たる・ないし・はずれる」という問題ではないと言いたくなるはずです。

（三）実際、これにつづく『テアイテトス』の議論もまた、「当たり、はずれ」を単なるその場の単純な体験として説明するのではなく、これを過去の経験の記憶と現在の経験の照合という複線的な説明へと置き換える方向に進みます。そして、記憶を話に加えるこの説明が、心のなかで起こる「考え」の説明候補のなかで、だれにとっても初めにもっとも有望に思えるものに違いありません。

こうして、まず一九一C～Eで、魂に蜜蠟のかたまりがあり、見たり聞いたりするものをそのかたまりに形として残す装置があると想定されます。心の記憶装置を導入

31 一八九Bで「ありもしないものを判断する」ことの観点として、「もろもろの有るものについて」が「それ自体において」と対比される（一八八Dも参照）。これはプラトン自身が、「……について」の構造こそ解決のヒントだと読者に示唆するセリフである。

32 一八九E～一九〇Aで「思考すること」は魂が自分とかわす言葉だという説明が提出され、「考え（ドクサ）」は問答の末自分自身に対して沈黙のうちに「語られた言葉（ロゴス）」であるとされるが、単線的説明を脱却する決め手に欠ける。「ロゴス」への類同化は『ソフィスト』二六三E～二六四Aでもおこなわれ、こちらでは「何かについて・何かを語る」ことが「何かについて・何かを判断すること」と構造的に同じだということが類似点として明記されるので、複線的説明になることも保証される。

して、記憶していること＝知っていることに基づいて現在知覚されているものや人に対処できるなら「真の考え」をしているし、食い違いが発生するなら「偽の考え」をしている、と考えようとするわけです。つぎに、「しかしその後、わたしはこれに失敗してしまい、まるで靴を左右履き違える人々のように、双方を取り違えて」しまうという説明を考えます（一九三C～D）。これにより、たとえば取り違える二人の人を記憶していて、その意味で知っているソクラテスが、その二人の記憶像と、今の知覚的なあらわれの照合に失敗するだけになるので、一方で考えは成り立ちますし、他方で記憶と知覚でデータの入り方が別なので、虚偽であることも、容易に説明されることになります。

しかし、蜜蠟の説明では十分ではないとされます。われわれは人やイヌや机などの目に見える対象を知覚で見知っている以外、数も知っています。数そのものを目で見たり、耳で聞いたりすることはできません。そして子どもなら、算数の計算において「七＋五＝十二」を「十一」と計算違いすることがあります。この場合、蜜蠟のモデルでは、見られたり聞かれたりするものではない数について間違えたとは、言えません。蜜蠟による説明は複線的な説明の一例にはなりますが、そのような説明として十分に通用するための一般性に欠けるわけです。したがって、およそなにかを過去に学び、知っていて現在自分の財産としてもち、その上で現在の経験を知覚の場面でしていることを、いわばまったく新しい言葉で表現できるのでなければなりません。

計算間違いの例が示唆するのは、「記憶と知覚」という特定の二種類の経験のあいだの区別では、そうした一般的説明には不足があるということです。そして、ここから得られる教訓は、この箇所のプラトンが新しい「鳥小屋のモデル」に基づいてソクラテスたちに言わせているとおり、学習を、最少でも三つの段階に分けて考えるべきだということでしょう。鳥小屋のモデルの趣旨は、「獲得して、鳥小屋に入れて所有している」ことと、「手にもっている」ことのあいだの区別が知識について一般に成り立つと考えるところにあります（一九七A～一九八A）。つまり、

（1）十一も十二も知らない段階

（2）「十一」と「十二」を、学習済みの自分の語彙《ごい》としてもっていて、「鳥小屋のなかで所有している」段階

（3）十一と十二を、現在の算数の学問活動の対象として「手にもっている」段階

の三段階を示します。そして、計算間違いをするというケースは、十一や十二をまだ心の財産として所有していない（1）のケースではなく、そうしたものとして所有している（「知っている」）ような、（2）以後のケースなので、虚偽の判断は可能であることになります。

（四）しかしこのモデル、さらには一般に、前の蜜蠟のかたまりによる説明をも含めて、心のなんらかのモデルを出すだけでは、もとの虚偽不可能性の難問は解けないと、一九七C〜二〇〇Dにおいて、ソクラテスは否定的に総括します。この総括の意味はさまざまに説明可能ですが、わたしはかれの総括の言葉自体が重要であると考えます。それは、

> なにかの知識をもっている人が、まさにそのなにかに無知であり、しかも、未知ということによって無知なのではなくて、自分がもっている知識によって無知であるということ（一九九D）

というものです。数を習って知ったということは、数詞を言葉として習って正しく使えるという程度のことにせよ、算数の学習により基本的計算を完全に修得したという意味で習ったにせよ、「それ以後、これが出来るようになった」と言える、無条件に肯定的に評価される事柄でなければなりません。しかし、このあたりで終始問題となるのは、虚偽というものの可能性を説明するという課題です。そして、虚偽とは一般に、ふつうまったく積極的に評価されないで軽視され、たいていはむしろ忌み嫌われながら、しかしそれと同時に、長い目で見た成長や学習の観点からみればじつは深い隠された積極的な意味もあることです。

そこで、よく考えてみるとこの課題は、能力や知識がこの段階でこのように伸び、つぎの段階ではこのように発展すると言うための、上の（1）～（3）のような素直な段階分け（だけ）では、もともと果たされないように思われるのです。なぜなら、いろいろな動物のなかでも、われわれ人間だけが、数々の自分の間違い（虚偽の判断や考え）を糧として、そこから重要なことを学んでつぎの段階に成長することを、長期間、ほかの動物がしないような仕方で大規模に、繰り返すからです。つまり、学習における、或る「皮肉な構造」が、ここでは問題であるように思われます。弱さや失敗を強さに転化させる構造がわれわれにはそなわっていて、教育と学習の脈絡では失敗は（失敗としてきちんと扱えば）、ほとんどつねに「成功の母」になりうる、ということです。たとえば、学習中に二つの二ケタの数の足し算で間違いをした人は、その間違いに適切に対応しながら問題をさらに解いてゆくことによって、学習のひとつの段階を完全に「済み」にすることもできます。それに対して、『テアイテトス』第二部のいくつかの説明の試みは、一回の虚偽がもつこうした「皮肉にはたらく、積極的な意味」を理解できない、単調なものなので、学習による人間特有の「進歩の秘密」の全貌を衝くところには、まだいたっていないように感じられます。そしておそらく、心のなかのことの説明に終始するかぎり、この点の不足は変わりなくつづくでしょう。引用したソクラテスのセリフにおいてプラトンは、とくにこの点を自分で検討せよと読者に促していると思います。

『テアイテトス』の後、後期第一作の『ソフィスト』が書かれます。その『ソフィスト』では、人間の知識の問題というより、言葉や考え（判断）の真偽の問題、ものや人の存在の問題[33]のほうが主題になります。しかし、多くの話題はこの二作品に共通のものです。そして、『テアイテトス』では読者に考えることのみを要求して、プラトンの側の答えを用意していないいくつかの問題が、『ソフィスト』では鮮やかな仕方で回答されます。『テアイテトス』第二部の虚偽不可能論との関係でとくに重要なのは、『ソフィスト』では、人間のあり方と、人間によって把握される、世界にあるものの「存在」の仕方について、人間が言語（各人の母語）をもつ存在であるという「究極の事実」を、適切に使って説明できているということです。

　われわれがものを言葉で「同一指定」して「指示」することが、言語を初めて習ったときにできるようになったということを振り返ってみれば、この事実の比類ない重

33　第一部最終議論の解説でもふれたように、「ある」に相当するギリシャ語動詞（不定詞は「エイナイ」）は、「存在する」と「……である」という二つの用法をもっていた。『ソフィスト』で「存在する」という用法が重要主題であったと認めてよい、という点は、L. Brown, 'Being in the Sophist', *Oxford Studies in Ancient Philosophy* 4 (1986), 49-70, 52-57 に印象的な類比的説明があり、より本格的解釈として、納富信留『ソフィストと哲学者の間――プラトン『ソフィスト』を読む』（名古屋大学出版会・二〇〇二年「補論二」三二三～三二九頁）の説明で擁護される。

要性に納得できるでしょう。後に『テアイテトス』の第三部では、非常に基本的で、初期におこなわれる学習の代表として、つづり方や音楽が検討されます。しかしこれらの初歩的スキルでさえ、幼児期の母語修得の後で学ばれるしかないものです。この学習の順番を変えることは、明らかにできません。先ほど、『テアイテトス』の第二部で扱いが不十分であった「皮肉な構造」は、この最初期の学習としての言語修得の時に同時に、そして一挙にわれわれ全員の財産になったものではないでしょうか？そして、この点を読者が自分で発見するように、『テアイテトス』と『ソフィスト』という二つの姉妹篇が書かれたのではないでしょうか？

この点を示すと思われる、テキストに残された証拠をみてみましょう。『ソフィスト』二六二D〜二六四Bでプラトンは、

何かについて・何かを・語る（もしくは、判断する）こと

が人々の「基本形」であることをはっきりと確認します。「何かについて」の部分では、その場で間違いえない、確かな知識に基づく「指示」ないし「同一指定」がおこ

なわれます。「何かを」の部分では、この確実な指示の上で、それとは対照的にリスクを冒した判断行為ないし言明行為がおこなわれます。非常に多くの場合、われわれは、間違うかもしれないがきっとそうだと考える、あるいはきっとそうだと考えて言っています。この「きっと」は、その場での確信ですが、主観的確信にすぎません。だから、後で振り返るときに（あるいは、自分より好位置にいる他人から見たときに）考えも言明も虚偽でありうるものなのです。――こうした説明であれば、『テアイテトス』で、心のなかにそなわる力の区別に訴える説明を今後いろいろやってみても、原則的に無駄に思えるという趣旨の総括がされたこと、そしてその総括を受けて『ソフィスト』では、人間だけがもっている、なにか変わった、皮肉な要因そのものに肉薄できていることが、納得できるように思われます。つまり、人間だけが言語をもっていて、それゆえに人間らしい心をもっています。そしてそれゆえにまた、心で真を把握することも、ときにまた虚偽に陥ることも、可能なのでしょう。

以上の検討によって、虚偽の考えの説明の可能性が、『テアイテトス』の本題であった、知識の探究に密接に関係していることもまた、明らかになっていると思います。同一指定や指示は、人間としての日常生活が可能になる基礎としての「知識」であるとも言えます。そのような、まだ学問的知識ではないが、なんらかの確かな基礎の上で、われわれはなにかを学んでゆきます。そして、その学びの結果もまたやがて当たり前のこととして基礎に加わり、つぎのステージにいたった個人のつぎの諸活動を支えてくれます。このように、知識と深い関係をもつけれども「間違い」であるもの、ただし間違いではあっても、完全に意味や有効性のない「ノイズ」ではない、有意味な（それどころか、多くの場合有意義でもある）間違いであるもの——これが虚偽であるとプラトンは考えていたのだと思います。

七　裁判員と知識

虚偽の考えの可能性を救うためにどうしたらよいかという『テアイテトス』第二部の長い脱線の後で、ごく短い箇所の反例提出により、「真の考えが知識だ」という第二の定義が否定され、捨てられます。

その二〇〇D〜二〇一Cの議論では、目撃していないし、ほんとうのことは知らない事件について、うまく説得されて結果的に正しい判定を下す、裁判所の裁判員の例が問題となります。原告と被告の弁論だけで判定しなければならなかった当時の裁判員は、間違った判決を出すこともありましたが、正しい判決を下すことも、もちろんありました。しかし、かりに判決が正しい場合でも、われわれは古代ギリシャのアテナイでおこなわれていた、証拠調べと探究が不十分な多くの裁判における裁判員たちがその事件のことを「知っていた」とは言えません。したがって、少なくとも或る場合には、真の考えではあっても知識ではないようなものが存在しています。したがってまた、「真の考えが知識だ」というように知識を一般的に定義することは、できないことになります。

以上のたった一個の反例による議論は、われわれが（単に信じていることや考えていること、そしてそれが「単に当たっていること」との対比で）知っていることにかんしてもっている、隠れた前提を明らかにしています。それはたとえば、つぎのようなものでしょう。

（1）或る考えが事実正しいことは、知識であるために十分ではない。わたしはあてずっぽうで近所の男が最近の連続誘拐事件の真犯人だと思い、たまたま事実に合っているかもしれない。しかしわたしは、たとえすべてが判明したあとでも、以前抱いていたこの推測を（「あのころから知っていたのだ」というように）「知識」と称することはできない。

（２）事実上の正しさを超えた、知識の条件となるものは何か？——一般市民の裁判員たちが自分の憶測を頼りに判断し、多数決で事件の結果を処理していたアテナイ民主主義では、そのような条件を満たす知識があまりに蔑《ないがし》ろにされていた。われわれならば、物的証拠や証言が大事であり、適正な法的手続きに基づいて裁判がおこなわれなければならず、これらのことは、まさに「知識」を重視するために大切だと知っている。

現に目撃した証人の事件体験をここで重んじていることの一解釈は、プラトンが学問や知性的経験の場面でも、「透視的能力」、「知的千里眼」のようなものを知識の力として考えていた、というものです。しかし、この一種の神秘主義的解釈は、苦労して学問を修めて、各分野で言葉の厳密な定義とそれに基づく知識を一歩一歩把握していくべきだという、プラトンが力説した基本的主張に反しています。[34]

別のよりよい解釈を立てることが必要ですが、そのためにもっとも重要な事実は、プラトンが中期の代表作『ポリテイア』や、それ以前の初期作品から一貫して、「知識は人に宿る」と考えていたということです。現代のわれわれは、知識が、自分とは異なる知識システムのなかのもので、自分はそれに時たまかかわっている（アクセスできる）だけだと考える傾向があります。古代人プラトンはこれと逆の発想を採っていました。一人一人の人が知識によって世界を理解します。かれにとってシステムは基本的に、このために人々が協力してつくってゆくものでした。

このような知識は知的千里眼などではありません。これは基本的に「それぞれの事柄を学習した人が、その事柄の場面で『知っている人』である」という条件をもつような知識なのです。つまり、このかぎりで、われわれが常識的に理解している、公共

34　この点について、M・F・バーニェト、天野正幸訳「ソクラテスと陪審員たち」『ギリシア哲学の最前線Ⅰ』（東京大学出版会・一九八六年）一四六〜一七三頁、一五九〜一六六頁が的確なコメントを付けている。

的な財であり、成立の条件がそのつど明確な「知識」だと言ってよいのです。われわれもそのつど、事柄が要求するとおりに「知っている人」と「知らない人」を区別しています。「家を建てる」という場合には、それに詳しい人が知っている人になり、「病気の人を治す」という場合には、病気や健康に詳しい人が知っている人です。この区別をそのまま使えば、「紛争があり、正しい裁定を下す」ということが課題である場面でも、争われているその事柄に詳しい人が知っている人になるでしょう。そして、いろいろな紛争があるなか、特殊なケースでは、事実が争われます。このような場合には、ここで問題となる事実に「詳しい」、つまり現場に居合わせて目撃した人が「知っている人」になるわけです。

ただし、伝聞ということに関連して、近代以後の「知識（英語でいう、knowledge）」とプラトンが問題にした「知識（エピステーメー）」の劇的な違いも、ここで指摘しておかなければなりません。近代以後のわれわれなら、「三六＋五八」の正答を大人から聞いた小学一年生の子どもは、「伝聞で知った」と言うでしょう。というのも、知識には「正当化」が必要であり、正当化は「確かな源からの伝聞」という趣旨のものでかまわないとわれわれが考えているからです。われわれの「知識」は「伝播《でんぱ》可能」

なものである、と言えます。これに対し、プラトンや古代中世の西洋哲学では、同じ問題について、自分で計算して「九四」と答えられないかぎり、「知っている」とは言いませんでした。算数ができて知っているのでなければならず、正当化というより、そのつどの事柄に合った適切な説明能力（たとえば数学の場合であれば、証明能力）を伴うほんとうの理解がなければならなかったのです。したがって、われわれが新聞やテレビのニュース、あるいは権威と言える書物や専門家から得た、ないし読みかじった（聞きかじった）「知識」も、プラトンの言い方では「エピステーメー」ではありませんでした。この点は、この箇所の反例提示を受けて第三部の議論でプラトンが知識を定義するために「真の考え」に何かを付け加えようとするときに、いっそう目立ってきます。したがって、ただそのような付け加えの議論をしているという点だけ見ていると、近現代の議論に似てはいるのですが、以下の第三部を読むときには、プラトンやソクラテスは、今日の言葉では「知識」というより「（学問的な、もしくはそれに準ずるような）理解」のほうを問題にしていた、と考えることが安全だろうと思います。

八　第三部の議論——わたしは何を、どのように知っているか？

「見た者しか知らない」事件について聞いて考える裁判員は、正しい「考え（ドクサ）」はもっていても、知らないはずです。つまり、知っているためには、「考えており、その考えが真であること」に加えて、（当の事件という事柄が要求する）特定の種類の説明ができる必要があるわけです。プラトンも二〇一C以下の『テアイテトス』第三部で、言葉による説明能力を、知識のための決定的要因として検討しています。

この説明の力に当たるギリシャ語は「ロゴス」で、ここでは事柄をそのままズバリ語ってくれる「ほんとうの内容の記述的説明」というほどの意味です。本訳では最新のアリストテレス全集の訳にならって、[35]「説明規定」と訳しました。「ロゴス」は学問の文脈では、ものごとの厳密な「定義」を意味します。定義や学問的説明、ないし説明力のある記述を得るときに、単に「考えていた」、「当て推量していた」のが「知る」ようになったということが、基本的なアイデアでしょう。たとえば、つづり方を習う前の人は、単語や句や文を聞いて「あの単語だ」というように考えます。多くの場合、当たってもいます。しかしこの人は、習わないかぎり学問的に（あるいは、専門技術的に）その単語を知っているとは言えません。そして、この場合に習うということは、欧米の諸言語でいうと、アルファベットの字母から音節や単語を構成できるように、反復練習により訓練することです。これのために時間をかけて習って、その学習段階をクリアーしないと、言葉は使えるが「読み書きができない」と言われるわけです。

学習（知識の獲得）はみな、この文字の学習のようにして起こるというのが、二〇一C〜二〇二Cの難しい議論（「ソクラテスの夢」、あるいは「夢の理論」と呼ばれます）のエッセンスであるとわたしは思います。二〇一Eに登場する「第一のもの」は、解釈が難しく、意味にかんするさまざまな提案がなされてきた表現ですが、われわれが毎日かかわりをもつ「ふつうの対象」を、内部で構成する要素で一度分解・分析し、

35 内山勝利、神崎繁、中畑正志編『アリストテレス全集』第一巻（岩波書店・二〇一三年）に収められた中畑正志訳「カテゴリー論」一三頁注3参照。

要素からその対象へと総合できる力が学問の力であると解釈できます。「第一のもの」は、そうした要素を一般的にあらわす言葉として使われていると思います。そして「第一のもの」と言うだけではあまりに抽象的で分かりにくいので、字母（アルファベットの文字）にあたる「ストイケイオン」という語が同時に「要素」という意味ももちうることを活用して、「字母」とそれからなる「音節」を、「要素（第一のもの）」と、それらからなる「合成的な対象」の分かりやすいひな型として使っているのだと思います。[36]ハートが使ったうまい表現では、[37]『テアイテトス』の夢の理論とその検討で論じられる「字母と音節」は、「全体と部分の本格的議論」をつぎの『ソフィスト』でおこなうのに先立って、そうした議論で主題化される部分と全体の話のために「あらかじめ場所取りをしておいてくれるもの（place-holder）」です。「全体」と呼べるものはふつう、諸部分の単なる寄せ集めではなく、部分が一定の「構造」で結び合わされるときに生まれます。たとえば手や足や諸臓器という「人間」全体の身体的部分が高度に有機的な結合（構造）をもっているので、それで生きている人間はばらばらの部分の集合体ではなく、一人の人間としての統一性と同一性《アイデンティティ》をもちます。「文」はもろもろの語が織りなす構造の下で「文」と言えるものですし、「ポリス」という巨大な全体も、もろもろの市民やポリスを構成するほかの要因が重層的に構造をなすときに「一国」と言えます。語のランダムなつらなりが文をつくらないように、一見一つのポリスがあるように見える人々の住む地域にはじつはなんらのポリスも通用する法もなく、地域内部で諸部族が無政府状態で争っているだけかもしれません。そして、一般に、人間の生活は、言語を使うにしても社会集団で生きるにしても、そのつどなにかの構造がべつの構造を生む、あるいはひとつの構造のなかに新しい構造が隠れている、そういった要因を抱えています。――これらの構造を一般的に論じ、一般的に理解することは、容易ではありません。『テアイテトス』において構造の見やすいひな型とされる「字母」と「音節」を「場所取りするもの」にして、「まずやってみること」は、一般論をいきなり始めることに比べ、長い目で見てはるかに有望な論じ方であると言えます。というのも、一音節であることの条件は、初歩の知識があるギリ

36　Watanabe, 'The *Theaetetus* on Letters and Knowledge', *Phronesis* 32 (1987), 143-165, 143-159 で、この解釈を示した。

37　V. Harte, *Plato on Parts and Wholes, the Metaphysics of Structure*, Oxford 2002, 33f.

シャ語の使い手であればだれでも知っている、簡単なものだからです。つまり一音節であることとは、アルファやベータなどの任意の字母の寄せ集めであることではありません。母音の字母を含み、それに子音が一定の周知の約束事に従ってつながる、という明瞭な条件のもとで音節となります。

プラトンはつぎの『ソフィスト』で、根本的な構造を次々発見して、人類の歴史そのものに貢献したともいえる偉業を成し遂げました。ここの「夢の理論」はその発見の道を準備する、貴重な一歩です。そしてプラトンはその『ソフィスト』で、「宇宙の『母音』と『子音』の識別こそ問答法（『哲学』とほぼ同義）の課題である」とまで主張します（二五二E〜二五四B）[38]。

夢の理論では字母は「知られない」のに対し、音節は「知られる」ものだとされます。この主張全体をハートにならって、認識論的な「非対称テーゼ」と呼ぶことにしましょう[39]。夢の理論は、日常的に生活しているのではなく学問の道に入って世界のものごとを学問的に分析した上で説明できるときに、人はものを「知った」ことになると考えています。ただし、「夢」という言葉を使っていることからも分かるように、プラトンはそのような議論を、（一見多くの人に有望にみえるような）ひとつの可能な議論として示しているのにすぎません。われわれはこの議論にかんするかれの言葉を手掛かりに、ほんとうにこのような議論は成り立つのか、自分の頭で考え、評価しなければなりません。つまり、ここでわれわれ読者に課せられる練習問題は、

（1）この議論が主張するように、学問を学んで初めて「知るようになった」と言えるのだろうか？

（2）現実に自分が体験した文字のつづり方の学習を反省してみて、そこで「知識」についてのケーススタディーをしてみるとどうなるか？——とくに、この初歩的学習の反省によって、たとえばソクラテスのつづりの知識を「Ｓｏ－ｋｒａ－ｔｅｓ」のように、細切れの形で習ったのだろうか、それともそうではないのだろうか？

38　N. Notomi, *The Unity of Plato's 'Sophist,' Between the Sophist and the Philosopher*, Cambridge 1999, 234-7（邦訳『ソフィストと哲学者の間』二四四頁）は、この主張における「識別」の特別な重要性を指摘している。

39　Harte, 33.

という二つだと思います。

この練習問題（2）に答えるためのヒントを用意してくれるのが、二〇二D〜二〇六Cの議論です。本書全体の中でもとくに難しい箇所なので、読むのを投げ出したくなる読者も多いのではないかと思います。ここでは、二〇六A〜Cを詳しくみることにして、この議論の中身が興味深いものに思えるきっかけにしていただきたいと思います。

もとの「夢の理論」の議論では、ふつうの対象としての音節について、最初は「考えること」だけができており、その対象をアルファベットの字母から構成できる場合に初めて「知った」と説明しています。ただし、非対称テーゼにより、音節を構成するアルファベットのほうは「知ることができないもの」だと前提しています。これに対して、二〇六Aでは、「ｓｏ」という音節を「知る」ことは、「ｓ」の音を識別して「ｏ」も識別した上で（つまり、アルファベットの文字を「知った」上で）「ｓｏ」全体を「つづり方の技術に沿って」聞き分ける（見分ける）ことで、これが学習の実際であるとされます。

つまり、音節のレベルの、知識以前の考えというものがまずあり、それに単純に「要素からのルートの認識」を、いわば外付けするといった学習は、しなかったと言っているわけです。コンピュータや自動車では、基本設定の上に外付けで別の機能を付けることができますが、われわれ人間の、自然に生まれついた生き物としての初期学習は、機械の基本設定へのいくつかのオプション的機能の外付けとは、なにか根本的に違った進み方をしていた、と言うべきでしょう。なにより、読み書き、つづり方の学習をしおえたときには、それ以前に比べて感覚的反応も、またそれにともなって一文字一文字のつづり字のデータを手がかりに「できること」も、まるで変わってしまっています（字母にかかわる能力自体が知識レベルにまでアップし、この新段階の能力が数多くの活動の基礎となって、以後の人生を豊かにしてくれています）[40]。

これは、音楽の学習でも同様です。音楽を学ぶことは「一つひとつの音の聞き方」自体が変わってしまうことを含んでいます。ここでも、それまでの（知識以前の）音の列や和音にかんする漠然とした考えに「単音からの構成」の知識が「外付け的に」加わって、それで音楽技能をもつ者として知ることができたという説明は、間違いでしょう。学習以前とは能力的に変わり、見方や聞き方、感じ方、考え方が全体的に変わります。そして全体的変化が起こることの一面が「音楽の要素・『字母』としての音自体」が知識特有の仕方で識別されることであり、もう一面が「音楽の合成物・『音節』である音の列や和音」が「音感のある、音楽技術に通じた人」特有の仕方で聞きとられ、理解されることである、といえます。――これが、人間の基礎的な学習（国語、算数、音楽等）では共通の特徴になっているということを、つづりの読み書きの例と、音楽学習の例が示しています。したがって、初歩的学習の事例で「字母と音節」を「ひな型」ないし「構造の話のために、あらかじめ場所取りをしておいてくれるもの」として用いるかぎり、認識論的な非対称テーゼを主張することは不可能です。

ここで、注意すべき点がひとつあります。われわれは、「知識」の問題というとき「事実の知識」にとらわれやすいのです。しかも、この箇所の議論のもとにあった第二部の最終問題も、ひとつの事実を知っているかどうかで、見た者が知っていると言えるようなケースの処理の問題でした。しかしプラトンは、知識を論ずるもっとも重要な場面は、これではないと考えています。知って、能力がアップして、以後の人生の活動のほんとうに頼りになる源になるものが、「知識らしい知識」なのだと考えています。そして、「能力アップ」は、比喩や誇張ではありません。物理学を勉強した人は、観察や理論活動のときにも理論に関連する行動においても、ほかの分野の人とは一段違う「パワー」をもっています。法律学を修得した人もそうです。また、倫理的にとくに立派な人も、行動と判断の両面で、パワフルでしょう。大きく見れば知識は能力です。最初に習った国語や音楽がそうであるように、重要な知識は、心と頭でおこなえることの豊かさによって表現されます。

さらに、大昔に高い文化を誇ったギリシャにおける若者の鍛え方は、「理解」に重きを置いたものでした。アチーブメントテスト式の細切れの事実の知識とは反対の極

40 現地語の文字を知らない外国で、看板が並んでいるところで味わう奇妙な感覚を想像してみるとよい。日本語の漢字・ひらがな・カタカナの勉強をしたことのない外国人が日本語の看板だらけの街を歩くときと、われわれが同じ街を歩くときのことを比較してみてもよい。なお、『テアイテトス』の一六三B〜Cでは、これに類した問題にすでにふれられていて、テアイテトスのあからさまに不十分な回答が、読者の本格的自学自習のために示されている。この点に着目した飯田隆『新哲学対話』(筑摩書房・二〇一七年)「意味と経験——テアイテトス異稿」(二一三〜二四四頁)は、二一世紀日本の「おもしろいプラトン偽作対話篇」だが、じつは現代的観点から『テアイテトス』第三部を深く読むためにも、有益な参考文献である。

にある、学問を教え込む本格的「訓練」しか「学習」ではなかったと思います。その文化的土壌の上で、プラトンはアカデメイアという自分の学校を創設しました。そしてこの学校では、幾何学（自力で定理を証明してゆく学問です）などほかの学科の厳しい練習のほか、とくに哲学的問答の訓練をおこないました。答え手に言葉を定義させ、問い手が次々に繰り出す質問に対して、その定義から導きうることを自分の責任で答えさせ、待ったなしの反応において、しだいにあまり誤らずに創造的な答えを得られる、というように鍛えました。このようにして、学問とよい社会を「創造」する本物の哲学者が出ると期待したわけです。

ソクラテスとテアイテトスはつぎに、第三部後半部では、「真の考えに説明規定が加わったものが知識だ」とする定義において、「説明規定」はどのような意味でなければならないか、ということを検討します。ソクラテスは三つの意味の候補を挙げ、それぞれ検討して、この定義では通用しないことを示します。

（一）「説明規定」の初めの意味は、この言葉の原語「ロゴス」が動詞「レゲイン

（語る）」と語源的に結びついていることから、「語句（rhēma）や名（onoma）を伴う声を通じて、考えを、（中略）口を通る流れの中へと映し、それを外に出して、自分自身の思考を表現すること」（二〇六D）という形で表現されます。この第一の意味は、「説明規定」のギリシャ語原語「ロゴス」の基本的意味を語るものですが、ここの「ロゴス」だけは「説明規定」という訳語では、やや違和感が残るところでしょう。つまりそしてこの第一の意味は、だれでも容易に賛成できる短い反論で退けられます。つまり真の考えをもっていて、それを文として外化して口に出すことが考えを「知識」にすると主張することに、実質的な意味はありません。一人の裁判員が正しい考えをもっている場合、心のなかに考えをしまっていれば知らないが、声に出して外化すれば知っている、などということはないからです。

したがって、この第一の意味は無用な提案にも思えるのですが、つぎの『ソフィスト』では、ほぼ同じ表現で「ロゴス」がまず規定され（二六一D～二六三D）、考えないし判断を意味する「ドクサ」のほうは、ロゴスが心のなかでいわれる場合、とされます（二六三E～二六四A）。そしてさらに、本書第一部でプロタゴラスの相対主義を表現するために使われたあらわれ（phantasia）はドクサの特殊な種類であり、「知覚を通じた考え（ないし判断）」であるとされ、これもロゴスと同じようなものだとされます（二六四A～B）。しかし『ソフィスト』の一連の議論では「ロゴス」を、主語（onoma）と述語（rhēma）[41]の構造があるもの、つまり「（主語部分により）何かについて（を把握し）・（その上で述語部分により）何かを・語ること」としてみます。そして、同じ主述構造がドクサにもあり、あらわれにもあるので、結局、真のあらわれと同じように虚偽のあらわれも存在することが示されることになって、『テアイテトス』から長くつづいたプロタゴラス的相対主義の論駁は、この事実の確認をもって完結するのです。

この点はソクラテスが、一見関連がなさそうに思えるこの第一の意味を提案したことの、隠れた意義をも示唆するとわたしは思います。プラトンにおいて「説明規定」という名詞は、「説明する」という動詞が表す、生きて活動している人々の現実の営みないし活動から理解されています。この意味では、「説明する」ことは「言葉で説明すること」なので、（日本語でも）まさに「語ること」です。つぎの第二の意味の学問活動における「ロゴス・説明規定」が、知識の第三定義の「真の考えに説明規定が加わったもの」で言われる「説明規定」の本命の候補だと思いますが、われわれがそうした学問的説明規定にかかわれるように、スキルや学問を学び、学問の専門家になれる原点は、母語の話し言葉を習ったという幼児期の事件にあります。その言語修得でわれわれは、たとえば日本語がすでにできていて英語やほかの外国語を習う場合のように、単語や句や文の意味を、すでに知っている母語の単語等に対応させることはできませんでした。母語の言語修得は「文」とその意味と使用の修得という観点から扱われるべきだ、とする現代哲学の重要な発見が、ここに関連します。語（の意味）に対する「文の一次性」と呼ばれる論点です[42]が、プラトンは『テアイテトス』と、とくに『ソフィスト』において、この文の一次性に相当する論点を主張していたと解釈できます。文を聞きながら、また言いながらわれわれは、そのとき同時に文の構成要素の意味も、構造というものも学んでゆきます。つまり、言語修得とは、そのような訓練のなかで「構造をそなえた能力」を身に付けることにほかなりません。そして、

41 『テアイテトス』二〇六Dとここで thêma という語が、別の意味で使われている。
42 現代におけるこの論点の確立は、フレーゲと、とくに後期ウィトゲンシュタインの偉大な業績である。文の一次性を論ずる、読者が前提なしに読めるすぐれた議論として、野矢茂樹『哲学の謎』（講談社現代新書・一九九六年）7章「意味の在りか」がある。

初めの構造である「何かについて・何かを」を学んだことにより、関連するすべての構造にかかわる能力も、潜在的に修得できるようになったのだと思えます。それゆえまた、『テアイテトス』では結論が全面的に否定的なもので終わり、ここではなに一つの構造も発見できなかったのに対し、文の構造が初めに学ばれることに起因する、人間の能力と世界の事物の両方にみられる多くの諸構造の一挙の理解が、『ソフィスト』の積極的成果になった。——このように、わたしは推測しています。

したがって「言語的に言い表す」という「説明規定」の第一の意味は、「説明規定」の、つぎに登場する、より高次の「第二の意味」につながる、われわれの諸活動の原点を示唆するという意味合いをもっていたと言えると思います。

（二）二〇六Ｅから、車をつくりあげている諸部分をすべて列挙できる「プロの知識」が問題になります。これはたとえば、アルファベットからの説明ができて（つまり、語を構成する文字を、順に一つひとつ列挙しながら説明できて）正しくＴｈｅａｉｔｅｔｏｓとつづれる場合と似ているとされます。われわれ素人なら、古代の荷車にせよ現代の自動車にせよ、詳しく部分を全部挙げることは必要ありません。他方、専門家と言われる人々、「知っている」人々なら、われわれの知らない部分について詳しい説明を完璧に与えることができるのでなければなりません。

「説明規定」のこの第二の意味は、プラトン哲学にとって最重要の意味であると言えます。なぜなら「『それぞれのものが何であるか？』と問われて、その質問者に一つひとつの字母を通じて答えを言うことができるということ」（二〇六E〜二〇七A）というこの意味の説明は、プラトン的な問答法への言及であり、プラトンたちの哲学的な営みによって知識が得られるはずだという含みをもつ言葉だからです。

しかしこの提案に対して、二〇七Dから、「部分の詳しい知識」や「要素を列挙する能力」を真の考えに加えただけでは知識にならないとして、一個の反例が提出されます。そのひとつの問題に正しく答えても、「類題」で間違えたならば確かな能力とはいえないからです。ＴｈｅａｉｔｅｔｏｓがつづれてもＴｈｅｏｄｏｒｏｓをＴｅｏｄｏｒｏｓとつづってしまう子どもは、「th」と「t」の区別[43]についての「よくや

43　古典ギリシャ語では、「t」の発音で舌先を上の前歯の後ろの上顎で擦るのに対し、「th」の発音では、それと同時に息をも強く出すことで区別されていた。

る間違い」を乗り越えていないと認定されます。同じような例は、算数や音楽の能力の修得の場面で、いくらでも出てきます。ランダムに与えられるいくつかの問題が全部できるようになって初めて、子どもはその問いを含む或る学習領域をクリアーし、したがって「知っている」とも言えるようになるわけです。注意すべきは、このような反論の効果により、たとえば「テアイテトスのつづり方の知識」というひとつの知識があり、「テオドロスのつづり方の知識」というもうひとつの知識があるという言い方は、或る意味では無効になる、ということです。第二部の最終議論のところでみたように、プラトンのエピステーメーという知識は、今日の「知識」というより「理解」に近い意味合いをもっていました。ギリシャ語におけるテアイテトスのつづりを知ることは、あくまで近似的なタイトルとしてそのような名目の知識なのであり、われわれが「テアイテトス」を、「われわれに『関連する知識』をなんらか帰属できるような能力の状態」においてつづれるときには、「テアイテトス」と同レベルのつづりの領域全体を完全に修得してもいると言うほうが正確です。[44]——そして、もしそうなら、議論のこの段階まで来たとき、「一つひとつの事柄」にかかわるような認識論的非対称テーゼもまた、完全に無効なものであると分かったわけです。

このような「小学生レベル」の勉強から、われわれは学習をつづけてきました。その結果、「一定の高度な段階にあり、十分多くの事柄をすでに修得しおえた」ときに、人は「頼りになる専門家」にもなったのだと思われます。われわれは小さな数同士の繰り上げ計算であれば「絶対確か」になったのですが、それからの算数の学習は、それ以前とは違って「やりやすくなった」、「やすやすとおこなえるようになった」はずです。このように非常に多くの能力が身について、この辺のことは、もう意識して考えなくても「やれる」ようになったわけです。その上に、大人の今の生活も成り立っています。今のわたしは、日本語の読み書きならできるし、或る大きさの数までの暗算ができます。「ぱっと分かること」が多くあって「大人のふつうの生活」ができますが、プラトンはこのような場面の延長上で、「(哲学者を含む)エキスパート的な専門家の知識の力」をも見ようとしています。専門家は、これと同様の「知識」を、自分にやすやすとできることとして、ほかの素人ができない仕方で自分の分野でおこなえる人であることになります。そこに信頼性もまた、当然のこととして生まれてき

---

44 Cf. Burnyeat, *The Theaetetus of Plato*, 209-218.

ます。

(三)「説明規定」の第三の意味として、二〇八Cでソクラテスは「それにより、問われたものがすべてのものと異なるようなしるしを言えること」を挙げます。そしてかれは、これは大衆のこの言葉の意味だとするコメントを、付け加えます。

たとえばわれわれは「太陽」という言葉で太陽を、ほかのすべてのものから区別して指すことができます。「山中伸弥」という言葉で、世界中のあらゆる対象から区別して一人の人物を指示することができます。「五六」という言葉で、あらゆるものとは違う自然数をそのものとして同一指定できます。ソクラテスはここでは、唯一の対象のほかのすべてのものからの識別が、「考え」から「知識」へと導くと提案します。「太陽」の場合には、この名に加えて「地球の周りを動く天体のうちで、もっとも明るく輝くもの」という記述をもっているなら、星のなかで太陽を区別してピックアップすることができると言います。

二〇八Eで反論が始まります。テアイテトスとソクラテスはよく似た顔なので、共通の特徴があります。しかしテアイテトスにかんする何かを考える、あるいはかれにかんしてほかのなんらかの態度をとることは、初めにテアイテトスが世界中のものから区別されることによって成り立っていたはずです。そうでなければ「考え」ではないし、およそ「ノーマルな態度」でもありません。そして、この区別は同時に、テアイテトスが別の機会に再現したとしても、同じ特徴に基づいてかれをほかの人々から区別して認識できるような、時間を通じて安定的なものでなければなりません。「そして、わたしが思うには、きみの［独特の］このめくれた鼻にみられる特徴が、わたしのこれまでに見たほかの多種多様なめくれた鼻とは異なるものをわたしのもとで刻印するような記憶像として保存され（中略）この独特のめくれた鼻が、たとえ明日わたしが遭遇するとしてもきみを思い出させ、きみについて正しく判断させることになるまでは、それ以前には、絶対に、テアイテトスはわたしの内部では、判断されることがない」（二〇九C）。

つまり、「『考え』から『知識』へ」という全面二段階説は、漠然と語られる一般的な主張として言われると、なるほどそうかなとも思えますが、一つひとつの事例についてじっくり検討してみると、じつは成り立たないとしか言えない、そうした主張なのです。[45] なぜなら、考えはふつう、あらかじめわたしが世界のものについて考えているのでなければ、考えでさえないからです。すると、この説でいう「第二段階」の知識だけがもつ特徴と想定された「世界の対象との、確かで頼りになる関係」は、その想定よりもっと初期の段階で成立済みのことと考えなければならないことになります。たとえば、「もっとも明るく輝くもの」のようにしてほかのものと区別して太陽を探すより前に、われわれは「太陽」という言葉（固有名）で「なんらかの一つのもの」を想定し、そのようなものを見ることができていたはずです。[46]——以上の議論は、言葉の導入から、「宇宙で唯一の対象を確定記述によって確保すること」への移行を、「不連続なもの」と考えるべきではないということを含んでいます。むしろ、（多くのこの種類の事例では）かなり初めのころに「太陽」で唯一の対象である太陽を指示できていたから、それゆえにその後、そのことの延長上で、太陽とは何かということの厳密で学問的な知識を得ることもできたのでしょう。

　このことをプラトンは、ジレンマという巧みな技法の議論を使って、印象的な仕方で述べています。二〇九D〜二一〇Aの議論では、「説明規定」の意味を「ほかのすべてのものとの区別のしるしをもつこと」と考えたときに、「真なる考えに説明規定を加えよ」という指令は、最終的には以下の「ジレンマ」に至ると言っています。

(Ⅰ)すでにもっている正しい考えを、もういちどもてと命令することになるか

(Ⅱ)区別するような「知識」をもてと命令してしまって、結局、循環になるか

この(Ⅰ)も(Ⅱ)も、われわれが採用する気持ちになれない、ばかげた選択肢です。したがってこのジレンマは、音節や車や太陽を「学問的に知る」ことの前に、人々がそれらの対象を言葉で指示もしくは同一指定できていたことを重く見て、知識

---

45 ここの議論は、夢の理論の検討と「説明規定」の第二の意味の議論にみられるような、「学問的知識」の成立を材料に、その条件を問う議論ではなく、「大衆が語る」(二〇八C)「説明規定」の意味と、対応する「知識」の検討である。それゆえ「非対称テーゼ」はここの直接的主題ではないのだが、公共的知識はどこからきたのかという問題に関連してこの第三の「説明規定」の議論のところで、なぜ一般に知られる・知られないという点での非対称を対象について言ってはならないかが論じられる。

46 田坂さつき『『テアイテトス』研究——対象認知における「ことば」と「思いなし」』(知泉書館・二〇〇七年)一九六頁はこの点を、対象を「特定できて」考えることができていること、と表現する。

全体の発生を、もう一コマ前の時点の状況まで視野に入れて考察すべきだということを示していると考えることができるでしょう。

九　結び

『テアイテトス』はプラトン初期作品のスタイルに一度戻った対話篇であり、ソクラテスの論駁により、「知識とは何か?」との問いに対して答え手テアイテトスが提案した答えは、すべて否定されて終わります。それでは、哲学的知識論としての『テアイテトス』には、なんらの内容的成果もなかったのでしょうか?

むしろ、非常に大きな成果があったのではないかと思われます。しかもその成果は、この典型的なソクラテス的知識探究でなければ得られない、稀《まれ》な成果であるとわたしは思います。たしかに本書の結論は「したがって知識は、テアイテトス、知覚でもないし、真の考えでもないし、真の考えに説明規定が付加されているものでもないことになる」(二一〇A〜B)というシンプルな全否定です。しかしその一方で、第三部の初めのほうでテアイテトスの提案に対してソクラテスが言ったセリフ「事柄そのものも、そのとおりであるようにみえるね。なぜなら、説明規定と正しい考えを離れては、いかなるものも知識でありえないからだ」（二〇二D）が、かれの気まぐれから語られた、やがて否定される主張であるとは思えません。われわれが現実に知識かどうかを問い、考えた上で「知識」と呼ぶものについては、それがほんとうに知識なら、真の考えであり、またほんとうの知識なら必ず、説明規定を伴うものであると、ソクラテスはこのセリフで強く主張しています。したがって、或る心の状態が現実の具体的主題にかんする知識か否かのテストの場面では、われわれは第三定義に類した「探究の現場で使える規準」により、つねに真のものか、また説明規定を人が自分のものにしており、現状でそれを自在に操れるようにもっているか、という点から吟味するでしょう。

『テアイテトス』の否定的結論は、このわれわれの営みが無効だとまでは、言わないはずです。むしろその点は承認した上での結論でしょう。『テアイテトス』と、つぎの『ソフィスト』の合本英語訳を最近出版したロウは、『テアイテトス』につづく『ソフィスト』と『政治家』という二つの姉妹対話篇で「いかにしてわれわれが知識に向けて進歩できるかということの論証」が提示され、「探究されている事柄の説明規定を、しだいに着実につくり上げてゆくこと」がそのような進歩を可能にする決め手になっている、と正しく指摘しています。[47]『ソフィスト』は「ソフィストとは何か?」という問いを追究する作品で、ソクラテスではなく、「エレアからの客人」と呼ばれる架空の人物がテアイテトスを相手に、かなりいろいろなことを教えながら、この問いへの答えを二人で見いだすという筋の作品です。そのさらにつぎに来る『政治家』では、同じエレアからの客人が、今度は『テアイテトス』の冒頭で名前のみ出てくる、「ソクラテス」という、有名なソクラテスと同じ名前の若者を相手に対話しながら、「政治家とは何か?」を論じます。これらの問いを追究するには、目標となる知識の規準がはっきりしていて、まさにそこを目指すのでなければなりませんが、「真の考えに説明規定が加わったもの」という文言は、このような個別的探究の目標設定の場合には、十分役に立ってくれる、その意味で欠かすことのできない「われわれの知識理解」を、明らかにしているのです。

『テアイテトス』の主題である「知識とは何か?」が、「ソフィストとは何か?」などのほかの問いに比べてはるかに難しい問いであることは、だれでも分かることだと思います。また、若いテアイテトスのためにこの問いの探究を導いてくれるソクラテスは、エレアからの客人のような、助け舟をたくさん出してくれる「教え手」ではありません。ソクラテスの厳しさと問いの難しさの意味は、『ソフィスト』のなかのつぎの一節（エレアからの客人のセリフ）に、ソクラテスならではの教育効果をもさりげなく告げる言葉として、記されていると思います。

異なりの本性は、知識と同じく、細かく切り分けられているようにわたしには思える。（二五七C）

さまざまな専門知、さまざまな学問と知識の多様性を超えて、それらをゆるやかに一まとめにする本質をも見極める（あるいは、見極めようとする）ことは、「『差異性の本性（違っているもの同士は、どう違っているかということの一般的本質）』を見極めること」に匹敵する困難を伴う探究であると、ここで示されています。

47 Rowe, xvii.

したがって、さしあたり知識は定義できなかったのですが、知識の数多くの徴表(誤りえないこと、その意味で真であること、心の認知状態であること、さまざまなことを当の領域全体の問題として可能にする、信頼できる理解であること、理解を言葉による説明の形で表現できること、個人を公共性の土台に結びつけ、そのことで個人同士を深層でつなぐものでもあること、専門家の権威を保証するものであること、などなど)をより本格的に追究するための「心的な事柄すべてのマップ作り」と「次元をもともと異にする『数種類の知識』のマップ作り」は、ソクラテスの対話により、すでにかなり準備できているようにみえるのです。そしてそれだけでなく、問いの極度の難しさに応じて「取扱注意」であるような既存の諸学説を、どこでどのように注意深く扱えばよいのか、という点の或る程度の見通しも、われわれ読者は得ることができています。つまり、ソクラテスはテアイテトスとわれわれを、哲学の面での大きな進歩と建設と自発的協同の一歩前まで、導いてくれています。

ソクラテスの使命と真価は、あらゆる建設的議論に先立つべき「哲学におけるあれこれの事柄の重要度と、哲学探究の一般的困難の、すぐれた自覚の訓練」というところにあって、そうであればだれでも、このような哲学者こそ、じつはもっとも尊敬に値すると思えるのではないでしょうか？

ソクラテス・プラトン年譜

①事件の年代やその詳細については、できるだけ標準的な説に従い、異説があっても記載していない。②事件を現代の暦年に正確に換算できない場合も多いが、近似的に対応させている。③ソクラテスとプラトンの生涯に関する内容は、主としてプラトンの作品の情報にもとづく。

ソクラテス誕生以前

紀元前六二四年頃タレスが小アジア、イオニア地方の植民市ミレトスに生まれる（前五四六年頃死去）。前五一五年頃パルメニデスが南イタリアの植民市エレアに生まれる（前四五〇年頃死去）。前五〇〇年頃イオニア地方の植民市エフェソス生まれの哲学者ヘラクレイトスが盛りの四〇歳であったとされる。

前四九二年にアケメネス朝ペルシャがギリシャ本土に第一次遠征を始め、前四九〇年再度遠征。ペルシャ戦争が勃発。

前四九〇年頃にソフィストのプロタゴラスが北部ギリシャのアブデラで生まれる。前四八五年頃にはソフィストで弁論家のゴルギアスがシチリア島東部レオンティノイで生まれる（前三八〇年代死去）。

前四八〇年ペルシャ軍第二次ギリシャ本土遠征。サラミスの海戦でギリシャ連合軍の勝利。前四七七年に、ペルシャ帝国に対抗するエーゲ海地域の軍事同盟であるデロス同盟が結ばれ、アテナイがその盟主となった。

紀元前四六九年

ソクラテス、アテナイに生まれる。父ソーフロニスコス、母ファイナレテ。父ソーフロニスコスは石工ないし彫刻家であったとされ、母ファイナレテは助産の達人であったとされる。

紀元前四六一年　ソクラテス八歳

ペリクレスがアテナイの実権を掌握する。アテナイは黄金期を迎える。

紀元前四四九年　ソクラテス二〇歳

アテナイがペルシャ帝国と和睦を結び、ペルシャ戦争終結。

紀元前四四三年　ソクラテス二六歳

プロタゴラスがアテナイを初めて訪問。友人のペリクレスの依頼により、このころ建設された植民市トゥリオイの法律を起草したといわれる。

紀元前四三三年　ソクラテス三六歳

プロタゴラスが再度アテナイを訪問。『プロタゴラス』の対話設定年代。

紀元前四三一年　ソクラテス三八歳

アテナイとスパルタのあいだにペロポネソス戦争勃発。翌年の前四三〇年に疫病が流行し、ペリクレスも感染して前四二九年に死去。このころからアテナイは衰退に向かう。

紀元前四二七年　ソクラテス四二歳

プラトン、アテナイに生まれる。父アリストン、母ペリクティオネ。両親ともアテナイの名門の出身だった。

この年、故国レオンティノイの外交使節団代表としてゴルギアスが同盟国アテナイを訪問し、隣国シラクサの圧力に対して支援を求めた。民会での演説は聴衆に圧倒的印象を与え、支援を取り付けるとともに、以後のアテナイにおける弁論術隆盛の火付け役となる。やがてレオンティノイはシラクサによって支配され、ゴルギアスはギリシャ本土各地で教えた。アテナイもしばしば訪問しており、そのなかの一機会が、『ゴルギアス』の対話設定年代。

紀元前四二〇年　ソクラテス四九歳

プラトン　七歳

このころソフィストのプロタゴラス死去。

紀元前四一六年　ソクラテス五三歳

一月にアテナイのレナイア祭の悲劇コンクールで詩人アガトンが優勝する。

プラトン　一一歳

『饗宴』の対話設定年代。

紀元前四一五年　ソクラテス五四歳

このころプラトンがソクラテスと知り合う。テアイテトス、アテナイに生まれる。

プラトン　一二歳

紀元前四〇四年　ソクラテス六五歳プラトン　二三歳

アテナイがスパルタに降伏し、ペロポネソス戦争終結。敗戦後クリティアスを中心とする親スパルタ派三〇人の独裁政権が樹立される（翌年の前四〇三一月後の三月に刑死する。刑死当日が『パイドン』の対話設定年代。

ソクラテスの死後、プラトンはアテナイを逃れ、各地を転々とした。

紀元前三九三年　プラトン三四歳
このころ、ソクラテスの有罪と死刑という裁判結果は正しかったとするパンフレット『ソクラテスの告発』が、ポリュクラテスにより書かれる。この後プラトンによって、『イオン』『エウテュプロン』『カルミデス』『ソクラテスの弁明』『クリトン』『プロタゴラス』『ゴルギアス』『ラケス』『リュシス』など、数多くの初期対話篇が執筆されたと考えられる。

紀元前三八七年　プラトン四〇歳

年に崩壊）。
紀元前四〇二年　ソクラテス六七歳
プラトン　二五歳
『メノン』の対話設定年代。
紀元前三九九年　ソクラテス七〇歳
プラトン　二八歳
ソクラテス、政治家アニュトスと弁論家リュコンを後ろ盾とするメレトスという若い詩人により、不敬神および青年に害を及ぼした罪で告発される。
『テアイテトス』の内部の対話である、ソクラテスとテアイテトスとテオドロスの対話設定年代は、この告発によって、役所からの呼び出しを受けた頃である。
裁判が行われ、死刑判決が下される。

これ以前の戦闘（あるいは前三六九年プラトン五八歳の戦闘）でテアイテトス戦病死。『テアイテトス』の外枠の対話である、エウクレイデスとテルプシオンの対話設定年代。

この年、プラトン、南イタリアのタラスでピュタゴラス派の知識人アルキュタスと出会う。その後、シチリア島でシラクサの僭主ディオニュシオス一世のもとを訪ね、以後プラトン理解者となる、青年ディオンと出会う。

その後、アテナイに帰国したプラトンは、ほどなくアテナイ郊外アカデメイアの神域に同名の研究教育機関を開設する。このころ初期作品最後の『メノン』を著す。

以後プラトンは、『パイドン』『饗宴』『ポリテイア（国家）』『パイドロス』『パルメニデス』など中期作品を発表する。

その最後の作品として、六〇歳近くになって、『テアイテトス』を発表した。

紀元前三六七年　プラトン六〇歳

アリストテレスが一七歳でアカデメイアに入学し、プラトンの弟子となる。

シラクサではディオニュシオス一世が死去し、ディオニュシオス二世が即位する。ディオンは若い新国王の教育のためにプラトンを招聘するが、プラトンがシラクサに滞在していた時の政争により、ディオンは国外追放となる。プラトンも一年あまりディオニュシオス二世によって監禁される。シラクサから無事帰国後、プラトンはアカデメイアにおける研究教育活動を再開する。このころ後期対話篇の『ソフィスト（ソピステス）』『政治家（ポリティコス）』を執筆し、その後『ティマイオス』『ピレボス』『法律』などを執筆する。

紀元前三五七年　プラトン七〇歳

ディオンがシラクサの政権を掌握する。

紀元前三五三年　プラトン七四歳

ディオンが暗殺される。

紀元前三四七年　プラトン八〇歳

プラトン死去。アカデメイアは甥のスペウシッポスが引き継いだ。以後、ギリシャ世界の学問の中心として、紀元後五二九年まで存続した。

訳者あとがき

光文社古典新訳文庫コレクションのプラトン作品としては、本訳は納富信留さんの『ソクラテスの弁明』、中澤務さんの『プロタゴラス』と『饗宴』、およびわたしの『メノン』につづくものです。本書は、ちくま学芸文庫から二〇〇四年に出版した旧訳の大幅改訂版です。その出版から十五年経ちましたので、最新の研究成果を多く取り入れました。それと同時に、知識哲学の古典として多種多様な読者が読み進められるよう、よりわかりやすい文章に仕上げました。また、本古典新訳文庫のほかの作品と同様に、注は訳文と同じ見開き頁に明快で簡略な文章でつけて、読者が一箇所にかんしてもつ疑問は、基本的にその場で氷解できるようにしてあります。他方、内容にかんして読者が感じる、さまざまなレベルの「大きな疑問」については、本格的な「訳者解説」を別に後のほうに用意しました。

わたしは二十代から本書を研究してきました。井上忠先生の大学院演習授業で本書を通読して、知識哲学の問題に初めて目覚め、斎藤忍随先生の後期プラトン対話篇演習においてもプラトン哲学の意義を知りました。今は亡き二人の恩師に心から感謝します。

本書の（当時）最新の読み方を知ったのは、加藤信朗先生の招聘によりマイルズ・バーニェトさんが東京都立大学などで『テアイテトス』研究の集中講義をされ、それに参加したときです。そのときの驚きを伴った感動から、四十年近く本書を研究主題にしてきました。若い頃世界的研究に出会え、半生にわたり学ぶことができたことについて、バーニェトさんと加藤先生に感謝します。また、その直後の研究成果である第三部解釈拙論が『フロネーシス』誌に採択され、自信になりました。評価と励ましの言葉をいただいた当時の編集長、ジョナサン・バーンズさんに感謝します。

本訳の最初の草稿は「ワープロ専用機」導入時につくった、茨城大学授業資料でした。その後パソコン用にファイルを変換し、何度か改良を重ねました。熱心にわたしの授業を聴き、質問と、討議時の発言により貢献してくれた歴代の学生諸君に感謝します。解説の第一草稿も、二〇〇五年度などにおこなった茨城大学講義のための配布資料です。

二〇〇二年以後わたしは海外出張を増やし、納富信留さんが主催する研究会でも『テアイテトス』の国内外の研究者と交流できました。こうした意見交換が最良の学問的刺激になりました。納富さん、ドロテーア・フレーデさん、デイヴィッド・セドレーさん、クリストフ・ラップさん、マーク・マックフェランさんはじめ、みなさまに感謝します。

その後二〇一二年に千葉大学文学部で集中講義をおこなった折、千葉大学哲学研究室のみなさまが開催してくださった「談話会」に向け、現解説に近い第二部と第三部の解釈をつくって、話題提供をかねた研究発表をおこないました。議論を通じて解説の改良を促してくださった高橋久一郎さん、田島正樹さん、和泉ちえさん、忽那敬三さん、山田圭一さんに感謝します。

本書出版に向けた作業に入ったとき、途中で、よくもまあこんな高峰の登山をしようとしたものだ、と何回も思いました。支えてくれたのは、先輩と友人たちでした。栗原裕次さんから訳文と解説全般について多くのご指摘をいただき、誤りを防ぐことができました。また今井知正さんは、訳文について詳細なメモをつくってくださり、そのメモをもとに二人で秋の日に会って、じっくり検討した結果、残っていた不明確な部分を次々と解消することができました。そして金山弥平さんからは、解説の要所について適切な表現をご提案いただき、より信頼性の高い内容になりました。お忙しいなかご協力いただいたみなさまに感謝します。

残る誤りはすべて訳者の責任です。お気づきの節は、どんな点であれ編集部までお知らせください。

中町俊伸編集長には、いつもながら、たいへんお世話になりました。今回も訳文と注と訳者解説の文章のことと構成のことで、貴重なご助言をいただきました。とくに解説原稿は初め、自分がもっとも長年月つきあった作品という思いから、どうしても肩に力が入って、がちがちに生硬な文章だったのですが、こんな感じで、というご提案により「語りかける」感覚をやっと思い出し、読者本位の道案内にもすることができたと思います。感謝します。

また本書の細部がしっかりしているなら、編集長はじめ編集部のみなさまと、ていねいに見てくださった校閲者の方々のおかげです。関係のみなさま全員に感謝します。

本書を、出産にわたしも立ち会った三人の子ども、竹夫と弓夫と安奈に捧げます。

参考文献（『テアイテトス』専攻研究中心）は、以下のとおりです。

〔一〕『テアイテトス』の翻訳・訳注・注釈

田中美知太郎訳『テアイテトス』岩波文庫・二〇一四年

戸塚七郎訳『テアイテトス』プラトン全集（編集山本光雄）第二巻、角川書店・一九七四年

水崎博明訳『テアイテートス』プラトーン著作集第四巻第二分冊、櫂歌書房・二〇一三年

M. F. Burnyeat (ed.), *The Theaetetus of Plato, with a Translation of Plato's Theaetetus by M. J. Levett, Revised by M. Burnyeat*, Indianapolis 1990.

L. Campbell (ed.), *The Theaetetus of Plato, with a Revised Text and English Notes*, 2nd ed., Oxford 1883.

F. M. Cornford (ed.), *Plato's Theory of Knowledge, the Thaetetus and the Sophist of Plato, Translated with a Commentary*, London 1935.

J. McDowell (ed.), *Plato: Theaetetus, Translated with Notes*, Oxford 1973.

J. McDowell / L. Brown (eds.), *Plato Theaetetus Translated by J. McDowell with an Introduction and Notes by L. Brown*, Oxford (Oxford World Classics), 2014.
C. Rowe (ed.), *Plato: Theaetetus and Sophist*, Cambridge Texts in the History of Philosophy, Cambridge 2015.

〔二〕『テアイテトス』などのプラトン哲学の研究

井上忠・山本巍編訳『ギリシア哲学の最前線I』東京大学出版会・一九八六年
今井知正「偽と不知（1）（2）」『東京大学教養学部人文科学科紀要』第九三輯（哲学二五）（一九八九年）一三九～一六九頁、第九八輯（哲学二六）（一九九二年）一三九～一五六頁
金山弥平 'Perceiving, Considering, and Attaining Being: *Theaetetus* 184-186,' *Oxford Studies in Ancient Philosophy* 5 (1987), 29-81.
田坂さつき『『テアイテトス』研究——対象認知における「ことば」と「思いなし」の構造』知泉書館・二〇〇七年
納富信留『ソフィストと哲学者の間——プラトン『ソフィスト』を読む』名古屋大学

出版会・二〇〇三年（原著は、N. Notomi, *The Unity of Plato's Sophist: Between the Sophist and the Philosopher*, Cambridge 1999)

——— 'Plato on What is Not', D. Scott (ed.), *Maieusis: Essays in Ancient Philosophy in Honour of Myles Burnyeat*, Oxford 2007, 254-275.

藤沢令夫「〝状況〟の変化と〝もの自身〟の変化」『哲学研究』四七巻八号（京都哲学会・一九八四年）一〇三三～一〇九四頁

松永雄二『知と不知――プラトン哲学研究序説』東京大学出版会・一九九三年

脇條靖弘「『テアイテトス』188A-Cのパズルの構造と役割」内山勝利・中畑正志編『イリソスのほとり――藤澤令夫先生献呈論文集』（世界思想社・二〇〇五年）二六五～二九一頁

渡辺邦夫「偽なるドクサの問題について」『理想』六二〇号（理想社・一九八五年一月）二五四～二六六頁

——— 'The *Theaetetus* on Letters and Knowledge', *Phronesis* 32 (1987), 143-165.

———「相対主義の貧困」『ギリシャ哲学セミナー論集』Ⅲ（二〇〇六年）一～一四頁

――「知識の問題の始まりについて――『メノン』と『テアイテトス』」茨城大学人文学部紀要『人文コミュニケーション学科論集』一号（二〇〇六年）一九五～二一二頁

――「『テアイテトス』の「脱線議論」(172C-177C) の意義と内容について」茨城大学人文学部紀要『人文コミュニケーション学科論集』一三号（二〇一二年）二七八～三〇二頁

D. Bostock, *Plato's Theaetetus*, Oxford 1988.

L. Brown, 'Being in the Sophist,' *Oxford Studies in Ancient Philosophy* 4 (1986), 49-70.

M. F. Burnyeat, *Explorations in Ancient and Modern Philosophy*, Cambridge 2012, 2 vols.

――加藤信朗・神崎繁訳「プラトンにおける知覚の文法」『思想』六九四号（岩波書店・一九八二年四月）七五～一一二頁（原著論文 'Plato on the Grammar of Perceiving,' は一九七六年初出で、*Explorations in Ancient and Modern Philosophy*, vol.2, 70-98）

――天野正幸訳「ソクラテスと陪審員たち」『ギリシア哲学の最前線I』一四六～一七三頁（原著論文 'Socrates and the Jury,' は一九八〇年初出で、前掲書 vol.2, 99-114）

T. Chappell, *Reading Plato's Theaetetus*, Sankt Augustin 2004.

J. M. Cooper, 'Plato on Sense-perception and Knowledge: *Theaetetus* 184 to 186', *Phronesis* 15 (1970), 123-146.

G. J. Fine, *Plato on Knowledge and Forms, Selected Papers*, Oxford 2003.

V. Harte, *Plato on Parts and Wholes, the Metaphysics of Structure*, Oxford 2002.

H. Lorenz, *The Brute Within, Appetitive Desire in Plato and Aristotle*, Oxford 2006.

M. L. McPherran, 'Justice and Piety in the Digression in the *Theaetetus*', *Ancient Philosophy* 30 (2010), 73-94

R. M. Polansky, *Philosophy and Knowledge: A Commentary on Plato's Theaetetus*, Lewisburg 1992.

D. Sedley, 'The Ideal of Godlikeness', G. J. Fine (ed.), *Plato 2: Ethics, Politics, Religion, and the Soul*, New York 1999, 309-328.

——— *The Midwife of Platonism*, Oxford 2004.

C. J. F. Williams, 'Referential Opacity and False Belief in the *Theaetetus*', *Philosophical Quarterly* 22 (1972), 289-302.

〔三〕日本語で読める現代知識論

黒田亘『知識と行為』東京大学出版会・一九八三年
戸田山和久『哲学教科書シリーズ　知識の哲学』産業図書・二〇〇二年
R・M・チザム、上枝美典訳『知識の理論』世界思想社・二〇〇三年
L・バンジョー、E・ソウザ、上枝美典訳『認識的正当化――内在主義 対 外在主義』産業図書・二〇〇六年

kobunsha classics
光文社古典新訳文庫

テアイテトス

著者 プラトン
訳者 渡辺《わたなべ》邦夫《くにお》

2019年1月20日 初版第1刷発行

発行者 田邉浩司
印刷 萩原印刷
製本 ナショナル製本

発行所 株式会社光文社
〒112-8011東京都文京区音羽1-16-6
電話 03（5395）8162（編集部）
03（5395）8116（書籍販売部）
03（5395）8125（業務部）
www.kobunsha.com

落丁本・乱丁本は業務部へご連絡くだされば、お取り替えいたします。
ISBN978-4-334-75393-1 Printed in Japan

いま、息をしている言葉で、もういちど古典を

長い年月をかけて世界中で読み継がれてきたのが古典です。奥の深い味わいある作品ばかりがそろっており、この「古典の森」に分け入ることは人生のもっとも大きな喜びであることに異論のある人はいないはずです。しかしながら、こんなに豊饒で魅力に満ちた古典を、なぜわたしたちはこれほどまで疎んじてきたのでしょうか。

ひとつには古臭い教養主義からの逃走だったのかもしれません。真面目に文学や思想を論じることは、ある種の権威化であるという思いから、その呪縛から逃れるために、教養そのものを否定しすぎてしまったのではないでしょうか。

いま、時代は大きな転換期を迎えています。まれに見るスピードで歴史が動いていくのを多くの人々が実感していると思います。

こんな時わたしたちを支え、導いてくれるものが古典なのです。「いま、息をしている言葉で」――光文社の古典新訳文庫は、さまよえる現代人の心の奥底まで届くような言葉で、古典を現代に蘇らせることを意図して創刊されました。気取らず、自由に、心の赴くままに、気軽に手に取って楽しめる古典作品を、新訳という光のもとに読者に届けていくこと。それがこの文庫の使命だとわたしたちは考えています。

このシリーズについてのご意見、ご感想、ご要望をハガキ、手紙、メール等で翻訳編集部までお寄せください。今後の企画の参考にさせていただきます。
メール　info@kotensinyaku.jp

光文社古典新訳文庫　好評既刊

人生の短さについて　他2篇

セネカ
中澤　務　訳

古代ローマの哲学者セネカの代表作。人生は浪費すれば短いが、過ごし方しだいで長くなると説く表題作ほか2篇を収録。２０００年読み継がれてきた、よく生きるための処方箋。

神学・政治論（上・下）

スピノザ
吉田　量彦　訳

宗教と国家、個人の自由について根源的に考察したスピノザの思想こそ、今読むべき価値がある。破門と焚書で封じられた哲学者スピノザの〝過激な〟政治哲学、70年ぶりの待望の新訳！

永遠平和のために／啓蒙とは何か　他3編

カント
中山　元　訳

「啓蒙とは何か」で説くのは、その困難と重要性。「永遠平和のために」では、常備軍の廃止と国家の連合を説いている。他三編をふくめ、現実的な問題を貫く論文集。

純粋理性批判（全7巻）

カント
中山　元　訳

西洋哲学における最高かつ最重要の哲学書。難解とされる多くの用語をごく一般的な用語に置き換え、分かりやすさを徹底した画期的新訳。初心者にも理解できる詳細な解説つき。

実践理性批判（全2巻）

カント
中山　元　訳

人間の心にある欲求能力を批判し、理性の実践的使用のアプリオリな原理を考察したカントの第二批判。人間の意志の自由と倫理から道徳原理を確立させた近代道徳哲学の原典。

光文社古典新訳文庫　好評既刊

道徳形而上学の基礎づけ

カント
中山 元 訳

なぜ嘘をついてはいけないのか？　なぜ自殺をしてはいけないのか？　多くの実例をあげて道徳の原理を考察する本書は、きわめて現代的であり、いまこそ読まれるべき書である。

幻想の未来／文化への不満

フロイト
中山 元 訳

理性の力で宗教という神経症を治療すべきだと説く表題二論文と、一神教誕生の経緯を考察する「人間モーセと一神教（抄）」。後期を代表する三論文を収録。

人はなぜ戦争をするのか　エロスとタナトス

フロイト
中山 元 訳

人間には戦争せざるをえない攻撃衝動があるのではないかというアインシュタインの問いに答えた表題の書簡と、「喪とメランコリー」、『精神分析入門・続』の二講義ほかを収録。

ドストエフスキーと父親殺し／不気味なもの

フロイト
中山 元 訳

ドストエフスキー、ホフマン、シェイクスピア、イプセン、ゲーテ……。鋭い精神分析的な考察で文豪たちの無意識を暴き、以降の文学論に大きな影響を与えた重要論文六編。

論理哲学論考

ヴィトゲンシュタイン
丘沢 静也 訳

「語ることができないことについては、沈黙するしかない」。現代哲学を一変させた20世紀を代表する衝撃の書、待望の新訳。オリジナルに忠実かつ平明な革新的訳文の、まったく新しい『論考』。

光文社古典新訳文庫　好評既刊

経済学・哲学草稿
マルクス
長谷川宏 訳
経済学と哲学の交叉点に身を置き、社会の現実に鋭くせまろうとした青年マルクス。のちの『資本論』に結実する新しい思想を打ち立て、思想家マルクスの誕生となった記念碑的著作。

賃労働と資本／賃金・価格・利潤
マルクス
森田成也 訳
ぼくらの「賃金」は、どうやって決まるのか？マルクスの経済思想の出発点と成熟期の二大基本文献を収録。詳細な「解説」を加えた『資本論』を読み解くための最良の入門書。

ユダヤ人問題に寄せて／ヘーゲル法哲学批判序説
マルクス
中山元 訳
宗教批判からヘーゲルの法哲学批判へと向かい、真の人間解放を考え抜いた青年マルクス。その思想的跳躍の核心を充実の解説とともに読み解く。画期的な「マルクス読解本」の誕生。

資本論第一部草稿　直接的生産過程の諸結果
マルクス
森田成也 訳
『資本論』第一部を簡潔に要約しつつ、「生産物が生産者を支配する」転倒した資本主義の姿を描き出す。マルクスが構想した『資本論』の〝もう一つの結末〟。幻の草稿の全訳。

善悪の彼岸
ニーチェ
中山元 訳
西洋の近代哲学の限界を示し、新しい哲学の営みの道を拓こうとした、ニーチェ渾身の書。アフォリズムで書かれたその思想を、肉声が音楽のように響いてくる画期的新訳で！

光文社古典新訳文庫　好評既刊

道徳の系譜学

ニーチェ
中山　元　訳

『善悪の彼岸』の結論を引き継ぎながら、新しい道徳と新しい価値の可能性を探る本書によって、ニーチェの思想は現代と共鳴する。ニーチェがはじめて理解できる決定訳！

ツァラトゥストラ（上・下）

ニーチェ
丘沢　静也　訳

「人類への最大の贈り物」「ドイツ語で書かれた最も深い作品」とニーチェが自負する永遠の問題作。これまでのイメージをまったく覆す、軽やかでカジュアルな衝撃の新訳。

この人を見よ

ニーチェ
丘沢　静也　訳

精神が壊れる直前に、超人、ツァラトゥストラ、偶像、価値の価値転換など、自らの哲学の歩みを、晴れやかに痛快に語ったニーチェ自身による最高のニーチェ公式ガイドブック。

読書について

ショーペンハウアー
鈴木　芳子　訳

「読書とは自分の頭ではなく、他人の頭で考えること」……。読書の達人であり一流の文章家ショーペンハウアーが繰り出す、痛烈かつ辛辣なアフォリズム。読書好きな方に贈る知的読書法。

幸福について

ショーペンハウアー
鈴木　芳子　訳

「人は幸福になるために生きている」という考えは人間生来の迷妄であり、最悪の現実世界の苦痛から少しでも逃れ、心穏やかに生きることが幸せにつながると説く幸福論。

光文社古典新訳文庫　好評既刊

芸術の体系
アラン
長谷川 宏 訳

ダンスから絵画、音楽、建築、散文まで。第一次世界大戦に従軍したアランが、戦火の合い間に熱意と愛情をこめて芸術を考察し、のびのびと書き綴った芸術論。

芸術論20講
アラン
長谷川 宏 訳

芸術作品とは、初めに構想（アイデア）があってそれを具現化したものだと考えがちだが、それは違うとアランは言う。では、どう考えるのか？ アランの斬新かつユニークな芸術論集。

君主論
マキャヴェッリ
森川 辰文 訳

傭兵ではなく自前の軍隊をもつ。人民を味方につける……。フィレンツェ共和国の官僚だったマキャヴェッリが、君主に必要な力量を示した、近代政治学の最重要古典。

リヴァイアサン1、2
ホッブズ
角田 安正 訳

「万人の万人に対する闘争状態」とはいったい何なのか。この逆説をどう解消すれば平和が実現するのか。近代国家論の原点であり、西洋政治思想における最重要古典の代表的存在。

帝国主義論
レーニン
角田 安正 訳

二十世紀初頭に書かれた著者の代表的論文。ソ連崩壊後、社会主義経済の衰退とともに変貌を続ける二十一世紀資本主義を理解するため、改めて読む意義のある一作。

光文社古典新訳文庫　好評既刊

二十世紀の怪物　帝国主義
幸徳　秋水
山田　博雄　訳
百年前の「現代」を驚くべき洞察力で分析した「世界史の教科書」であり、徹底して「平和主義」を主張する「反戦の書」。大逆事件による刑死直前に書かれた遺稿「死刑の前」を収録。

レーニン
トロツキー
森田　成也　訳
子犬のように転げ笑い、獅子のように怒りに燃えるレーニン。彼の死後、スターリンによる迫害の予感の中で、著者は熱い共感と冷静な観察眼で〝人間レーニン〟を描いている。

永続革命論
トロツキー
森田　成也　訳
自らが発見した理論と法則によって、ロシア革命を勝利に導いたトロツキーの革命理論が現代に甦る。本邦初訳の「レーニンとの意見の相違」ほか五論稿収録。

ニーチェからスターリンへ
トロツキー人物論集［1900―1939］
トロツキー
森田　成也
志田　昇　訳
ニーチェ、イプセン、トルストイ、マヤコフスキー、ヒトラー、スターリン……。革命家にして文学者だったトロツキーが、時代を創った17人を鮮やかに描いた珠玉の人物論集。（解説・杉村昌昭）

ロシア革命とは何か
トロツキー革命論集
トロツキー
森田　成也　訳
ロシア革命の理論的支柱だったトロツキーの、革命を予見し、指導し、擁護した重要論文（「コペンハーゲン演説」など）6本を厳選収録。革命の本質を理解する100周年企画第1弾。

光文社古典新訳文庫　好評既刊

種の起源（上・下）
ダーウィン
渡辺　政隆　訳
『種の起源』は専門家向けの学術書ではなく、一般読者向けに発表された本である。生物学のルーツであるこの歴史的な書を、画期的に分かりやすい新訳で贈る。

菊と刀
ベネディクト
角田　安正　訳
第二次世界大戦中、米国戦時情報局の依頼で日本人の心理を考察、その矛盾した行動を分析した文化人類学者ベネディクトのロングセラー。現代の日本を知るために必読の文化論。

三酔人経綸問答
中江　兆民
鶴ヶ谷真一　訳
絶対平和を主張する洋学紳士君、対外侵略をと激する豪傑君、二人に持論を「陳腐」とされる南海先生。「思想劇」に仕立て、近代日本の問題の核心を突く中江兆民の代表作。（解説・山田博雄）

一年有半
中江　兆民
鶴ヶ谷真一　訳
政治への辛辣な批判と人形浄瑠璃への熱い想い。「余命一年半」を宣告された中江兆民による痛快かつ痛切なエッセイ集。豊富で詳細な注により、理念と情念の人・兆民像が浮かび上がる！

ぼくはいかにしてキリスト教徒になったか
内村　鑑三
河野　純治　訳
武士の家に育った内村は札幌農学校でキリスト教に入信。やがてキリスト教国をその目で見ようとアメリカに単身旅立つ……。明治期の青年が信仰のあり方を模索し、悩み抜いた瑞々しい記録。

光文社古典新訳文庫　好評既刊

★続刊

二十六人の男と一人の女 ゴーリキー傑作選 ゴーリキー／中村唯史・訳

毎日パンをもらいにくる快活な少女ターニャの存在は、暗いパン工房でこき使われる男たちの唯一の希望だった。だが、ある日ふらりと現れた伊達男が彼女を落とせると言いだし……。社会の底辺で生きる人々の姿を描く、味わい深い四篇を収録。

いまこそ、希望を サルトル、レヴィ／海老坂武・訳

二〇世紀を代表する知識人サルトルの最晩年の対談企画。ヒューマニズム、暴力と友愛、同胞愛などの問題について、これまでの発言、思想を振り返りながら、絶望的な状況のなかで新しい「倫理」「希望」を語ろうとするサルトルの姿がここにある。

詩学 アリストテレス／三浦 洋・訳

ギリシャ悲劇や叙事詩を分析し、「ストーリーの創作」として詩作について論じた、西洋における芸術論の古典中の古典。時代と場所を超え、今も芸術論や美学、文学、演劇、映画などにかかわる多くの人々に刺激を与え続ける偉大な書物。